『朱子語類』訳注

巻百二十六　釈氏（上）

野口善敬・廣田宗玄
本多道隆・森　宏之　訳注

はしがき

野口善敬

インドに起源する仏教は、中国に伝来して以来、在来の思想・宗教との間に激しい対立・葛藤を繰り返しながら、民間へと浸透し、確固たる地位を築いて行く。

ただ、その大きな障壁となり仏教に対する批判の手を休めなかったのが儒教であり、仏教の社会的な勢力が強くなれば強くなるほど、非難の声は高くなり、対立は深まった。

特に宋代に勃興した新儒学は、一面において仏教から哲学・論理的な影響を受けており、類似した点があればこそ、自らの儒教哲学の独自性を明確にするために、仏教との根本的な違いを主張し、異端として対峙する必要があった。

宋代の程朱学者が編纂した諸儒の語録集である『鳴道集』七十二巻の中には、仏教を排斥する言葉が数多く含まれているが、これに対する仏教側からの反駁書として撰述されたのが金の李純甫（一一八五～一二三一）の手になる『鳴道集説』五巻である。そこには周濂渓・司馬温公・張横渠・程明道・程伊川・謝上蔡・楊亀山・朱晦庵など数多くの儒者の排仏の文章が引かれて、反論がなされている。

これら仏教批判を行なった儒者たちの中で、もっとも際立った存在で、後世に大きな影響を与えたのは朱晦庵こと朱子（一一三〇～一二〇〇）であった。このことは、陳建（一四九七～一五六七）の次の言葉によっても知ることができる。

仏教の学は、朱子が出現してようやく衰え、儒教と仏教との異同論争もようやく終息した。その後、士大夫で釈氏の門で参禅問道する者は二度といなかった。（仏学至朱子出而始衰、而儒仏異同之辯始息。而後士大夫自此無復参禅問道於釈氏之門者矣。）（『学蔀通弁終編』巻下）

もとより、宋代儒学を大成した人物が朱子であり、明代以降、科挙が本格的に復活し、朱子学が官学として科挙試験に用いられたからこそ排仏の代表として取り上げたという側面もあろうが、朱子の批判が仏教の急所を見事に突いていたことも事実である。

明の永楽帝に仕えた僧名、独庵道衍こと姚広孝（一三三五～一四一八）の著書である『道余録』一巻は、程明道・程伊川・朱子の仏教批判の言葉を四十九条選んで反論を加えた書物であるが、朱子の発言がその分量の半分近くを占めている。その『道余録』の内容について、明代中期の禅僧である空谷景隆（一三九三～一四七〇）は、自撰の護法書である『尚直編』の中で次のように述べている。

周濂渓や二程子（程明道・程伊川）は、仏法の中の人である。どうして進んで仏教を排斥したりしようか。温公（司馬光）や二程子の仏教排斥の言葉は、明らかに晦庵（朱子）が造ったものであり、〔司馬氏や程氏という〕二家の名前に濡れ衣を着せて、自分自身の仏教排斥の基礎としたのだ。『道余録』に二程子の仏教排斥の語を二十八条、晦庵の仏教排斥を二十一条収載しているが、全て晦庵の胸中に貯えられていたものであり、二程子の見解ではない。（濂渓・二程是仏法中人。争肯排仏。温公・程子排仏之言、顕是晦庵所造、栽於二家名下、以為自己排仏之本也。『道余録』収二程子排仏二十八条、晦庵排仏二十一条、総是晦庵胸中所蘊、不是程子見識。）（『尚直編』巻上）

空谷は、宋儒の排仏の責任を朱子一人に帰することによって反撃を行おうとしたのであり、儒仏対立の焦点が朱子その人に当てられていたことが窺えよう。

朱子の仏教批判の言葉は、『朱子文集』や種々の著述の中に見られるが、最もまとまった分量と形で残されているのが、『朱子語類』巻一二六「釈氏」の部分であり、全一三六条から成っている。朱子自身が撰述した自定の文章ではなく、弟子たちが聞き書きした「語録」であるため、ともすれば文章としてのまとまりがなく、内容の重複も多々あり、また誤字や意味が不明瞭な個所もないわけではないが、朱子の生《なま》の声をそのまま聞くことができる貴重な資料である。『道余録』の朱子排仏の二十一条中、十八条が『朱子語類』巻一二六からの引用であることからも、仏教側が『朱子語類』の文章を朱子の仏教批判の中心的な資料と認識していたことは疑いない。その意味で、この『朱子語類』巻一二六の仏教批判を正確に読解することは、単に朱子の仏教観を明らかにするだけでなく、宋代以降、元・明・清において繰り広げられた儒仏論争を紐解く鍵にもなるのである。

今回の訳注は、『東洋古典学研究』第二六集（二〇〇八）から第三四集（二〇一二）で発表した『朱子語類』巻一二六「釈氏」訳注（一）～（八）・《楠本本補遺》の全九篇に、加筆訂正を加え、纏め直したものである。

当初、この巻一二六の訳注は、中国仏教における道教・道家思想との深い関係を念頭に置き、山田俊先生御担当の巻一二五「老氏（荘列 附）」と合冊で出版してはどうかという考えを持っていた。その関係から、山田先生には、御多忙の中、「釈氏」の読書会に参加して頂いたこともあり、作業の過程で双方のファイルを交換しつつ作業を進めることとなった。結果的に、山田先生の原稿が先に完成し、原稿の分量の問題もあって、「老氏」と「釈氏」とは別立てで出版することとなったが、私どもが不得手な道教関係の事柄について、多くの教示を頂戴した。深く感謝申し上げたい。

また、『東洋古典学研究』での訳注発表にあたっては、広島大学の野間文史名誉教授と市來津由彦教授にお力添えを賜り、更には、数多くの先生方から、丁重な御助言や忌憚なき御批正を頂戴し、数多くの間違いを訂正し、補筆させていただくことができた。まだまだ不十分な読み込みや、語学的な間違いもあろうが、少しでも過誤を減らすことができたと信じている。諸先生方の御指導に深甚の謝意を表する次第である。

本書は、『朱子語類』訳注刊行会により汲古書院から出版されている『朱子語類』全巻の訳注作業の一環であるが、この巻一二六では、巻一二五の「老氏」同様、他の担当者の方々の訳注とは異なり、「書き下し文」を付記させて頂いた。『語類』の文章は口語体であり、書き下し文には意味が無いとの考え方もあるが、中国語に馴染みのない日本史や仏教学の研究者にとっては大きな参考となろうし、口語訳の訳出根拠を示すという意味でも非常に有用であろう。近年、数多く出されている禅宗語録の訳注との関わりからも、「書き下し文」の可能性を探ることは必要であると考える。また、語注についても、中国学系以外の読者を想定して、語句の辞書的な意味や文法的な解説も加えさせて頂いた。

なお、『朱子語類』巻一二六の部分的な訳注がこれまでにいくつか公刊されており、また朱子と仏教との関係についての研究として、優れた先人の業績が残されている。以下、日本における主な先行研究を「付録」として列挙しているので、参照されたい。

付録　朱子学と仏教に関する主な先行研究

本多道隆

《凡例》

○著者名を五十音順に並べた。
○訳注については、『朱子語類』巻一二六「釈氏」章のうち、その数条を含む研究成果である。
○著書については、関係する章や節のみを取り上げた。

【訳注】

荒木見悟　責任編集『朱子　王陽明』（《世界の名著》中央公論社・一九七八）
朱子学大系　第六巻『朱子語類』（明徳出版社・一九八一、該当部分の担当は牛尾弘孝氏）
三浦國雄『「朱子語類」抄』（講談社・二〇〇八、旧版は『朱子集』《中国文明選》朝日新聞社・一九七六）

【著書】

荒木見悟『仏教と陽明学』（レグルス文庫一一六・一九七九）
　第四章　儒家の仏教観
　第六章　心学より理学へ—禅と朱子学
荒木見悟『中国思想史の諸相』（中国書店・一九八九）

第一篇　性善説と無善無悪説―仏教との思想的関係より（『アジア文化』第九巻四号・一九七三）
荒木見悟『陽明学の位相』（研文出版・一九九二）
第七章　陽明学と大慧禅
荒木見悟『新版　仏教と儒教』（研文出版・一九九三、旧版は平楽寺書店・一九六三）
第三章　朱子の哲学
荒木見悟『中国心学の鼓動と仏教』（中国書店・一九九五）
附録　宋元時代の仏教・道教に関する研究回顧
市來津由彦『朱熹門人集団形成の研究』（創文社・二〇〇二）
第一篇　第二章　第二節　朱熹の「雑学弁」とその周辺（『宋代の社会と宗教』汲古書院・一九八五）
小川隆『語録の思想史―中国禅の研究』（岩波書店・二〇一一）
第二章　『碧巌録』と宋代の禅
第二節　「百丈野鴨子」の話と圜悟の作用即性説批判
第五節　『碧巌録』における活句の説
久須本文雄『宋代儒学の禅思想研究』（日進堂書店・一九八〇）
第八章　朱晦庵と禅
久保田量遠『中国儒道仏三教史論』（国書刊行会・一九八六、原本は『支那儒道仏三教史論』東方書院・一九三一）
第二十一章　宋儒の仏教排斥論
佐藤錬太郎『禅の思想と剣術』（日本武道館・二〇〇八）

第一部 第二章　禅と宋明時代の儒学

土田健次郎『道学の形成』（創文社・二〇〇二）

第五章　道学と仏教・道教

第一節　道学と仏教に於ける議論の場と範疇（〔原題「道学与仏教―議論的場和範疇」〕『世界宗教研究』一九九二年第二期〈総四八期〉中国社会科学出版社・一九九二）

第二節　道学と華厳教学（『華厳学論集』大蔵出版・一九九七）

第三節　死の問題から見た道学の仏教批判（〔原題「道学における仏教批判の一側面―死の問題を中心として」〕『仏教思想の諸問題 平川彰博士古稀記念論集』春秋社・一九八五）

常盤大定『支那に於ける仏教と儒教道教』（東洋文庫・一九三〇）

前編　儒仏二教交渉史　《中》宋儒と仏教

第一章　宋儒と仏教大観

第六章　朱子と仏教

中嶋隆藏『静坐―実践・思想・歴史』（研文出版・二〇一二）

第二部 第三章　朱子の「静坐」観とその周辺（『東洋古典学研究』第二五集・二〇〇八）

忽滑谷快天『禅学思想史』（玄黄社・一九二五）

下巻　第五編 禅道熟爛の代（後期）第六章 南宋俗士の参禅と朱陸二大儒の学風

第十三節　朱学と禅

第十四節　性善説と静坐

第十五節　朱熹の参学

第十八節　朱陸二家の学風

【論文 その他】

荒木見悟「禅と儒教との葛藤」(西谷啓治監修『禅と哲学』禅文化研究所・一九八八)

大槻信良「朱子における道仏二教探求の態度」(『千葉大学文理学部紀要 文化科学』第一巻・第二号・一九五四)

小島毅「仏教と朱子学」(『中国文化としての仏教』《新アジア仏教史08・中国Ⅲ宋元明清》コラム① 佼成出版社・二〇一〇)

後藤延子「朱子学の成立と仏教」(『人文科学論集』第二五号・一九九一)

佐藤達玄「朱晦庵と仏教」(『印度学仏教学研究』第三巻・第一号・一九五四)

秦　家懿「朱子と仏教」(朱子学大系 第一巻『朱子学入門』明徳出版社・一九七四)

杉山義雄「朱子の私欲と仏の末那」(『哲学雑誌』第六三〇号・一九三九)

土田健次郎「朱子学と禅」(『思想』No.960 岩波書店・二〇〇四)

土田健次郎「宋代の思想と文化」(『中国文化としての仏教』《新アジア仏教史08・中国Ⅲ宋元明清》)

馬淵昌也「『碧巌録』・看話禅・程朱学―宋代における日常言語と真理を巡る思惟の展開」(末木文美士編『現代語訳碧巌録』下・岩波書店・二〇〇三)

安田正「儒学史上に於ける朱子学と禅(一)」(『禅学研究』第一五号・一九三一)

柳田聖山「無字の周辺」(『禅文化研究所紀要』第七号・一九七五)

柳田聖山「仏教と朱子の周辺」（『禅文化研究所紀要』第八号・一九七六）
結城令聞「朱子の排仏説に於ける根本動機」（『支那仏教史学』第四巻・第一号・一九四〇）
ユージーン・サーゼント　藤吉慈海訳「朱子の仏教批判」（『仏教史学』第六巻・第一号・一九五七）

『朱子語類』訳注　巻百二十六（上）

目　次

凡例

○底本には、理学叢書『朱子語類』（中華書局）を用いた。但し、標点は適宜改めた部分がある。

○〔校注〕は以下の数本を参照し、それぞれ次の略称を用いた。

正中書局本　…『朱子語類』（正中書局）
朝鮮整版　　…『朝鮮整版　朱子語類』（中文出版社）
楠本本　　　…『朝鮮古寫　徽州本朱子語類』（中文出版社）
和刻本　　　…『朱子語類大全』（和刻本・中文出版社）

○一条ごとに口語訳・原文・校注・書き下し文・語注の順に並べ、各項目の間は＊の記号を入れた。

○原文・訳文中の［　］は割注部分である。

○原文は、可能な限り正漢字体を用いたが、ワープロソフトの限界があって不徹底な部分もある。また、底本に使用されている中国式字体と異なる場合がある。

○語注で引用した原文資料については、原則として常用漢字体を用いた。

○書き下し文は、原則として現代仮名遣いを用いた。但し、誤読を生じる可能性がある場合については、旧仮名遣いを残した個所がある。

○現代語訳は直訳を心掛けたが、必要と思われる場合は〔　〕で適宜ことばを補った。

○辞書や訳注書からの引用に際し、送り仮名や仮名遣いを現代的に適宜改めた場合がある。

○『大正新脩大蔵経』『大日本続蔵経（卍続蔵）』についてはそれぞれ「T」「Z」の略号を、『嘉興大蔵経』（新文豊出版公司　印行）については「J」の略号を用いて示した。

○語注で使用した辞書・辞典類の略号は次の通り。

『漢語』　…『漢語大詞典』（上海辞書出版社）
縮印本　…『漢語大詞典』縮印本（漢語大詞典出版社）
『近代漢語』…『近代漢語大詞典』（中華書局）
『中国語』…大東文化大学中国語大辞典編纂室編『中国語大辞典』（角川書店）
『中日』　…愛知大学中日大辞典編纂処編『中日大辞典』第二版（大修館書店）
『仏光』　…慈怡主編『仏光大辞典』（仏光出版社）
『大漢和』…諸橋轍次『大漢和辞典』（大修館書店）
『中村』　…中村元『仏教語大辞典』（東京書籍）
『禅学』　…駒澤大学内禅学大辞典編纂所編『新版　禅学大辞典』（大修館書店）
『禅語』　…入矢義高監修・古賀英彦編著『禅語辞典』（思文閣出版）
『岩波』　…中村元等編『仏教辞典』（岩波書店）
『中国思想』…日原利国編『中国思想辞典』（研文出版）
『道教事典』…野口鐵郎他編『道教事典』（平河出版社）
『宋人伝記』…昌彼得等編『宋人伝記資料索引』（鼎文書局）

○語注で使用した書籍のうち、主なものについては次の略称を用いた。

『語類』　…『朱子語類』（《理学叢書》中華書局）
『朱子文集』…『朱文公文集』（四部叢刊）※丁数については、和刻本（岡田武彦・荒木見悟主編《近世漢籍叢刊・思想初編9・10》中文出版社 所収）と同じ。

『朱子遺書』……『朱子遺書』（影印本・中文出版社）

『朱子全書』……『朱子全書』（上海古籍出版社・安徽教育出版社）

『四書章句集注』……『四書章句集注』（《新編諸子集成》中華書局）

『四書或問』……『四書或問』（上海古籍出版社・安徽教育出版社）

『二程集』……『二程集』（《理学叢書》中華書局）

『学案』……『宋元学案』（中華書局）

『学案補遺』……『宋元学案補遺』（世界書局）

『朱子 王陽明』……荒木見悟 責任編集『朱子 王陽明』（《世界の名著》中央公論社・一九七八）

『朱子学大系』……朱子学大系第六巻『朱子語類』（明徳出版社・一九八一）

『「朱子語類」抄』……三浦國雄『「朱子語類」抄』（講談社・二〇〇八）

汲古選書本……田中謙二『朱子語類外任篇訳注』（《汲古選書14》汲古書院・一九九四）

「朱門弟子師事年攷」……田中謙二「朱門弟子師事年攷」（『田中謙二著作集』第三巻・汲古書院・二〇〇一 所収）

『伝燈録』……『景徳伝燈録』（T51所収）

『大慧語録』……『大慧普覚禅師語録』（T47所収）

『円悟語録』……『仏果円悟禅師語録』（T47所収）

『俗語解』……桂洲道倫等撰・芳澤勝弘編注『諸録俗語解』（禅文化研究所）

禅学典籍叢刊本……柳田聖山・椎名宏雄共編『禅学典籍叢刊』（臨川書店）

国訳禅宗叢書　…　国民文庫刊行会『国訳禅宗叢書』（第一書房）
禅研本　…　入矢義高監修『景徳伝灯録』（禅文化研究所、三・一九九三、四・一九九七、五・二〇一三）
末木訳　…　末木文美士編『現代語訳　碧巌録』（岩波書店　上・二〇〇一、中・二〇〇二、下・二〇〇三）

※語注引用の『二十四史』は、全て中華書局校点本に拠った。

○語注で使用した右記以外の書籍の版本は、初出の個所に明記した。外典については、できるだけ校点本や信頼できる版本に拠るよう努めたが、資料収集・閲覧の制約等もあり、『四庫全書』や手持ちの版本を用いた場合がある。

○語注で引用した原文資料のうち、訳注書があるものについては、それを収めるシリーズ名の略称と頁数を明記した。

岩波文庫本　…　岩波文庫（岩波書店）
全釈本　…　全釈漢文大系（集英社）
新釈本　…　新釈漢文大系（明治書院）
古典選本　…　中国古典選（朝日新聞社）
文明選本　…　中国文明選（朝日新聞社）
筑摩本　…　禅の語録（筑摩書房）
文学全集本　…　世界古典文学全集『禅家語録』（Ⅰ・一九七二、Ⅱ・一九七四）
仏教経典選本　…　仏教経典選（筑摩書房）
中央公論社本　…　大乗仏典（中央公論社）

○汲古書院から刊行中の『朱子語類』訳注については、既刊分五冊（①巻一〜三、②巻十〜十一、③巻七・十二・十三、④巻百十三〜百十六、⑤巻百二十五）に関して「汲古本」という略称を用い、当該個所の頁数を明記した。

『朱子語類』訳注　巻百二十六（上）

『朱子語類』巻第一百二十六

釋氏

【1】

孟子は老子・荘子を排斥せずに、楊朱・墨翟を排斥したが、楊・墨は、とりもなおさず老・荘なのである。現在、仏教にも二種類がある。〔自分だけ悟ろうとする〕禅学は楊朱である。〔相手構わず〕布施を行うのは墨翟である。道士〔の教え〕はもともと贋物《にせもの》なので、今、排斥する説を作るまでもない。しかし、今の禅家〔の教え〕にも、また仏祖の意に反した〔贋《にせ》〕物がある。試しに古い仏典、たとえば『四十二章経』などの経典を読んでみると、〔それが〕わかる。〔また、〕楊文公（楊億）が編集した『伝燈録』には、西天《インド》の二十八祖〔の言行〕について説いてあるが、〔これを見れば、記載された内容が本物かどうか〕その是非が知られる。〔なぜなら、『伝燈録』には二十八祖が作った詩偈が載せられているが、〕昔の仏祖は西域《インド》の夷狄《外国人》であるのに、どうして中国式の押韻をした詩を作ることができるであろうか。〔また、経典もほとんどが後世の盗作・偽作である。〕今、『円覚経』を見てみると、「〔死んでしまって肉体を構成していた地・水・火・風の〕四つの元素が分散してしまったならば、今、〔存在している〕妄《にせ》の身《わたし》はどこにあるというのか」という語があるが、これは『列子』の「〔人の〕骨骸《にくたい》は本来の場所に帰って行き、〔人の〕精神《たましい》は、出てきたところに帰って行くのであるから、我《わたし》がどこにいるというのか」という語の盗用なのである。宋景文〔宋祁〕は、『楞厳経』の前半にある呪《陀羅尼》が〔もともと〕その経文であり、後半の道理を説いた部分は附会《こじつけ》〔て後世に作られ〕たものである」と述べている。『円覚経』の最初の数条は、少し見るべきものがあるが、後半は一節ごとに内容が薄くなっていく。最後の二十五種類の定輪《坐禅》と誓いの語《ことば》にいたっては、笑うしかない。〔余大雅〔が記録した〕。以下、仏教も楊・墨から出たものであることを論じている。〕

＊

孟子不闢老荘而闢楊墨、(1) 楊墨即老荘也。今釋子亦有兩般。禪學、楊朱也。若行布施、墨翟也。道士則自是假、(2) 今無説可闢。然今禪家亦自有非其佛祖之意者。試看古經如『四十二章』(3) 等經、可見。楊文公集(4)『傳燈録』(5) 説西天二十八祖、(6) 知他是否。如何舊時佛祖是西域夷狄人、却會做中國様押韻詩。今看『圓覺』(7) 云「四大分散、今者妄身、當在何處」(8)、即是竊『列子』「骨骸反其根、精神入其門、我尚何存」(9) 語。宋景文説、(10)『楞嚴』前面呪是他經、後面説道理處是附會」(11)。『圓覺』前數疊稍可看、後面一段淡如(12) 一段去。末後二十五定(輪)(校1)(13)〔輪〕與(大)(校2)〔夫〕誓語、(14) 可笑。〔大雅。(15)
(校3) 以下論釋氏亦出楊墨。〕

〔校注〕(校1)(輪)〔輪〕＝正中書局本・楠本本は「輪」に作り、和刻本は「輪」に作る。ここでは「輪」を取る。

(校2)(大)〔夫〕＝正中書局本・楠本本は「夫」に作り、和刻本は「大」に作る。ここでは「夫」を取る。

(校3) 以＝正中書局本・朝鮮整版・楠本本・和刻本は「以」の上に「〇」が入る。

＊

孟子は老・莊を闢《しりぞ》けずして、楊・墨を闢《しりぞ》くるも、楊・墨は即ち老・莊なり。今ま釋子にも亦た兩般有り。禪學は楊朱なり。布施を行うが若《ごと》きは墨翟なり。道士は則ち自《もと》是より假なれば、今ま説の闢《しりぞ》く可き無し。然れども今ま禪家も亦た自《もと》より其の佛祖の意に非ざる者有り。試みに古經の、『四十二章』等の如き經を看れば、見る可し。楊文公、『傳燈録』を集めて西天二十八祖を説くも、他《そ》の是否を知る。如何ぞ舊時の佛祖是れ西域夷狄の人なるに、却って中國様の押韻の詩を做《つく》る會《べ》けんや。今ま『圓覺』を看るに、「四大分散せば、今者《いま》の妄身、當《は》た何處に在らん」と云うは、即是《すなわ》ち『列子』の「骨骸、其の根に反《かえ》り、精神、其の門に入れば、我れ尚お何《いず》くにか存せん」の語を竊《ぬす》めり。宋景文は、『楞嚴』の前面の呪は是れ他《そ》の經、後面の道理を説く處は是れ附會なり」と説く。『圓覺』の前數疊は稍《や》や看る可きも、後面の一段は、一段如《よ》り淡くし去る。末後の二十五の定輪と夫《か》の誓語とは、笑う可し。〔大雅。以下、釋氏も亦た楊墨に出づるを論ず。〕

＊

（1）孟子不闢老莊而闢楊墨＝『孟子』「滕文公下篇」に「楊氏は我が為《ため》にす、是れ君を無《な》みするなり。墨氏は兼愛（博愛）す、是れ父を無《な》みするなり。父を無《な》みし君を無《な》みするは、是れ禽獣なり。…〔中略〕…楊・墨の道息まずんば、孔子の道著《あら》われず、是《ここ》に邪説、民を誣《し》い、仁義を充塞するなり。仁義充塞すれば、則ち〔禽〕獣を率いて人を食《は》ましめ、人〔も亦た〕将に相い食《は》む〔に至ら〕んとす。吾れ此れが為《ため》に懼れ、先聖の道を閑《まも》り、楊・墨を距《ふせ》ぎ、淫辞を放《しりぞ》け、邪説の者作《おこ》るを得ざらしめんとす（楊氏為我、是無君也。墨氏兼愛、是無父也。無父無君、是禽獣也。…〔中略〕…楊墨之道不息、孔子之道不著、是邪説誣民、充塞仁義也。仁義充塞、則率獣食人、人将相食。吾為此懼、閑先聖之道、距楊墨、放淫辞、邪説者不得作）」（『四書章句集注』p.272、岩波文庫本㊤

p.255~256）とあり、これを念頭に置いた発言であろう。「楊墨」とは、楊朱と墨翟のこと。いずれも戦国時代の思想家。同じ『孟子』「滕文公下篇」に「楊朱・墨翟の言、天下に盈つ（楊朱墨翟之言、盈天下）」（同上）とあり、当時、楊朱・墨翟の学説が天下を二分していたことがうかがわれる。墨翟の思想については『墨子』五十三篇に詳しく、楊朱の思想については『列子』「楊朱篇」（岩波文庫本㊦p.105~157）などで、その一端を知ることができる。【2】【4】にも同様の発言が見られる。

（2）道士＝広義には道教の徒を指すが、狭義には煉丹服薬して神仙の道をきわめ、不老長寿の術を体得したものや、その修行するものを指す。『漢語』の「道士」条（第一〇冊・p.1065、縮印本㊦p.6367）などを参照。

（3）四十二章＝『四十二章経』一巻は、迦葉摩騰と竺法蘭の共訳とされる経典であり、題名通り四十二章から成る。「愛欲」からの脱却を説くなど、もとは小乗的な内容が主であった。「四十二章経序」に拠れば、後漢の明帝が金人を夢見て西域に使者を遣わし、大月支国で写し取ったものとされ、中国に最初に伝わった経典であるとされる。『梁高僧伝』巻一「竺法蘭」条にも「漢地に見《げん》存する諸経は、唯だ此れ（＝『四十二章経』）を始めと為すなり（漢地見存諸経、唯此為始也）」（T50-323a）と記されているが、史実としては認められていない（鎌田茂雄『中国仏教史』岩波全書・一九七八・p.13~16）。また、中国への仏教渡来については、鎌田茂雄『中国仏教史』第一巻（東京大学出版会・一九八二）の第一章「仏教の中国伝播」に詳しい。禅宗においても重視された経典であり、宋代の宣和年間（一一一九～一一二五）に、大洪守遂（一〇七二～一一四七）が、『四十二章経』『仏遺教経』『潙山警策』を合わせて『仏祖三経』と名づけ、註を附して流布させた。得能文『仏説四十二章経・仏遺教経』（岩波文庫本・一九三六）、及び【69】の注（3）参照。

（4）楊文公＝楊億（九七四～一〇二〇）。字《あざな》は大年。浦城（福建省）の人。官は翰林学士から工部侍郎兼史館修撰に至る。禅宗との関わりも深く、汝州（河南省）の太守となった時に、広慧元璉や首山省念に参じ、元璉に嗣法する。その伝は『宋史』巻三〇五（p.10079）などに見え、『五燈会元』巻一二（Z138-220a）にも立項されている。西脇常記「楊億研究―「殤子述」を読む」（『中国古典社会における仏教の諸相』知泉書館・二〇〇九所収）が参考になる。また『宋人伝記』第四冊（p.3136）参照。

（5）傳燈録＝『景徳伝燈録』のこと。釈尊より相承した宋初までの禅宗の法脈それぞれの祖師の開悟の機縁、ならびに弟子に対する接化の問答・法語を記す。過去七仏より五家五十二世にわたる千七百一人の名を挙げ、うち九百五十一人の語を記す南宗を中心においた禅宗史書である。全三十巻。法眼文益の孫弟子にあたる北宋の永安道原が撰述し、当初、『仏祖同参集』と呼ばれた。景徳元年（一〇〇四）に完成し、真宗に上進される。斎藤智寛氏の教示によれば、『伝燈玉英集』後序に、上進の年は真宗の「在宥之九載」であると記されており、これは景徳三年（一〇〇六）に当たると考えられる。上進の後、翰林学士の楊億に删定の命が下され、大中祥符二年（一〇〇九）に删定が完了した。その後、まもなく入蔵され、以後の燈史類に先鞭をつけた。『中国思想』（p.97）、『岩波』（p.265）、石井修道『宋代禅宗史の研究』第一章「『伝燈録』の歴史的性格」（大東出版社・一九八七）などを参照。

（6）西天二十八祖＝禅宗が伝燈の祖師として立てているインドにおける摩訶迦葉から菩提達磨までの二十八代。達磨の西来によって、以後、中国にその法燈が伝わり、六代で大鑑慧能に至ったとされ、「西天四七、唐土二三」（『法演禅師語録』巻中・T47-659c）、「西天四七、此土二三」（『円悟語録』巻五・T47-734a）、「西天四七、東土二三」（『大慧語録』巻一・T47-813b）といった成句ができることになる。具体的な二十八祖の内容については『伝燈録』巻一などを参照。

（7）圓覚＝『円覚経』のこと。正式名は『大方広円覚修多羅了義経』である。一巻。北インド出身の仏陀多羅が唐代に白馬寺において訳出したと伝えられるが、七世紀末頃中国で撰述された偽経だとされる。「円覚」（まどかなる悟り）を主題とし、禅宗で重視される。内容によって以下に示す十三章に分かれる。〔一〕序。〔二〕文殊菩薩の如来因地の行についての質問。〔三〕普賢菩薩の円覚修証の行法についての質問。〔四〕普賢菩薩の修行、漸次、思惟、住持、開悟についての質問。〔五〕輪廻を悟り邪正を識別するために迷悟の始終を明らかにする。〔六〕輪廻の根元を明らかにして無生忍に入ることを示す。〔七〕円覚無証の理、頓漸修証の位を明らかにする。〔八〕三種の妙法門を説き根に従って入るべきを示す。〔九〕二十五種の定輪を説く。〔一〇〕無明の根本四相を破すべきを説示する。〔一一〕四病等の惑を断ずべきを説く。〔一二〕三期の道場、加行を以て円覚修証を説く。〔一三〕本経を受持する者の利益を説く。『大乗起信論』の影響を強く受けており、同じく偽経の『首楞厳経』との関係が深い。注釈書に宗密の『円覚経大疏』十二巻、『円覚経大疏鈔』十三巻などがある。『岩波』（p.77）参照。口語訳を付した完訳本として、柳田聖山『中国撰述経典一 円覚経』《仏教経典選13》筑摩書房・一九八七）がある。

（8）四大分散、今者妄身當在何處＝『円覚経』に「四大各離、今者妄身、当在何処」（T17-914b）とあるのに拠る。柳田聖山『円覚経』（p.50）参照。

（9）骨骸反其根、精神入其門、我尚何存＝『列子』「天瑞篇」（岩波文庫本㊤ p.36）にそのまま見える。

（10）宋景文＝宋祁（九九八～一〇六一）、字《あざな》は子京。景文は謚。安陸（湖北省）の人。天聖二年（一〇二四）の進士で、官は翰林学士から龍図学士・史館修撰に至り、欧陽脩と共に『唐書』を撰修する。『唐書』完成後、左丞から工部尚書、翰林学士承旨を拝する。兄の庠と並び称されて「二宋」と呼ばれ、文学を以て知られた。著書として『景文集』六十二巻（聚珍版叢書所収）、『宋景文公筆記』三巻（百川学海所収）などが存する。その伝は『宋史』巻二八四（p.9593）などに見える。また『宋人伝記』第一冊（p.738）参照。
（11）楞嚴前面呪是他經、後面説道理處是附會＝この文章は聚珍版叢書本の『景文集』六十二巻には見えない。楞厳とは『首楞厳経』のこと。正式名は『大仏頂如来密因修証了義諸菩薩万行首楞厳経』である。十巻。略して『首楞厳経』『楞厳経』ともいう。五陰・十二処・十八界・七大等において円通無碍の理を突き詰めて明らかにし、二十五の菩薩におのおの所修の法を挙げて、二十五円通と呼ばれる所証の理を述べさせ、最後に観世音菩薩が説いた耳根円通の法を入道の門とする。更に、五陰について五十種の禅の魔境を指摘して、禅病の駆廃に務めている。『円覚経』とともに禅門所依の経典として多いに読まれた。『禅学』（p.1284）参照。巻七に収載された「楞厳呪」は、清規に定められて禅門で広く読誦されている。口語訳を付した訳注本として、荒木見悟『中国撰述経典二　楞厳経』（《仏教経典選14》筑摩書房・一九八六）がある。全十巻のうち巻一～巻四の訳注であるが、詳細な「解説」が参考となる。
（12）如＝『中国語』に「⑤…より。形容詞の後におき比較に使う」（p.2582）とある。
（13）二十五定輪＝禅定を修証するための二十五種の方法（『仏光』「二十五種清浄定輪」条・p. 177）。柳田聖山『円覚経』（p.163）参照。
（14）誓語＝未詳だが、『円覚経』末尾に見える、持経者を護持するという金剛神や大力鬼王の言葉を指すものであろうか。柳田聖山『円覚経』（p.257~261）参照。
（15）大雅＝『語類』の巻頭に付録されている「朱子語録姓氏」に拠れば、「余大雅（一一三八～一一八九）、字《あざな》は正叔、上饒（江西省広豊県の西）の人。戊戌（淳熙五年・一一七八）以後、聞く所なり（余大雅、字正叔、上饒人。戊戌以後、所聞）」（p.13）とある。朱熹、四十九歳以後の言葉ということになる。『学案』巻六九（p.2300）

にある略伝には、「順昌（安徽省阜陽県）の人」とあり、「朱子語録姓氏」の記載とは異なる。剣浦・游敬仲らと同時に朱熹に入門する。朱熹に面会する度に簡約切実の工夫について述べ、『孟子』にある「放心を求める」という語を自己の学の帰着点としていた。その伝は、『学案』巻六九（p.2300）、『学案補遺』巻六九などに見える。『宋人伝記』第二冊（p.1238）、「朱門弟子師事年攷」（p.55）参照。

（森　宏之）

【2】

質問した、「仏・老と楊朱・墨翟の学とについてはどうですか」と。〔先生が〕言われた、「楊・墨の説は、なお人を突き動かすほどではない。墨子は『愛には差別がない』と言い、一人一人が皆な家族のようであることを望むけれど、これには、もとより同調しにくい。だから人々も〔墨翟の説を〕必ずしも信じてきたわけではなかったのである。〔一方〕楊子はひたすら為我《自己本位》であり、世俗を超越していて浮世離れしており、利益や俸禄にあくせくする者を見て、全く取るに足らないとみなす。その説は甚だ高邁ではあるけれども、人々は〔その高邁さゆえに〕やはりそれを学ぶことがなかなかできないので、必ずしも誰も彼もが〔楊朱の説に〕同調してきたわけではなかった。楊朱は老子の弟子である。人々は『孟子は老子〔の説〕を排斥しなかった』などと言うけれど、楊・墨を排斥しさえすれば、老・荘がそのなかに含まれて〔排斥されて〕いることを分かっていないのである。仏教の学も楊子から出ている。身を惜しまないで衆生を救済するという当初の説などは墨子に近いけれども、この説は〔仏教のうちでも〕最も浅薄で、まだその奥深いところ〔に達したもの〕ではない。のちに、〔中国へ菩提〕達磨がやって来て、初めに梁の武帝に会見した。武帝は、〔達磨が説く〕その内容を理解せず、ひたすら因果応報〔の説〕に陥っていた。そこで〔達磨は、武帝のもとを〕立ち去り、〔嵩山の麓に到って〕九年のあいだ面壁《坐禅》し、ただ『人の心は至善である』と説いた。これはとりもなおさず、苦労して修行する必要はないということだ。加えて、老・荘の説を採用して仏説に付け足す人がいた。だからその説は、ますます精緻になった。しかしながら、〔それは〕間違ったものにすぎない。さらに、〔仏教には〕いわゆる『頑空』『真空』という説がある。頑空とは、あたかも冷え切った灰や枯れた木のようなものである。真空は、もろもろの事物事象をおさめとって変化に対応することができると〔されていると〕はいえ、やはり単なる空にすぎない。いまさら仏教を究める必要などない。伊川が言うところの『専ら〔仏教徒たちの〕行動に即して判断さえすればよい』のである。仏教徒は、〔自分を生んでくれた〕その父母から逃れて〔出家して〕しまっているのだから、どんな道理を説いたところで、やはり何の役にも立たない。このようなことは、〔人から言われなくても〕自分で十分判断できよう」と。〔潘時挙〔が記録した。〕〕

＊

問[校1]、「佛老與楊墨之學如何[1]」。曰[校2]、「楊墨之説猶未足以動人。墨氏謂『愛無差等』、欲人人皆如至親、此自難從[2]。故人亦未必信也。楊氏一向[3]爲我[4]、超然遠擧[5]、視營營於利祿者、皆不足道[6]。此其爲説雖甚高[7]、然人亦難學他、未必盡從。楊朱即老子弟子[8]。人言『孟子不闢老氏』、不知但闢楊墨、則老莊在其中矣。佛氏[校3]之學亦出於楊氏。其初如不愛身以濟衆生之説、雖近於墨氏、然此説最淺近、未是他深處。後來是達磨[校4]過來[9]、初見梁武[校5][10]。武帝不曉其説、只從事於因果[11]。遂去面壁九年[12]、只説『人心至善』。即此便是不用辛苦修行[13]。又有人取莊老之説、從而附益之。所以其説愈精妙。然只是[14]不是耳。又有所謂『頑空[15]』『真空[16]』之説。頑空者如死灰[校6]槁木[17]、真空則能攝衆有而應變、然亦只是空耳。今不消窮究他。伊川所謂、『只消就跡上斷便了[18]』。他既逃其父母、雖説得如何道理、也使不得[19]。如此、却自足以斷之矣」。〔時擧[20]〕

〔校注〕（校1）問＝楠本本の冒頭には「時擧」の二字あり。　（校2）曰＝楠本本は「先生云」に作る。　（校3）佛氏＝楠本本は「佛氏」の前に「後世」の二字が入る。　（校4）達磨＝正中書局本・楠本本・和刻本は「麼」に作る。　（校5）武＝楠本本は「武帝」に作る。　（校6）死＝楠本本は「空」に作る。

*

問う、「佛老と楊墨の學とは如何」と。曰く、「楊墨の説は猶お未だ以て人を動かすに足らず。墨氏は『愛に差等無し』と謂い、人人皆な至親の如くならんことを欲するも、此れ自《もと》より從い難し。故に人も亦た未だ必ずしも信ぜざるなり。楊氏は一向《ひたすら》に我の爲《ため》にし、超然として遠擧して、利祿に營營たる者を視て、皆な道《い》うに足らずとす。此れ其の説を爲すこと甚だ高しと雖も、然れども人は亦た他を學び難ければ、未だ必ずしも盡くは從わず。楊朱は即ち老子の弟子なり。人、『孟子は老氏を闢《しりぞ》けず』と言うも、但《た》だ楊墨を闢《しりぞ》くれば、則ち老莊の、其の中《うち》に在るを知らざるなり。佛氏の學も亦た楊氏に出づ。其の初めの、身を愛さずして以て衆生を濟《すく》うの説の如きは墨氏に近しと雖も、然れども此の説は最も淺近にして、未だ是れ他の深處にあらず。後來《のち》、是れ達磨の過ぎ來たりて、初め梁武に見《まみ》ゆ。武帝、其の説を曉《さと》らず、只だ因果に從事す。遂に去りて面壁すること九年、只だ『人心は至善なり』と説く。即ち此れ便是《すなわ》ち辛苦して修行するを用いず。又た人有りて莊老の説を取り、從《よ》りて之に附益す。所以《ゆえ》に其の説は愈いよ精妙なり。然れども只是《ただ》是《ぜ》ならざるのみ。又た所謂る『頑空』『真空』の説有り。頑空とは死灰槁木の如し。真空は則ち能く衆有を攝《と》りて變に應ずるも、然れども亦た只是《ただ》空なるのみ。今ま他《それ》を窮究するを消《もち》いず。伊川の所謂る『只だ跡上に就きて斷ずるを消《もち》うるのみにして便ち了《お》わる』なり。他《かれ》は既に其の父母より逃るれば、如何なる道理を説き得と雖も、也《ま》た使い得ず。此《か》くの如きは、却って自《みずか》ら以て之を斷ずるに足れり」と。〔時擧〕

＊

※この一段については、荒木見悟『朱子 王陽明』（p.312）に口語訳が載せられており、それを参考にした。

（1）楊墨＝【1】の注（1）参照。

（2）墨氏謂愛無差等…此自難從＝『孟子』「滕文公下篇」や「尽心上篇」などには、墨翟を「兼愛」（無差別の博愛主義）であるとし、楊朱を「為我」（自分本位の個人主義）であるとして両学派を論難する個所がある（『四書章句集注』p.272・p.357、岩波文庫本㊤p.255~257・㊦p.351~353）。朱熹の墨子批判は、『孟子』による論難を念頭に置いたものであろう。

（3）一向＝『中国語』に「ひたすら＝一味」（p.3665）とあり、『「朱子語類」抄』に「ひたすら、もっぱら」（p.123）とある。田中謙二氏は、『語類』に見られる「一向」の語について、『ひたすら』『いちずに』の意に使用され、現代語のような時間的用法（『かねて』の意）はない」と解説する。『朱子語類外任篇訳注』（汲古書院・一九九四・p.113）参照。禅録にも多く見られる語で、例えば、『碧巖録』第二二則・本則評唱に「巖頭毎日只是打睡、雪峰一向坐禅」（T48-162c、岩波文庫本㊤p.291、末木訳㊤p.368）とあり、『大慧語録』巻三〇に「第二生、受痴福無慚愧、不做好事、一向作業」（T47-942a、筑摩本・p.232）とある。『詩詞曲語辞匯釈』「一向（一）」条（中華書局・p.405）参照。

（4）楊氏一向爲我＝注（2）に同じく、『孟子』「滕文公下篇」や「尽心上篇」などに見られる楊朱批判を念頭に置いた発言である。

（5）遠擧＝『漢語』に「①上古の事を列挙すること（謂列挙往古之事）。②高く飛び、遠く揚がるさま（猶高飛、遠揚）。③遠方に逃避すること（謂走避遠方）」（第一〇冊・p.1132、縮印本㊦p.6396）とある。本条では、「まごうかたなく隠者（直分明是隠士）」（『語類』巻一一九・p.3090）であったとされる厳子陵（BC三七〜AD四三）に関し、巻一二二に「子陵既高蹈遠挙、又誰恤是矯激不是矯激在」（p.2957）とあるのを参考にして、「高蹈遠挙（隠居して世を避ける）」の意味で解釈を試みた。

（6）皆不足道＝『語類』にしばしば出てくる表現で、「全く言うに値しない」「全く取るに足らない」という意味。例えば、『語類』巻一一四の「但只是不去正処看、却去偏傍処看。如与人説話相似、不向面前看他、却去背後尋索、以為面前説話皆不足道、此亦不是些小病痛」（p.2761、汲古本・p.143）など。

（7）高＝三浦國雄氏は、「朱子においては『高』は必らずしもプラスの価値をもつとは限らない。朱子はしばしば現代の士大夫は『高きを好む』と云ったが、その場合は明らかに負の意味である」（『「朱子語類」抄』p.460）と解説する。「其の説を為すこと甚だ高しと雖も（其為説雖甚高）」は、楊朱の説に対する表現であるから、ここの「高」にも、こうしたマイナスの意味合いが込められている。

（8）楊朱即老子弟子＝『列子』「黄帝篇」には、楊朱が老聃に教えを請う件《くだ》りが見られる（岩波文庫本㊤p.110〜112）。恐らく、こうした記述などから、後世には、楊朱が老子の弟子であるとみなされるようになったのであろう。ここ以外でも、朱熹は、例えば、「楊朱は乃ち老子の弟子なり。其の学は専ら己の為《ため》にす（楊朱乃老子弟子。其学専為己）」（『語類』巻六〇・p.1447）などと述べており、楊朱が老子の弟子であると考えていたようである。

（9）後來是達磨過來＝一般的に、菩提達磨がインドから中国に渡来したのは、梁の普通八年（五二七）のこととされる（『伝燈録』巻三・T51-219a など）。詳しくは、【7】の注（37）参照。「過来」は、『中国語』に「やって来る。話し手（あるいは叙述の対象）のいるところに、近づいて来ることを表す」（p.1186）とある。

（10）武帝＝南朝梁の初代皇帝、蕭衍（四六四～五四九）のこと。在位五〇二～五四九年。姓は蕭氏、諱は衍。南朝文化黄金時代を現出させ、仏教を篤く信奉した。天監十八年（五一九）、禁中に戒壇を築いて菩薩戒を受け、大通元年（五二七）には同泰寺において捨身し、中大通元年（五二九）には無遮大会《むしゃだいえ》を行い、自《みずか》ら『涅槃経』を講じた。著作に『涅槃経』『大品般若経』などに関する義記数百巻があったとされる。仏教への傾倒は、梁朝を滅亡に導く原因ともなり、侯景の反乱により都を陥れられ、台城にて餓死した。『岩波』（p.884）、牧田諦亮「梁の武帝―その信仏と家庭の悲劇」（『仏教大学学報』第一六号・一九六七、のち『中国仏教史研究』第一・大東出版社・一九八〇 所収）、吉川忠夫「南風競わず―侯景の乱始末記」（『侯景の乱始末記―南朝貴族社会の命運』中公新書・一九七四）などを参照。なお、武帝との問答は、北宗禅を攻撃した南宗禅の荷沢神会（六八四～七五八）が創作したものであるとされ、弟子の独孤沛が集録した『菩提達摩南宗定是非論』（七三二年頃成立）に見られる（楊曽文編校『神会和尚禅話録』中華書局校点本・p.18）。小川隆『神会―敦煌文献と初期の禅宗史』（《唐代の禅僧2》臨川書店・二〇〇七・p.25~26）などに詳しい。

（11）初見梁武…只従事於因果＝『伝燈録』巻三「菩提達磨」条は、達磨と武帝の問答について、「帝問いて曰く、『朕、即位してより已来、寺を造り、経を写し、僧を度すること、勝《あ》げて紀《しる》す可からず。何の功徳か有る』と。師曰く、『並《まった》く功徳無し』と。帝曰く、『何を以てか功徳無き』と。師曰く、『此れ但《た》だ人天の小果、有漏の因なるのみ。影の形に随うが如く、有と雖も実に非ず』と。帝曰く、『如何なるか是れ真の功徳』と。答えて曰く、『浄智妙円にして、体自《おのずか》ら空寂なり。是《か》くの如き功徳、世を以て求めず』と。帝又た問う、『如何なるか是れ聖諦第一義』と。師曰く、『廓然無聖《かくねんむしょう》』と。帝曰く、『朕に対する者は誰ぞ』と。師曰く、『識《し》らず』と。帝、領悟せず（帝問曰、『朕即位已来、造寺写経、度僧不可勝紀。有何功徳』。師曰、並無功徳。帝曰、『何以無功徳』。

師曰、『此但人天小果、有漏之因。如影随形、雖有非実』。帝曰、『如何是真功徳』。答曰、『浄智妙円、体自空寂。如是功徳、不以世求』。帝又問、『如何是聖諦第一義』。師曰、『廓然無聖』。帝曰、『対朕者誰』。師曰、『不識』。帝不領悟）」（T51-219a）と記す。同様の問答は、『碧巌録』第一則（T48-140a~141b、岩波文庫本㊤ p.35~53、末木訳㊤ p.21~48）や『従容録』第二則（T48-228b~229a）などにも見られる。なお、「武帝不暁其説、只従事於因果」という朱熹の発言は、武帝が功徳に執着して、達磨の真意を結局は理解できなかったことを念頭に置いたものであろう。

（12）遂去面壁九年＝例えば、『伝燈録』巻三「菩提達磨」条には「帝、領悟せず。師、機の契《かな》わざるを知り、是の月十九日、潜《ひそ》かに江北に廻《めぐ》り、十一月二十三日、洛陽に届《いた》る。後魏の孝明の太和十年に当たるなり。嵩山の少林寺に寓止し、面壁して坐し、終日黙然たり。人、之を測ること莫く、之を『壁観婆羅門《へきかんばらもん》』と謂う（帝不領悟。師知機不契、是月十九日廻江北、十一月二十三日届于洛陽。当後魏孝明太和十年也。寓止于嵩山少林寺、面壁而坐、終日黙然。人莫之測、謂之『壁観婆羅門』）」（T51-219a~b）とあり、『碧巌録』第一則・本則評唱には「帝、契《かな》わず、遂に潜《ひそ》かに国を出づ。這の老漢、只だ懡㦬《もら》を得て、江を渡り魏に至る。時に魏の孝明帝、位に当たる。…［中略］… 達磨、彼《かしこ》に至るも、亦た出でて見《まみ》えず。直に少林に過《よぎ》り、面壁九年、二祖を接し得たり。彼方《かしこ》には号して『壁観婆羅門《へきかんばらもん》』と為す（帝不契、遂潜出国。這老漢只得懡㦬、渡江至魏。時魏孝明帝当位。…［中略］… 達磨至彼、亦不出見。直過少林、面壁九年、接得二祖。彼方号為『壁観婆羅門』）」（T48-140c、岩波文庫本㊤ p.43、末木訳㊤ p.34）とある。

（13）只説人心至善…不用辛苦修行＝達磨が説いたとされる「人心至善」の典拠については不明。朱熹自身の目に映る達磨の一連の教示を端的に表現したものであろう。「至善」は、『大学』の「在止於至善」（『四書章句集注』

p.3、古典選本・p.24）を踏まえたものとも考えられる。

（14）只是＝『中国語』に「ある情況・範囲あるいは動作・行為にのみ限られていることを強調する」（p.4006）とあり、『禅語』に「ひたすら…ばかり、ただ…だけ」（p.168）とある。三浦國雄氏は、『只是』には、『ただ…だけ』という意と『ひたすら…する』という意がこの一語のなかに渾融している」（『「朱子語類」抄』p.67）と解説する。一般に訓読に際しては「只だ是れ」と訓《よ》むこともあるが、本訳注では、「只是《ただ》」と訓《よ》むこととする。

（15）頑空＝『漢語』に「仏教語。無知無覚・無思無為の虚無の境地（指一種無知無覚的、無思無為的虚無境界）」（第一二冊・p.253、縮印本㊦p.7223）とあり、『中村』に「偏空ともいう。空見に滞ること。真空の対」（p.200）とある。南宋期の羅大経『鶴林玉露』乙編・巻六「無思無為」条に、蘇轍（一〇三九～一一一二）の『論語解』からの引用として、

真空を貴《たっと》び、頑空を貴《たっと》ばず。思うに、「頑空」とは、頑《かたく》なで知覚が無い「空」であって、〔それは、あたかも、何の感覚も作用《はたらき》も持たない〕木や石にほかならないのである。「真空」のごときは、〔あたかも〕天に等しく、湛然《ゆったり》かつ寂然《ひっそり》としていて、元より何一つとして〔有することが〕無い。しかしながら、四季が自然とめぐり、万物が自然と生じ、燦然と輝けば日や星となり、蒸気が沸き起これば雲や霧になり、水が流れ出れば雨や露になり、轟けば雷や霆《いなずま》になるのは、〔これらが〕全て虚空から生じているからであり、所謂る「湛然寂然」としている〔その〕者〔自体〕は、全く動じることはないのである。（貴真空、不貴頑空。蓋頑空、則頑然無知之空、木石是也。若真空、則猶之天焉、湛然寂然、元無一物。然四時自爾行、百物自爾生、粲為日星、滃為雲霧、沛為雨露、轟為雷霆、皆自虚空生、而所謂湛然寂然者、自若也。）（中華書局校点本・p.224）

という記載が見える。

(16) 真空＝『漢語』に「仏教語。一切の色相《かたち》や意識の限界を超え出た境地のこと（一般謂超出一切色相意識界限的境界）」（第二冊・p.144、縮印本㊤p.799）とあり、『中村』に「有でない有である妙有に対して、空でない空のこと。これが大乗仏教の究極の教えである。真実の空。空が徹底したところをいう」（p.780）とある。『岩波』「真空妙有」条では「『真空』は、仏教でいう『空』は単なる無ではないことを強調する語として、六朝初期の漢訳の般若経類に既に見える。また、『妙有』の語は、真如の意味で北魏の菩提流支訳『金剛仙論』などで盛んに用いられている。だが、『真空妙有』と熟すのは智顗説・灌頂記とされる『仁王護国般若経疏』が、『空』でありつつ働きがあり、働きがありつつ『空』であることを『真空妙有』と称しているのが最初であろう。のち、華厳宗の法蔵の晩年の作、ないし弟子などの偽作とされる『妄尽還源観《もうじんげんげんかん》』が、この語を、虚無《こむ》でない真の『空』、単なる有《う》ではない玄妙なる在り方の意で用いてから、華厳宗やその影響を受けた諸宗において盛んに用いられ、やがて大乗の特徴を現す言葉とされるようになった」（p.566）と解説されている。注（15）も併せて参照。朱熹は、「真空」について、【17】で「『真空』にはむしろ〔あらゆる〕物が存在し、我が儒教の学説とほぼ同じである（真空却是有物、与吾儒説略同）」（p.3013）と説いている。

(17) 死灰槁木＝「死灰」は「火が消えた後の冷めた灰（火滅後的冷灰）」（『漢語』第五冊・p.149、縮印本㊥p.2797）のこと。例えば、『荘子』「斉物論篇」には「形は固《もと》より槁木の如くならしむ可く、心は固《もと》より死灰の如くならしむ可きか（形固可使如槁木、而心固可使如死灰乎）」（岩波文庫本①p.40）とある。

(18) 伊川所謂、只消就跡上斷便了＝『河南程氏遺書』巻一五の「釈氏の学、更に聖人の学に対して比較するを消《もち》いず。之を要するに必ず同じからざれば、便ち之を置く可し。今ま其の説を窮めんとするも、未だ必ずしも他を窮め得る能わず。窮め得るに至るに比《およ》んでは、自家《おのれ》は已《すで》に化して釈氏と為る。今ま且《しばら》く迹上を以て之を観よ。仏は父を逃れて出家し、便ち人倫を絶ち、只だ自家《おのれ》は独り山林に処ることを為す。人郷裏に豈に此の物有る容《べ》けんや。大率《おおかた》、賤しむ所、軽んずる所を以て人に施す。此れ惟《た》だ聖人の心に非ざるのみならず、亦た君子の心と為す可からず。釈氏は自《みずか》ら君臣・父子・夫婦の道を為さずして、他人は是《か》くの如くなる能わずと謂い、人の之を為すを容《い》るるも己は為さず、別に一等の人と做す。此れを以て人を率いるが若《ごと》きは、是れ類を絶つなり（釈氏之学、更不消対聖人之学比較。要之必不同、便可置之。今窮其説、未必能窮得他。比至窮得、自家已化而為釈氏矣。今且以迹上観之。仏逃父出家、便絶人倫、只為自家独処於山林。人郷裏豈容有此物。大率以所賤所軽施於人。此不惟非聖人之心、亦不可為君子之心。釈氏自己不為君臣父子夫婦之道、而謂他人不能如是、容人為之而己不為、別做一等人。若以此率人、是絶類也）」（『二程集』p.149）や、同巻「釈氏の説、若し其の説を窮めて之を去取せんと欲すれば、則ち其の説未だ窮むる能わざるも、固《もと》より已《すで》に化して仏と為る。只だ且《しばら》く迹上に於いて之を考えよ。其の教を設くること是《か》くの如くならば、則ち其の心は果たして如何。固《もと》より其の心を取りて其の迹を取らざるを為し難し。是の心有れば則ち是の迹有らん（釈氏之説、若欲窮其説而去取之、則其説未能窮、固已化而為仏矣。只且於迹上考之。其設教如是、則其心果如何。固難為取其心不取其迹。有是心則有是迹）」（同・p.155）が典拠。「跡」とは「形迹。行動」（『漢語』第一〇冊・p.801、縮印本㊦ p.6256）のこと。「便了」は助詞で、「句末に用いて決定・承諾の語気を表示する（用于句末、表示決定・允諾的語気）」（『漢語』第一冊・p.1361、縮印本㊤ p.577）。『禅語』は「けりがつく、おしまいになる」（p.419）とする。用例としては、『碧巖録』第一八則・本則評唱の「且道、白日青天、如此作什麼。做箇塔便了。為什麼却道、做箇無縫塔」（T48-158a、岩波文庫本㊤ p.241、末木訳㊤ p.306）など。「断」は「判断する。決定する。判定する」（『中国語』p.785）という意味。なお、底本は、「只消就跡上断便了」に続く「他既逃其父母、雖説得如何道理、也使不得」までを程伊川の言葉からの引用とみなすようであるが、そのままの出典は、伊川には見えない。『朱子 王陽明』所収の荒木見悟氏による本条の訳注（p.312）が、「只消就跡上断便了」部分だけを伊川の言葉からの引用とみなすのも、恐らくこのためであろう。ここでは、この「他既逃其父母…也使不得」部分については、先の伊川による「仏逃父出家」云々以下の言葉などを踏まえたうえでの朱熹自身による発言とみなし、荒木訳同様、「只消就跡上断便了」部分のみを伊川の言葉からの引用として解釈した。

（19）他既逃其父母…也使不得＝前注で引用した、程伊川の「仏は父を逃れて出家し、…［中略］…是れ類を絶つなり（仏逃父出家、…［中略］…是絶類也）」（『二程集』p.149）を念頭に置いた発言であろう。三浦國雄氏は、「三綱」（君臣・父子・夫婦の道）と「五常」（父の義・母の慈・兄の友・弟の恭・子の孝、あるいは仁・義・礼・智・信）をもってする朱熹の仏教批判について、「朱子の仏教批判は、その教理を理解しないで頭ごなしに駄目だというのではなく、その当不当はともかくとして、堂々と論陣を張るに足るほどの学識を備えていたが、その排撃の大本は要するに右の『廃三綱五常』に尽きるのである。これこそ、仏教が伝来してより、仏教側との思想闘争において、儒家側が持ち出すとっておきの切り札、どんなことがあってもこれだけは譲歩できないという窮極の拠り所であった」と解説している（『「朱子語類」抄』p.449）。「使不得」については、『漢語』「使不的」条に「亦作『使不得』。①猶言無須、不可以。常用為勸阻之詞。②謂不能使用」（第一冊・p.1326、縮印本㊤p.562）とある。文字通り②の意味で解釈し、「使いものにならない」「何の役にも立たない」と訳した。

（20）時擧＝『語類』の巻頭に付録されている「朱子語録姓氏」に拠れば、「潘時挙、字《あざな》は子善、天台（浙江省）の人。癸丑（紹熙四年・一一九三）以後に聞く所なり（潘時挙、字子善、天台人。癸丑以後所聞）」（p.13）とある。

『学案』巻六九（p.68）に伝が見える。『宋人伝記』第五冊（p.3643）、「朱門弟子師事年攷」（p.220）、陳栄捷『朱子門人』（華東師範大学出版社・二〇〇七・p.228）参照。

（本多道隆）

【3】

宋景文の『新唐書』の賛文に言っている、「仏教〔の教え〕の多くは、中国人で狡賢い者が、荘子や列子の説を盗んで、その〔教説の〕高尚さの助けとしたのだ」と。この説はとても素晴らしい。欧陽脩公〔の仏教批判〕は礼法〔の欠如〕について述べただけであり、程子も自分の〔所属している儒〕家の道理を説いて〔仏教を非難して〕いるだけであって、どちらも彼《か》〔の仏教〕が〔説いている内容が〕自分自身の物なのか盗品なのかを見て〔とって〕いない。かえって宋景文の方が他《か》〔の仏教〕が〔説いているものが〕自分自身のものなのか盗品なのかを把握できているのだ。仏教は先ず列子から盗んでいる。列子は耳・目・口・鼻・心・体を説いているが〔そこには〕六つ〔の要素〕がある。仏教には〔眼・耳・鼻・舌・身・意という〕六つの根《感覚器官》〔についての説明〕があり、さらにそれを三倍にして十八の界《領域》〔がある〕としている。〔ここの所は、さらに仏教経典の言葉と列子の言葉との類似している個所を取り上げて、考察しなければならない。〕〔仏教がインドから中国に伝わってきた〕最初の頃は、『四十二章経』があっただけであり、〔経典の数は〕そんなに多くはなかった。東晋の時代になって〔道教思想と仏教思想とが入り混じった〕清談〔の流行〕があった。〔〔その事実は〕小説や史書に多く説かれている。〕ちょうど今の〔儒学の授業を行なっている〕講席《がっこう》の師《先生》が、一篇の論説を作るようなもので、〔道教や仏教を問わず幅広い要素を〕取りまとめて説いていた。〔だが〕後《のち》になって、清談にも飽きてしまった。〔そんな時に〕達磨が〔インドから中国に禅宗を伝えに〕やってきて、〔「不立文字」を掲げて何もしゃべらず〕ただ静坐するだけであった。〔坐禅を実践してみると、心が静まるし、〕そこに役立つ面が少しあったので、人々はまた皆なそちらに傾倒してしまった。〔「不立文字」と言いながら〕今では〔禅宗関係の〕文章が極めて多いが、たいていは全て後《のち》の中国人が、荘子や列子の説を〔用いて〕自分で飾り付けて、その〔文章の〕間に挟み込み、〔その痕跡を〕まったく分からなくしてしまったのだ。〔しかも、禅宗を〕攻撃する者がやっていることは、禅宗より劣ってしまっている。〔だから、禅宗に勝てないのだ。〕〔陳淳〔が記録した〕」。以下、仏教が老荘〔思想〕から出たものであることを論じている。〕

＊

宋景文[1]『唐書』贊説、「佛多是華人之譎誕者[2]、攘莊周列禦寇之説佐其高[3]」[4]。此説甚好。如歐陽公只説箇禮法[5]。程子又只説自家義理[6]。皆不見他正贓[7]。却是宋景文捉得他正贓。佛家先偸列子。列子説耳目口鼻心體處有六件[8]。佛家便有六根[9]、又三之爲十八戒[10]。〔此處更舉佛經語與列子語相類處、當考。[校1]〕初間只有『四十二章經』[11]。無恁地多。到東晉便有談議[12]。〔小説及史多説此。[校2]〕[13]如今之講師做一篇議總[校3]説之。到後來談議厭了。達磨[校4]便入來只靜坐[14]。於中有稍受用處[15]、人又都向此。今則文字極多、大概都是後來中國人以莊列説自文、夾挿其間、都没理會了。攻[校5]之者所執又出禪學之下[16]。〔淳[17]。以下[校6]論釋氏出於老莊[校7]。〕

〔校注〕（校1）此處…當考＝この十六字の細注を楠本本は本文として載せる。（校2）小説及史多説此＝この七字の細注を楠本本は本文として載せる。（校3）總＝楠本本は「摠」に作る。（校4）磨＝正中書局本・楠本本・和刻本は「麼」に作る。（校5）攻＝楠本本は「考」に作る。（校6）以下＝正中書局本・朝鮮整版・楠本本・和刻本は「以下」の上に「〇」が入る。（校7）老莊＝和刻本は「老莊〇」に作る。

*

宋景文の『唐書』の贊に説く、「佛は多くは是れ華人の譎誕なる者、莊周・列禦寇の説を攘《ぬす》みて其の高きを佐《たす》く」と。此の説甚だ好《よ》し。歐陽公の如きは只だ箇の禮法を説くのみ。程子も又た只だ自家の義理を説くのみ。皆な他の正贓を見ず。却是《かえ》って宋景文、他の正贓を捉え得たり。佛家先ず列子を偸《ぬす》む。列子の耳目口鼻心體を説く處に六件有り。佛家に便ち六根有り、又た之を三たびして十八戒《ママ》と爲す。[此の處は更に佛經の語と列子の語と相い類する處を擧げて、當に考うべし。」初間《はじめ》は只だ『四十二章經』有るのみ。恁地《かくのごと》く多きこと無し。東晉に到って便ち談議有り。[小説及び史に多く此れを説く。」如今《いま》の講師の、一篇の議を做し、之を總説するが如し。後來《のち》に到って談議も厭《あ》き了《お》わる。達磨便ち入り來って只だ靜坐するのみ。中《うち》に於いて稍や受用する處有れば、人又た都《すべ》て此れに向かう。今は則ち文字極めて多きも、大概は都《すべ》て是れ後來《のち》の中國人、莊列の説を以て自ら文《かざ》りて、其の間に夾挿し、都《すべ》て理會を没《な》くし了《お》わる。之を攻むる者の執る所、又た禪學の下に出づ。[淳。以下、釋氏の老莊より出づることを論ず。」

*

（1）宋景文＝宋祁のこと。【1】の注（10）参照。
（2）譎誕＝『漢語』に「詭譎怪誕（悪賢くてでたらめ）」（第一一冊・p.433、縮印本㊦ p.6689）とある。
（3）莊周列禦寇＝莊周も列禦寇も共に中国戦国時代の道家の思想家。二人は一般には尊称の莊子・列子で呼ばれており、同名の著述である『莊子』と『列子』が残されている。列子については、【4】の注（1）参照。
（4）唐書贊説…佐其高＝『新唐書』巻一八一に「仏の若《ごと》き者は…華人の譎誕なる者、又た莊周・列禦寇の説を攘《ぬす》みて其の高きを佐《たす》く（若仏者 …華人之譎誕者、又攘莊周列禦寇之説佐其高）」（p.5355）とあるのを踏まえる。
（5）如歐陽公只説箇禮法＝欧陽公は、北宋の政治家・文人として著名な欧陽脩（一〇〇七～一〇七二）のこと。

【5】の注（13）参照。この指摘は、『唐宋八家文』にも引かれた欧陽脩の「本論」に見える「礼義者、勝仏之本也」（『欧陽文忠公文集居士集』巻一七、四部叢刊本・4a）といった発言を念頭に置いた発言であろう。なお、欧陽脩の排仏に関する朱熹の言及は、【5】【126】にも見える。特に【126】では、程子や宋景文も含めたかたちで、「本朝の欧陽公の排仏は、礼法上に就きて論じ、二程は理上に就きて論じ、終に宋景文公の如く正贓を捉え得《え》出《いだ》さず（本朝欧陽公排仏、就礼法上論、二程就理上論、終不如宋景文公捉得正贓出）」（『語類』p.3038）と似通った文章が見えている。

（6）程子又只説自家義理＝程子は、北宋の儒学者である程顥（明道・一〇三二～一〇八五）・程頤（伊川・一〇三三～一一〇七）兄弟のこと。前注にも引用したように、【126】では「二程は理上に就きて論ず（二程就理上論）」（『語類』p.3038）となっている。程子の仏教批判は『二程集』に数多く見え、その内容は多岐にわたっているが、程明道の「聖人は公心を致し、天地万物の理を尽くして、各おの其の分に当たる。仏氏は総て一己の私を為す（聖人致公心、尽天地万物之理、各当其分。仏氏総為一己之私）」（『二程集』p.142）や、程伊川の「仏は父を逃れて出家し、便ち人倫を絶つ。…［中略］…釈氏は自己《みずか》ら君臣・父子・夫婦の道を為さず（仏逃父出家、便絶人倫。…［中略］…釈氏自己不為君臣父子夫婦之道）」（同・p.149）などが思い浮かべられよう。

（7）正贓＝熟語としては辞書類に見えない。「贓」は『漢語』の②に「窃盗や横領など不法な手段で手に入れた財物（用盗窃・貪汚等非法手段獲得的財物）」（第一〇冊・p.305、縮印本㊦ p.6045）とあるから、「正」は「自分の物。まっとうな品物」の意となる。

（8）列子説耳目口鼻心體處有六件＝『列子』「楊朱篇」の第七段に見える管仲の言葉を踏まえる。晏嬰に養生の具体的な方法を尋ねられた管仲は、次のように答えたという。「耳が聞きたがることは何でも聞き、目が見たがるものは何でも見、鼻が嗅ぎたいと思うものは何でも嗅ぐ。また、口で言いたいこと思うことは何でも言い、体が楽しみたがることは何でもやって楽しませ、心がやりたがることは何でも自由にやりとげ〔て満足させ〕ること だ（恣耳之所欲聴、恣目之所欲視、恣鼻之所欲向、恣口之所欲言、恣体之所欲安、恣意之所欲行。）」（岩波文庫本㊦ p. 119~120）

（9）六根＝六つの感覚器官。六つの認識能力。視覚・聴覚・嗅覚・味覚・触覚の五つの感覚器官と、認識し、思考する心。眼・耳・鼻・舌・身・意のこと。根は認識器官を意味する。『中村』（p.1462）参照。

（10）十八戒＝「十八界」の誤写。「界」と「戒」は音通であるし、意味から見ても間違いであろう。「十八界」は、前注の「六根（眼・耳・鼻・舌・身・意）」に「六境（色・声・香・味・触・法）」と「六識（眼・耳・鼻・舌・身・意の認識作用）」を加えたもの。つまり、①眼と色かたちと視覚、②耳と音声と聴覚、③鼻と香と嗅覚、④舌と味と味覚、⑤皮膚と触れられるべきものと触覚、⑥心と考えられるものと心の識別作用、のこと。『中村』（p.660）参照。

（11）初間只有四十二章經＝『四十二章経』については、【1】の注（3）、【69】の注（3）参照。

（12）到東晉便有談議＝東晋は、西晋が北漢の劉聡に滅ぼされた後、西晋の一族の司馬睿（元帝）が建業（南京）に建てた国。西暦三一七年~四二〇年。「談義」は、『漢語』に「①討論して磨きあうこと（討論切磋）。②是非を議論すること（謂議論是非）」（第一一冊・p.325、縮印本㊦ p.6642）とある。西晋末に偽作された『老子化胡経』に代表されるように、後漢時代から仏教を老荘思想と結びつけて理解する動きがあり、格義仏教と呼ばれた。その流れは東晋の時代に入って貴族階級に深く浸透し、清談および隠逸の流行と相俟って深まることになる（鎌田茂雄『中国仏教史』第二巻 参照）。ここでいう「談議」は、仏教的な内容を含んだ清談の類を指すものであろう。

（13）小説及史多説此＝具体的にどのような書物を念頭に置いたものかは不明だが、史書としては、例えば『晋書』

巻六七に「沙門支遁は、清談を以て名を時に著す（沙門支遁、以清談著名于時）」（p.1805）と、王羲之と交わった東晋の学僧である支遁（三一四〜三六六）への言及がある。

（14）達磨便入來只靜坐＝達磨がインドから中国に渡来したのは、一般的に梁の普通八年（五二七）のこととされ（『伝燈録』巻三・T51-219a）、その後、梁の武帝との機縁適わず、北上して嵩山少林寺に入り、「面壁して坐し、終日黙然たり（面壁而坐、終日黙然）」（同・219b）とされている。

（15）受用＝『語類』に三〇箇所以上使用されているが、「今は只是《ただ》道理を理会せんことを要す。若し理会し得ること一分ならば、便ち一分の受用有り、理会し得ること二分ならば、便ち二分の受用有り（今只是要理会道理。若理会得一分、便有一分受用、理会得二分、便有二分受用）」（巻九・p.157）、「須く是れ見得すること分明にして、方《はじ》めて受用の処有り（須是見得分明、方有受用処）」（巻五九・p.1408）など、単に「使う」という意味ではなく、「役に立つ」とか「享受する」といったニュアンスを伴うことが多い。『漢語』に「②享受、享用。③猶受益、得益」（第二冊・p.881、縮印本㊤ p.1111）とあり、『中国語』にも「動詞」として「①利益を受ける。ためになる。②享楽する。いい目にあう。楽をする」（p.2832）とある。

（16）攻之者所執又出禪學之下＝似た文章が【6】に「程先生の所謂る『之を攻むる者、理を執《と》ること反《かえ》って其の下に出づ』なり（程先生所謂攻之者、執理反出其下）」と、程子の言葉として引用されている。【6】の注（14）も併せて参照。そのままの出典は程子には見えないようだが、前半の「攻之者」については『伊川易伝』巻二「同人」の「九四・象」に「其の墉《垣根》に乗りて克《か》たざる所以《ゆえん》は、之を攻むる者、其の義の克《か》たざるを以てなり（所以乗其墉而弗克、攻之者以其義之弗克也）」（『二程集』p.766）とあり、後半の「所執又出禅學之下」の部分については、『河南程氏遺書』巻二に「今日卓然として此の学（＝仏教）を為さざる者は、惟だ范景仁と君実とのみ。然れども其の執る所の理は、禅学の下に出づる者有り（今日卓然不為此学者、惟范景仁与君実爾。然其所執理、有出於禅学之下者）」（同・p.25）とある。「執」は、ここでは「④主持、掌管」（『漢語』第二冊・p.1131、縮印本㊤p.1217）、「②行う。実行する」（『中国語』p.3993）、「⑤とり行う」（『中日』p.2410）の意であろう。

（17）淳＝『語類』の巻頭に付録されている「朱子語録姓氏」に拠れば、「陳淳、字《あざな》は安卿、臨漳（福建省漳州府）の人。庚戌（紹熙元年・一一九〇）、己未（慶元五年・一一九九）に聞く所なり（陳淳、字安卿、臨漳人。庚戌、己未所聞）」（p.16）とある。陳淳（一一五九～一二二三）は、号を北渓と言い、『北渓字義』二巻（惜陰軒叢書所収）の著者として名高い。その他、著述集として『北渓先生大全文集』五十巻、『外集』一巻（静嘉堂文庫所蔵、また四庫全書 所収）が存する。朱熹の最晩年の教示を受けたとされる。その伝は、『宋史』巻四三〇（p.12788）などに見える。また、『宋人伝記』第三冊（p.2471）、佐藤仁訳・解題『朱子学の基本用語』（研文出版・一九九六）、「朱門弟子師事年攷」（p.134）参照。なお、朱熹の門人で諱が「淳」の人物に「盧淳」（万斯同『儒林宗派』巻一〇・朱子門人、清宣統三年刊 張氏適園叢書・22a）があるが、「朱子語録姓氏」には見えない。

（野口善敬）

【4】

〔先生は言われた、〕「老子は、道理一つを説くのにも、とても緻密であった。〔その〕老子の後〔の時代〕に〔出た人物に〕列子がいるが、まだひどく全部が悪くなっていたわけではない。〔一方で〕列子は〔老子より古い〕鄭の穆公の時代の人だという〔説もある〕。しかし、穆公は孔子よりも前〔の時代の人〕であるし、『列子』の中で孔子について言っているのだから、〔列子は〕鄭の穆公の時代の人ではなく、まさに鄭の頃公の時代の人なのである。〔さらに〕列子の後には荘子がいた。荘子は列子を模倣したが、とりわけ道理がない。〔だが〕彼《列子》は戦国時代の人であり、勇猛な気風を持っていたから、その文章には、たいへんに気魄があふれている。〔彼らの文章については、張湛の〕『列子』の序文の中に『老子や列子の言葉は、多くは仏教の経典〔の言葉〕と類似している』と言っている。このようなことに気づいたので、〔そもそも〕仏教が初めて中国に〔入って〕来て、〔その教えの〕多くを、老子の意から盗み取って経典をつくったのではないか、という疑いを持った。例えば〔仏教の主要な教説の一つである〕『空』を説いた個所がそれである。後に道教は、『清静経』（『太上老君説常清静妙経』）を作り、〔その作成に当たって今度は道教が〕反対に仏教の言葉を盗むことになるが、全くひどい作り方である。仏教の経典に言うところの、『色は即ち空である』の個所については、彼《仏教》は、色・受・想・行・識の五文字を、『空』の一文字に当てて説明している。だから、『空は即ち色である。受・想・行・識もまた同様である』と言っている。これは〔受・想・行・識も皆な〕『空』だと言っているのである。そして『清静経』の中で〔道教は〕この句の意味を盗んで、『無が無であるというのも無なのだ』と言っているが、ただ彼《仏教》の『色は即ち空である』〔という部分〕を盗めただけで、彼《仏教》が『受・想・行・識もまた同様である』〔と説いたこと〕の意味を少しも理解できておらず、全く道理が〔通ってい〕ないのである。仏教は老子の良い所を盗み、後に道教は反対に仏教の欠点を盗んだのである。例えば道教に隠れた財宝が有り、〔それを〕仏教に盗み去られてしまったのに、後になって、〔今度は〕道教が仏教の瓦礫だけを〔盗み〕取ったようなもので、誠にお笑い草である。〔物を知らない〕人は、『孟子は、ただ楊朱と墨翟だけを斥けて、老子を斥けなかった』と言うが、〔そう言う人は〕道教の修養の説が、ただ自分一人のためだけにあることが分かっていないのだ。〔道教は〕ただ〔我が身〕一身のことだけ〔きちんとすれば、それ〕で良しとして、他の人のことには全く関わろうとしないのであり、楊朱の『為我』の学にほかならないのである」と。また〔先生は〕言われた、「孔子は老聃に礼を問うた〔とされる〕が、老聃が説いた〔とされる〕礼には、殊に内容がない。恐らく老聃と老子は同一人物ではないのであろう。ただ〔そのことを〕検証できないだけである」と。〔また、『論語』の〕「子張が〔どうやったら〕俸禄を得〔られ〕るか〔その方法〕を学ぼうとした」〔という一段〕に言及したついでに、先生は〔こう〕言われた、「今時の科挙は、採用する〔側の〕者は〔受験者に〕能力〔があるかどうか〕を問題にしていないし、〔また採用に〕応じる〔側の〕者もまた〔本当の〕能力を必要と考えていない。ただ〔受験者が〕紙一杯に〔覚え込んだことを〕書き記すことができさえすれば、〔科挙の試験制度を〕推進することができるのだ。〔科挙合格者の〕抜擢や任用も同じことだ。〔高官に任用された〕礼官は礼を知らず、楽官は楽を知らず、〔実務は〕みな〔下っ端の〕役人がやってくれている。〔また、儒教を教える〕官学の教授〔自身〕が、人員〔の欠員〕に備えて考査するだけで、模範となれる徳行や学問など、もともと具えていないし、仁義礼智〔という儒教の根本〕さえ、最初から最後まで〔まるっきり〕分かっていない。〔宋という〕国家の〔できた〕初めから、人材の採用はこのようであったのだ。どうすればよいのであろうか」と。

〔周明作〔が記録した。〕〕

＊

「老子説他一箇[校1]道理、甚縝[校2]密。老子之後有列子[1]、亦未甚至[2]大段[3]不好。説[校3]列子是鄭穆公時[校4]人。然穆公在孔子前[4]、而列子中説孔子、則不是鄭穆公時人、乃鄭頃公時人也[5]。列子後有莊子。莊子模倣列子、殊無道理。爲他是戰國時人、便有縱橫氣象[6]。其文大段豪偉[7]。『列子』序中説『老子列子言語、多與佛經相類[8]』。覺得是如此、疑得佛家初來中國、多是偸老子意去做經。如説空處、是也。後來道家做『清靜經[校5]』[9]、又却偸佛家言語、全做得不好。佛經所謂『色即是空』處、他把色受想行識五箇[校1]、對一箇[校1]『空』字説。故曰『空即是色。受想行識、亦復如是』。謂是空也[校6][10]。而『清淨經』中偸此句意思、却説『無無亦無』[11]。只偸得他『色即是空』、却不[12]曾理會得他『受想行識、亦復如是』之意。全無道理。佛家偸得老子好處。後來道家却只偸得佛家不好處。譬如道家有箇[校1]寶藏、被佛家偸去、後來道家却只取得佛家瓦礫[校7]。殊可笑也。人説『孟子只闢楊墨、不闢老氏』、却不知、道家修養之説、只是爲己。獨自[13]一身便了[14]、更不管別人。便是楊氏爲我之學」。又曰、「孔子問老聃之禮、而老聃所言禮、殊無謂。恐老聃與老子非一人。但不可考耳」[15]。因説「子張學干禄」[16]、先生曰、「如今科擧、取者不問其能、應者亦不必其能。只是寫得盈紙、便[校8]可得而推行之。如除擢[17]皆然。禮官不識禮、樂官不識樂、皆是吏[校9]人做上去。學官只是備員考試而已。初不是有德行道藝[18]可爲表率[19]、仁義禮智、從頭不識到尾。國家元初、取人如此。爲之柰何」。〔明作[20]〕

〔校注〕（校1）箇＝楠本本は「个」に作る。（校2）繽＝楠本本は「績」に作る。（校3）説＝楠本本は「説」の前に「人」が入る。（校4）公＝楠本本は「公之」に作る。（校5）靜＝朝鮮整版は「淨」に作る。（校6）是＝楠本本は「皆」に作る。（校7）礫＝楠本本は「鑠」に作る。（校8）便＝和刻本は「更」に作る。（校9）吏＝楠本本は「吏」の字を欠く。

＊

「老子は他《か》の一箇の道理を説くこと、甚だ縝密《しんみつ》なり。老子の後に列子有るも、亦た未だ甚だしくは大段好《よ》からざるに至らず。列子は是れ鄭の穆公の時の人と説《い》う。然れども穆公は孔子の前に在りて、而も『列子』の中に孔子を説《い》えば、則是《すなわ》ち鄭の穆公の時の人ならず、乃ち鄭の頃公の時の人なり。列子の後に莊子有り。莊子は列子を模倣するも、殊に道理無し。他《かれ》は是れ戰國の時の人なるが爲《ため》に、便ち縱横の氣象有り。其の文、大段に豪偉なり。『列子』序の中に『老子・列子の言語は、多く佛經と相い類《に》たり』と説《い》う。是れ此《か》くの如くなるを覺《さと》り得れば、佛家初めて中國に來たり、多くは是れ老子の意を偸《ぬす》み去って經を做《つく》ることを疑い得たり。空を説く處の如き、是れなり。後來《のち》、道家、『清静經』を做《つく》り、又た却って佛家の言語を偸《ぬす》むも、全く做し得て好《よ》からず。佛經に所謂る『色は即是《すなわ》ち空』の處は、他《かれ》、色・受・想・行・識の五箇を把《も》って、一箇の『空』の字に對して説く。故に『空は即是《すなわ》ち色なり』。受想行識も亦復《ま》た是《か》くの如し』と曰う。是れ空なることを謂うなり。而して『清淨經』の中に此の句の意思を偸《ぬす》み、却って『無無も亦た無』と説くも、只だ他《か》の『色は即是《すなわ》ち空』を偸《ぬす》み得るのみにして、却って曾《かつ》て他《か》の『受想行識も亦復《ま》た是《か》くの如し』の意を理會し得ざれば、全く道理無し。佛家は老子の好處を偸《ぬす》み得たり。後來《のち》、道家、却って只だ佛家の好《よ》からざる處を偸《ぬす》み得たるのみ。譬えば道家に箇の寶藏有りて、佛家に偸《ぬす》み去られ、後來《のち》、道家、却って只だ佛家の瓦礫を取り得るが如し。殊に笑う可きなり。人は『孟子は只だ楊墨を闢《しりぞ》けて、老氏を闢《しりぞ》けず』と説《い》うも、却って知らず、道家の修養の説は、只是《ただ》己が爲《ため》にするを。獨自《ただ》一身にして便ち了《お》わり、更に別人に管せざれば、便是《すなわ》ち楊氏の爲我の學なり」と。又た曰く、「孔子は老耼に禮を問うも、老耼の言う所の禮、殊に謂われ無し。恐らくは老耼と老子と一人に非ず。但《た》だ考う可からざるのみ」と。「子張、祿を干《もと》むることを學ぶ」を説くに因りて、先生曰く、「如今《いま》の科擧、取る者は其の能を問わず、應ずる者も亦た其の能を必とせず。只是《ただ》寫し得て紙に盈つるのみにして、便ち得て之を推行す可し。除擢の如きも皆な然り。禮官は禮を識《し》らず、樂官は樂を識《し》らず、皆是《み》な吏人做し上《のぼ》り去る。學官は只是《ただ》員に備えて考試するのみ。初めより是れ德行道藝の表率と爲る可きもの有るにあらず。仁義禮智、頭從《はじめよ》り識《し》らずして尾《しりえ》に到る。國家の元初、人を取ること此《か》くの如し。之を柰何爲《いかんせ》ん」と。［明作］

＊

（1）列子＝列禦寇（列圄寇とも）のこと。戦国時代の思想家。『漢書』「芸文志」の自注に「〔列子の〕名は圄寇、荘子に先んず（名圄寇、先荘子）」とあって、一般的に老子の後、荘子より前の人とされている。

（２）甚至＝ここは「甚至於」「甚而至於」の「於（于）」が省略された形（『漢語』第一冊・p.573、縮印本㊤p.243）。句末に来る場合は「甚だ至る」と読んで「至極。達到極点」（『漢語』第一冊・p.573、縮印本㊤p.243）の意となるが、前文を受けて、下に目的語を取る場合には「甚だしくは…に至る」と読んで、「提出突出的事例、表示更進一層的意思」（同上）を示す。

（３）大段＝おおよそ、大体の意味。『漢語』の③に「猶大略、大体」（『漢語』第二冊・p.1356、縮印本㊤p.1313）とある。『語類』の常用語のひとつで、例えば、『語類』巻三「鬼神」に「道家修養有這説、与此大段相合」（p.45、汲古本・p.322）とある。

（４）説列子是鄭穆公時人…在孔子前＝劉向による「列子新書目録」に「列子は鄭の人なり。鄭の繆公（穆公）と時を同じくす（列子者鄭人也。与鄭繆公同時）」（岩波文庫本㊤p.16~17）とある。「鄭穆公」は、春秋時代（BC七七〇~BC四〇三）、鄭の文公の子。名は蘭、諡は穆。『春秋左氏伝』に拠れば、宣公三年（BC六〇六年）に没したとある。一方、「孔子」は、BC五五二年（あるいはBC五五一年）に生まれ、BC四七九年に没したとされる。しかし、「書録」の記述に従えば、列子は、孔子より百年程も前の人ということになり、さらに老子よりも先の人だということになってしまうので、古来異論が多い。柳宗元は「鄭の繆公」を「魯の繆公」の誤りだとし（『柳河東集』巻四「辨列子」）、葉大慶は「鄭の繻公」だとしている（『考古質疑』巻三）が、定かではない。

（５）則不是鄭穆公時人、乃鄭頃公時人也＝「不…乃…」と続く「乃」は「かえって」（『中日』p.1314）の意味。「鄭頃公」については未詳。「頃公」という王は、春秋戦国時代を通して何人か確認できるが、『史記』「鄭世家」などを見てみると、鄭に「頃公」という王は見当たらない。朱熹は、列禦寇（列子）を、戦国時代、かつ孔子以降の人物であり、荘子の師であると考えていたようであるから、これに基づき、孔子が没したとされるBC四七九年から秦の統一までを見てみると、「頃公」なる王は、魯の頃公（BC二七三～BC二五〇）一人である。仮に「鄭の頃公」が「魯の頃公」の誤字だとしても、その場合、年代に差があり過ぎることとなる。注（4）も併せて参照。

（6）縦横気象＝「縦横」は「①肆意横行、無所顧忌。②雄健奔放（①思う存分のさばり、恐れることが無い。②勇ましく奔放）」（『漢語』第九冊・p.1004、縮印本㊦p.5728）ということ。ここではこれらを踏まえて「勇猛な」と訳した。「気象」は『語類』に多出し、現代語として一般的な「気候」の意味から、「景色」や「景観」、また精神的な方向で「気質」や「気性」など、意味の幅は広い。『漢語』（第六冊・p.1032、縮印本㊥p.3818）や、『中日』（p.1449）『中国語』（p.2392～2393）などを参照。ここでは、「雰囲気」という訳を試みた。三浦國雄氏は、「万物の構成元素であるところの本来不可視の気が、ある可視的・可知的なすがたをとった状態を指していわれる言葉」（『「朱子語類」抄』p.216）と定義し、また別の個所では「『誰それには聖人の〝気象〟がある』などと、人格を全体的に捉える場合に頻用された。その人間の内部から発散してくる、何か名状し難いエネルギーのようなものをキャッチした言葉のようで、その意味では、風格や雰囲気といった語よりダイナミックな構造を備えているように思う」と解説する。『気の中国文化―気功・養生・風水・易』（創元社・一九九四・p.11～12）参照。また、垣内景子『「心」と「理」をめぐる朱熹思想構造の研究』（汲古書院・二〇〇五・p.157～186）も参考となる。

（7）豪偉＝気魄があること。『漢語』に「気魄宏大」（第一〇冊・p.31、縮印本㊦p.5930）とある。

（8）列子序中説…多與佛經相類＝張湛「列子序」の中に「然れども明らかにする所、往往仏経と相い参《まじ》わるも、大帰は老荘に同じ（然所明、往往与仏経相参、大帰同於老荘）」とある（岩波文庫本㊤p.11～12）。

（9）清靜經＝『太上老君説常清静妙経』（『正統道蔵』第一九冊 所収）のこと。別に「清静（浄とも書く。以下同様）経」「清浄真経」「清浄之経」「太上老君清静之経」「太上清静経」「太上清静之経」「太上老君説常清浄真経」「混元老君常清静経」などとも呼ばれる。全真教で尊ぶ経典の一つであり、『老子』の「清静」の概念を中心に、人間の「心」のあり方と、その「心」の修養を通して、「道」の真理を体得するための階梯を説いたものである。本経は二段構成で、末尾に「仙人葛仙翁曰…」「左玄真人曰…」「正一真人曰…」の、いわゆる真人賛三種が附される。しかし、テキストによっては、真人賛の無いものもある。「仙人葛仙翁賛」に拠れば、本経は西王母の頃に成立したとされ、その後、金闕帝君→東華帝君→葛仙翁と伝授されたことになっているが、これは伝説にすぎない。一方、麥谷邦夫氏は、その成立を唐中期であろうと推測している（「『太上老君説常清静妙経』考―杜光庭注との関連において」　吉川忠夫編『唐代の宗教』朋友書店・二〇〇〇　所収）。また、本経の異本に、『雲笈七籤』巻一七（『正統道蔵』第三七冊　所収）に収められる『老君清浄心経』がある。『常清静妙経』と『清浄心経』の両経は、共通する部分を持つことから、極めて近い関係にあることは疑いようがないが、その内容は大きく異なっている。しかし、どちらが先行するのか、あるいは底本となったものが他に存在したのか、などについては不明である（以上、前掲の麥谷論文を参照）。以下全文。

老君曰、大道無形、生育天地。大道無情、運行日月。大道無名、長養万物。吾不知其名、強名曰道。夫道者、有清有濁、有動有静。天清地濁、天動地静。男清女濁、男動女静。降本流末、而生万物。清者濁之源、動者静之基。人能常清静、天地悉皆帰。夫人神好清、而心擾之。人心好静、而慾牽之。常能遣其欲、而心自静。澄其心、而神自清。自然六欲不生、三毒消滅。所以不能者、為心未澄、慾未遣也。能遣之者、内観於心、心無其心。外観於形、形無其形。遠観於物、物無其物。三者既悟、唯見於空。観空以空、空無所空。所空既無、無無亦無。無無既無、湛然常寂。寂無所寂、慾豈能生。慾既不生、即是真静。真静応物、真常得性。常応常静、常清静矣。如此清静、漸入真道。既入真道、名為得道。雖名得道、実無所得。為化衆生、名為得道。能悟之者、可伝聖道。老君曰、上士無争、下士好争。上徳不徳、下徳執徳。執著之者、不名道徳。衆生所以不得真道者、為有妄心。既有妄心、即驚其神。既驚其神、即著万物。既著万物、即生貪求。既生貪求、即是煩悩。煩悩妄想、憂苦身心。便遭濁辱、流浪生死。常沉苦海、永失真道。真常之道、悟者自得。得悟道者、常清静矣。

太上老君説常清静妙経。

仙人葛仙翁曰、吾得真道、曽誦此経万遍。此経是天人所習、不伝下士。吾昔受之於東華帝君。東華帝君受之於金闕帝君。金闕帝君受之於西王母。西王母皆口口相伝、不記文字。吾今於世書而録之。上士悟之、升為天官。中士得之、南宮列仙。下士修之、在世長年、遊行三界、昇入金門。

左玄真人曰、学道之士、持誦此経者、即得十天善神擁護其人。然後玉符保神、金液錬形。形神倶妙、与道合真。

正一真人曰、人家有此経、悟解之者、災障不干、衆聖護門、神升上界、朝拝高尊。功満徳就、相感帝君。誦持不退、身騰紫雲。

傍線部については、注（11）参照。また、【21】の注（6）も併せて参照。

（10）佛經所謂…謂是空也＝当該引用文中に見える「色即是空、空即是色、受想行識、亦復如是」という一節、特に前二句は、般若思想のエッセンスを表現したものとして、『大般若波羅蜜多経』巻四（T5-17c）、『摩訶般若波羅蜜多経』巻一（T8-221c）、『放光般若経』巻一（T8-6a）をはじめ、般若経諸本に引かれる有名なものであり、玄奘訳『摩訶般若波羅蜜多心経』（T8-848c）の中のものが特によく知られる。意味は、物質的な物（色）がそのまま空であり、空はそのまま物質的なものとなっている、さらに五蘊の他の四つ（受・想・行・識）もまた色と同様に空である、ということ。

（11）無無亦無＝『清静経』の中の一節。注（9）参照。ちなみに、朱熹が拠ったのが『老君清浄心経』であったとすれば、この部分の原文は「既無其無、無無亦無」であり、「その無さえないのだから、〔さらには、その〕無さえ無いというのも無なのだ」という訳になろう。

（12）不曾＝小川環『唐詩概説』には「曽無（かつてなし）曽不（かつて…せず）も古義で、まるでない、まったく…しない。否定詞の上に曾がつく例は『文選』に多い」（岩波書店・一九五八・p.186）とある。三浦國雄氏は、「不曽…」といった表現における「曽」字について、「かつて」というより、むしろ否定を強める語と解したほうがよいとし、「曽《まった》く」と訓《よ》んでいる（『「朱子語類」抄』p.71）。本訳注では、訓読の際には、伝統的な読みかたに従って「かつて」と訓み、訳文でそのニュアンスを活かした。

（13）獨自＝ただ…だけが、ひとり…だけが、という意味。『漢語』の②に「唯独、単単」（第五冊・p.115、縮印本㊥p.2783）とある。

（14）便了＝『中国語』に「（…すれば）よい、それでよい。（…しても）よい、構わぬ。…するだけだ。そうしよう。文末に置いて、決定・許諾・譲歩の語気を表す」とある（p.181）。【2】の注（18）参照。

（15）孔子問老聃之禮…但不可考耳＝いわゆる「孔子問礼」についての記述。例えば、『史記』巻六三「老子韓非列伝第三」に次のように見える。「孔子、周に適《ゆ》き、将に礼を老子に問わんとす。老子曰く、『子の言う所の者は、其の人と骨と皆な已《すで》に朽つ。独り其の言在るのみ。且つ君子は其の時を得ば則ち駕し、其の時を得ずんば則ち蓬累して行く。吾れ之を聞く、「良賈《りょうこ》は深く蔵《おさ》め虚しきが若《ごと》く、君子盛徳あるは、容貌愚なるが若し」と。子の驕気と多欲と、態色と淫志とを去れ。是れ皆な子の身に益無し。吾が以て子に告ぐる所は、是《か》くの若《ごと》きのみ』と。孔子去り弟子に謂いて曰く、『鳥は吾れ其の能く飛ぶを知り、魚は吾れ其の能く游ぐを知り、獣は吾れ能く走るを知る。走る者には以て罔《あみ》を為すべく、游ぐ者には以て綸《いと》を為すべく、飛ぶ者には以て矰《いぐるみ》を為すべし。龍に至りては、吾れ其の風雲に乗じて天に上ることを知る能わず。吾れ今日老子を見るに、其れ猶お龍のごときか』と（孔子適周、将問礼於老子。老子曰、『子所言者、其人与骨皆已朽矣。独其言在耳。且君子得其時則駕、不得其時則蓬累而行。吾聞之、「良賈深蔵若虚、君子盛徳、容貌若愚」。去子之驕気与多欲、態色与淫志。是皆無益於子之身。吾所以告子、若是而已』。孔子去謂弟子曰、『鳥吾知其能飛、魚吾知其能游、獣吾知其能走。走者可以為罔、游者可以為綸、飛者可以為矰。至於龍、吾不能知其乗風雲而上天。吾今日見老子、其猶龍邪』」（新釈本⑧ p.54~55）。しかし、多くの先学が指摘している通り、孔子と老聃とが同時代に生きていたということは到底あり得ない。

（16）子張學干禄＝『論語』「為政篇」（『四書章句集注』p.58、岩波文庫本・p.34）に見える。「子張」は、孔子の弟子で、姓は顓孫、名は師。孔子より四十八才の年少で陳の人。「干禄」は『漢語』の②に「求禄位」『漢語』（第二冊・p.915、縮印本㊤ p.1126）とある。『詩経』「大雅 旱麓篇」に「豈弟君子、干禄豈弟」（新釈本㊦ p.88）とあるのにもとづく。

（17）除擢＝引き立てて任用する。『漢語』に「提抜任用」（第一一冊・p.990、縮印本㊦ p.6925）とある。

（18）徳行道藝＝徳の高い行為と学問や技能。「徳行」は、『漢語』に「道徳品行」（第三冊・p.1071、縮印本㊤ p.1896）とあり、「道芸」は「①指学問和技能」（第一〇冊・p.1086、縮印本㊦ p.6377）とある。

（19）表率＝手本、模範。『漢語』に「榜様」（第一冊・p.538、縮印本㊤ p.226）とある。

（20）明作＝『語類』の巻頭に付録されている「朱子語録姓氏」に拠れば、「周明作、字《あざな》は元興、建陽（福建省建陽県）の人。壬子（淳祐十二年・一二五二）以後に聞く所なり（周明作、字元興、建陽人。壬子以後所聞）（p.16）とある。『宋人伝記』には「字《あざな》は元興、建陽の人。明仲の弟なり（字元興、建陽人。明仲弟）」（第二冊・p.1480）とある。「朱門弟子師事年攷」（p.105）参照。

（廣田宗玄）

【5】

仏教は、虚《すき》につけ込み中国に入ってきた。〔仏教が唱えている〕スケールが広大で、自《みずか》らに打ち勝つという説や、〔この世は〕幻《まぼろし》妄であり〔求むべきものは〕寂滅《涅槃》であるという論は、〔実践的な〕斎戒から〔理論的な〕義学へと変じたものである。慧遠法師や支道林法師などは、皆な義学〔の徒〕であったが、〔彼らの説は〕荘子の説を盗用したに過ぎない。今、世に伝わっている『肇論』は、僧肇法師の手になるといわれる。〔その中に〕「日月は天を運行するが周《めぐ》ってはいないし、江河〔の水〕は競いあって〔海に〕注ぎながらも流れていないし、野馬《かげろう》はゆらめいても動いてはいないし、山岳は倒れても常に静かである」という「四不遷」の説がある。この四句は同じ意味に過ぎず、動中に静があるということを示しただけだ。先ほど説いた蘇東坡（蘇軾）の「すぎゆくものはこの〔川の流れの〕ようなものであるが、いまだかつて流れたためしはない」といった意味に他ならない。これは斎戒を行う〔実践的な〕学問が一変して、遂にこの種の道理を説き始めたのである。達磨が〔中国に〕やって来てからは、数多くの旧套がくつがえされて、禅が説き始められた。〔禅は〕義学よりも更に高妙《すぐ》れており、〔禅者は、段階的な修行を経ずに〕一気に悟りに到ることができると考えた。しかしながら、もとを正せば〔仏教の教えは〕禍福応報の説であって、それによって愚かな俗人を押さえつけることができたので、それを衣食を手に入れる方法としていたのである。〔そして〕為政者に、田を分けて恵ませ、土地を選んで住めるようにさせるまでになり、かくて〔俗人や為政者たちまで、仏者に〕つき従って父を父とは思わず、君主を君主とは思わない域にまで陥っていながら、〔それを〕自分では気付かない〔ようにしている〕のである。思うに、道教や仏教は共に一伝、再伝するうちに本来の姿を次第に失っていった。国家を維持する者は儒教を重んじてはいたが、〔彼らが重視していたものは〕科挙制度や学校制度であり、〔具体的な〕施設注措《施策》の方法であった。〔それらは〕文字言語〔による文章〕の技術に過ぎない上に、また道《真理》〔に関する議論〕の絶妙さが仏教や道教を越えることができなかったので、〔俗人や為政者たちは儒教ではなく〕かえってそちらを尊んだ。天理を述べ、人心に沿い、世を治め、民に教え、常道をあつく行い、礼を用いるといった〔古の聖人である〕二帝三王の大いなる法《おしえ》に至っては、それを行うものが全くいなかったのである。唐の韓文公（韓愈）や本朝（宋）の欧陽公（欧陽脩）、関洛の諸公（張載や程顥・程頤）らは、正しい道を明らかにして、仏教を排斥しているし、〔その他、仏教を批判した〕適切肝要な文章としては、傅奕の「本伝」、宋景文（宋祁）の「李蔚賛」、東坡の「儲祥観碑」、陳後山（陳師道）の「白鶴宮記」など、すべてその間違いを明確にするのに十分である。〔ただ、傅奕など〕これら数人は、皆な道を深く理解しておらず、彼らの発言は牽強付会な解釈から出た場合もあったので、結局、人の心を満足させられない個所があるのである。二蘇兄弟（蘇軾・蘇轍）の晩年のもろもろの詩に至っては、自分で「堕落してはいない」と言っているから、〔仏教の〕中に陥っていながら自覚していなかったのであろう。〔沈僩〔が記録した。〕〕

＊

釋氏

佛氏乘虛入中國。廣大自勝之說、幻妄寂滅之論、自齋戒（1）變爲義學（2）。如遠法師（3）・支道林（4）皆義學、然又只是盜襲莊子之説。今世所傳『肇論』[5]、云出於肇法師[6]。有「四不遷」之説、「日月歴天而不周、江河競注而不流、野馬飄鼓而不動、山嶽偃仆而常靜」此四句只是一義、只是動中有靜之意。如適間所説東坡[7]「逝者如斯而未嘗往也」[8]之意爾。此是齋戒之學一變、遂又説出這一般道理來。及達磨入來、又翻了許多窠臼[9]、説出禪來。又高妙於義學、以爲可以直超徑悟。而其始者禍福報應之説、又足以鉗制愚俗、以爲資足衣食之計。遂使有國家者割田以贍之、擇地以居之、以相從陷於無父無[10]君之域而不自覺。蓋道釋之教皆一再傳而浸失其本真。有國家者雖隆重儒學、而選擧之制、學校之法、施設注措之方。既不出於文字言語之工。而又以道之要妙無越於釋老之中、而崇重隆奉、反在於彼。至於二帝三王[11]述天理、順人心、治世教民、厚[校1]典庸禮之大法、一切不復有行之者。唐之韓文公[12]、本朝之歐陽公[13]、以及関[校2]洛諸公、既皆闡明正道以排釋氏。而其言之要切、如傅奕[14]本傳[15]、宋景文[16]「李蔚贊」[17]、東坡「儲祥觀碑」[18]、陳後山[19]「白鶴宮記」[20]、皆足以盡見其失。此數人皆未深知道、而其言或出於強爲、是以終有不滿人意處。至二蘇兄弟晚年諸詩、自言不墮落[21]、則又躬陷其中而不自覺矣。〔僩〕[22]

〔校注〕（校1）厚＝朝鮮整版「惇」に作る。　（校2）関＝底本は「閩」に作るが、正中書局本・朝鮮整版・楠本本・和刻本は「関」に作る。正中書局本・朝鮮整版・楠本本・和刻本に従い、「関」に改める。

＊

佛氏は虛に乘じて中國に入る。廣大自勝の説、幻妄寂滅の論、齋戒自《よ》り變じて義學と爲る。遠法師・支道林の如きは皆な義學なるも、然れども又た只是《ただ》莊子の説を盜襲せしのみ。今ま世に傳うる所の『肇論』は、肇法師より出づと云う。「四不遷」の説有り、「日月は天を歴るも周《めぐ》らず、江河は競いて注ぐも流れず、野馬は飄鼓するも動かず、山嶽は偃仆するも常に靜かなり」と。此の四句は只是《ただ》一義なるのみにして、只是《ただ》動中に靜有るの意のみ。適間《さき》に説く所の東坡の「逝く者は斯《か》くの如きも、未だ嘗て往かざるなり」の意の如くなるのみ。此れは是れ齋戒の學、一變して、遂に又た這の一般《しゅるい》の道理を説き出し來たる。達磨の入り來たるに及んで、又た許多《おおく》の窠臼《かきゅう》を翻し了《お》わり、禪を説き出し來たる。又た義學より高妙にして、以爲《おもえら》く以て直超徑悟す可しと。而るに其の始めは禍福報應の説にして、又た以て愚俗を鉗制するに足れば、以て衣食を資足するの計と爲す。遂に國家を有《たも》つ者をして田を割きて以て之を贍《めぐ》み、地を擇んで以て之を居らしめ、以て相い從いて父を無《な》みし君を無《な》みするの域に陷るも自ら覺《さと》らず。蓋し道・釋の教えは皆な一再傳して浸《ようや》く其の本真を失せり。國家を有《たも》つ者は儒學を隆重すと雖も、選擧の制、學校の法、施設注措の方なり。既に文字言語の工《わざ》を出ずして、而も又た道の要妙、釋・老の中を越ゆる無きを以て、崇重隆奉、反《かえ》って彼に在り。二帝・三王の、天理を述べ、人心に順い、世を治め民に教うる、厚典庸禮の大法に至っては、一切復た之を行う者有らず。唐の韓文公、本朝の歐陽公より、以て関洛の諸公に及ぶまで、既に皆な正道を闡明して以て釋氏を排す。而して其の言の要切なること、傅奕の「本傳」、宋景文の「李蔚贊」、東坡の「儲祥觀碑」、陳後山の「白鶴宮記」の如き、皆な以て盡く其の失を見るに足る。此の數人は皆な未だ深くは道を知らずして、其の言或いは強爲に出づ。是《ここ》を以て終に人の意を滿たさざる處有り。二蘇兄弟の晩年の諸詩に至っては、自《みずか》ら「墮落せず」と言えば、則ち又た躬《みずか》ら其の中に陷るも自ら覺《さと》らざるなり。[僩]

*

（1）齋戒＝もとは『易』「繫辞上伝」に、「聖人は此れを以て斎戒し、以て其の徳を神明にす（聖人以此斎戒、以神明其徳夫）」（岩波文庫本・p.240）とあり、その注に「洗心を斎と曰い、防患を戒と曰う（洗心曰斎、防患曰戒）」（北京大学出版社標点本『周易正義』p.339）とある。要するに、身心の行為・動作を謹み、身心を清浄にすること。仏教では、具体的に「生き物を殺さない（離殺生）」「盗みをしない（離不与取）」「性交をしない（離非梵行)」「嘘をいわない(離虚誑語)」「酒を飲まない(離飲諸酒)」「高くゆったりしたベッドで寝ない(離眠坐高広厳麗床座)」「装飾品を身に付けたり化粧をすることなく、歌舞を視聴しない(離塗飾香鬘及歌舞観聴)」「昼以後食事をしない(離食非時食)」(『中阿含経』晡利多品・持斎経・T1-770a)などがある。

(2)義學=『語類』では本条にしか見られない語。『漢語』には「①講究経義之学。②指仏教教義的学説、如般若学、法相学等」(巻九・p.182、縮印本㊦ p.5379)とあり、『朱子文集』等では、①の意味で使われている場合が多いが、ここでは②の意味。

(3)遠法師=慧遠(三三四~四一六)のこと。東晋の僧。俗姓は賈氏。山西省雁門の人。若くして儒家・道家の学問に通じたが、二十一歳のとき太行恒山で道安と出会い、その弟子となった。三六五年、道安に伴われて四百余人の同門の人々と共に襄陽に移り、後、道安と別れて南下し、三八四年(一説には三八六年)以後没するまで廬山の東林寺に住した。この間、三九一年には僧伽提婆を迎えて『阿毘曇心論』四巻などの訳出を請い、四〇一年以降、長安にやってきた鳩摩羅什と親交を結び、四〇二年、百二十三人の同志とともに念仏の結社(白蓮社)を結び、四〇四年、桓玄に反論して『沙門不敬王者論』を著し、四一〇年には羅什教団から追われた仏陀跋陀羅を迎え入れている。著書には前記のほか、『祖服論』『明報論』『念仏三昧詩集序』などがあり、また羅什との手紙による問答は『大乗大義章』三巻としてまとめられている。『岩波』(p.69)参照。その伝は、『梁高僧伝』巻六(T50-357c)などに見える。

(4)支道林=支遁(三一四~三六六)のこと。東晋時代の代表的仏教学者。陳留(河南省)の人。或いは河東林慮(河南省)の人。支硎山に隠修し、世に支林林・支硎と称される。俗姓は関氏。余杭山に隠居し、哀帝の初め、洛陽の東安寺に止宿する。前秦の釈道安とほぼ時を同じくして、『般若心経』の研究に於いてそれぞれ当時南北の第一人者であった。『高僧伝』にある伝記によれば、当時の名士である郗超、孫綽など多くの思想家たちと交わり、その学風は文字章句の緻密な研究よりも大綱宗要の発揮に重きをおいた。そのために守文の者より批判されることもあったという。『即色遊玄論』『聖不弁知論』『道行旨帰』『学道誡』などの著作があるが、『荘子逍遙篇注』は向秀や郭象もまだ言い尽くさなかったところを発揮したものとして、一世の注目するところとなった。『中国思想』(p.174)参照。その伝は、『梁高僧伝』巻四(T50-348b)などに見える。

(5)肇論＝東晋、僧肇(三八四～四一四)撰。彼の最晩年の約十年間に著した四篇の論文(「物不遷論」「不真空論」「般若無知論」「涅槃無名論」)に、仏教の根本義を要約した序章「宗本義」、さらに劉遺民との往復書簡を付録したもの。陳(五五七～五八九)の世頃、何人かの手によって編纂されたものと思われる。総合的な研究として、塚本善隆編『肇論研究』(法蔵館・一九五五)があり、その他、平井俊榮訳『肇論』(『大乗仏典』《中国・日本篇2》中央公論社・一九九〇)がある。

(6)肇法師＝僧肇(?～四一四)のこと。後秦の学僧。長安出身。鳩摩羅什門下四哲の一人。家が貧しかったため、書物の筆者に雇われながら、経史の書を学び、また老荘の学を好んだ。のち『維摩経』を読んで感激し、出家して仏教教学を学んだ。鳩摩羅什が亀茲からやって来て姑蔵に滞留していると聞き、その地に赴いて、その弟子になった。四〇一年、羅什が後秦国王の姚興に迎えられて長安に入り、仏典の大翻訳事業に従事すると、その協力者となり、さらに羅什が将来した龍樹系統の大乗仏教を学び、「解空第一」と評価された。従来の老荘思想と結びあわせて理解された般若学から脱皮して、仏教独自の教義を明らかにする方向に中国仏教学をすすめた。現存する著書に『註維摩経』十巻、『肇論』がある。『岩波』(p.635)参照。その伝は、『梁高僧伝』巻六(T50-365a)などに見える。

（7）東坡＝蘇軾（一〇三六～一一〇一）のこと。宋の文人。唐宋八大家の一人。洵の長子。字《あざな》は子瞻。東坡居士と号した。四川省眉山の生まれ。二十二歳で進士、二十六歳で制科に及第。熙寧中、王安石の新法が施行され、それに激しく反対したことにより、元豊二年（一〇七九）投獄され、四ヶ月の拘禁の後、黄州に流される。元祐元年（一〇八六）、旧法党の政権掌握により中央に復帰し、翰林学士、礼部尚書、端明殿学士などの要職につく。宣仁太后死後、哲宗の親政がはじまると、新法党が政権を奪還し、紹聖元年（一〇九四）恵州に流され、同四年（一〇九七）には海南島の儋州に流された。元符三年（一一〇〇）冬、許されて都に帰る途中、常州で病死する。めまぐるしい政変の中で、流謫にあいながらも豪放闊達な気象を失うことはなかった。著書に『東坡全集』『東坡易伝』『東坡書伝』などがある。弟の轍を小蘇というのに対し、大蘇という。蘇仙・蘇長公ともいう。その伝は、『宋史』巻三三八（p.10801）などに見える。『宋人伝記』第五冊（p.4312）参照。

（8）逝者如斯而未嘗往也＝蘇軾「赤壁賦」（『経進東坡文集事略』巻一・四部叢刊本・3a）の中に見える語。流人の身の上であった蘇軾は、その境遇を歎いていたが、『三国志』の英雄曹操や周瑜のことを思うと無限な生命の前では古人も我も儚いものであり、万物同一であることを悟り、明月と江上の清風とを楽しむことにより憂いを忘れたことを述べた語。

（9）窠臼＝【43】の注（10）を参照。

（10）無父無君＝『孟子』「滕文公下篇」を踏まえる。【1】の注（1）参照。

（11）二帝三王＝「二帝」は唐堯・虞舜、「三王」は夏の禹王、殷の湯王、周の文王・武王を指す。

（12）韓文公＝韓愈（七六八～八二四）のこと。中唐の文人。唐宋八大家の一人。字《あざな》は退之。河南省昌黎の人なので、昌黎先生と呼ばれる。諡は文公。柳宗元とともに古文復興に努力した。二十五歳で進士に及第するも名門の出でなかったため官職に就けず、節度使の書記となる。三十五歳にして四門博士の官に就く。五十二歳の時、「仏骨を論ずるの表」を上奏し、憲宗の怒りを買い潮州に流される。翌年都に帰り、国子祭酒となり、以後順調に累進し吏部侍郎にいたる。死後、礼部尚書を贈られる。著書に『韓昌黎文集』五十巻がある。その伝は、『旧唐書』巻一六〇（p.4195）、『新唐書』巻一七六（p.5255）などに見える。

（13）歐陽公＝欧陽脩（一〇〇七～一〇七二）のこと。北宋の政治家、文人。唐宋八大家の一人。江西省廬陵の人。字《あざな》は永叔。号は酔翁。後に六一居士。諡は文忠。天聖八年（一〇三〇）の進士。仁宗の時、参知政事となったが、王安石に反対して辞職。詩では、理の勝った宋の詩風の確立者の一人であり、詞では、花間集風から宋詞に移る過渡期的作風を持つ。また散文では、整った明晰な文章を書き、古文の一つの模範となった。『新唐書』『新五代史』『六一詩話』など著述が多い。その伝は、『宋史』巻三一九（p.10375）などに見える。『宋人伝記』第五冊（p.3748）参照。

（14）傅奕＝五五五～六三九年。唐、鄴の人。武徳中、太史令となり、上疏して仏法を誹り、貞観中に卒す。天文暦数に長じていた。『老子』に注し、また、魏・晋以来の仏教駁議に関するものを集めて『高識篇』を作る。その伝は、『旧唐書』巻七九（p.2714）、『唐書』巻一〇七（p.4059）などに見える。ちなみに、『語類』巻一二六には、傅奕に関する逸話が【127】【128】にも取り上げられている。

（15）本傳＝注（14）に挙げた新旧『唐書』に見える傅奕の伝を指す。なお、【128】の注（5）も合わせて参照。

（16）宋景文＝宋祁のこと。【1】の注（10）参照。

（17）李蔚贊＝『景文集』巻四七「蜀人李仲元贊」（聚珍版叢書本・p.600）のことであろう。

（18）儲祥觀碑＝『経進東坡文集事略』巻五五「上清儲祥宮碑」（四部叢刊本・7a）のことであろう。【21】の注

（13）も併せて参照。

（19）陳後山＝陳師道（一〇五三〜一一〇一）のこと。彭城の人。字《あざな》は履常、または無己。号は後山（后山居士）・彭城居士。江西詩派の三宗の一人。曾鞏に見いだされ、蘇軾に教えを受け、蘇門六君子のひとりとされる。若い頃から、刻苦学問し、王安石の経学を非とす。著書に『後山集』『後山談叢』『後山詩話』がある。その伝は、『宋史』巻四四四（p.13115）などに見える。

（20）白鶴宮記＝『後山集』巻一五「白鶴観記」（適園叢書本・13a）のことであろう。

（21）至二蘇兄弟晩年諸詩、自言不墮落＝典拠未詳。二蘇とは、蘇軾とその弟の蘇轍（一〇三九〜一一一二）を指す。蘇轍の著述としては『欒城集』『詩集伝』『春秋集解』などがある。二蘇兄弟は何れも仏教・道教に傾倒したことで知られ、特に蘇軾については、後世、仏教関係の詩文だけを集めた『東坡禅喜集』十巻が出されている。

（22）僩＝『語類』の巻頭に付録されている「朱子語録姓氏」に拠れば、「沈僩。字《あざな》は荘仲、〔瑞安府〕永嘉県の人。戊午（慶元四年・一一九八）以後に聞く所なり（沈僩。字荘仲。永嘉県人。戊午以後所聞）」（p.15）とある。『学案』巻六九（p.2288）に「朱子に学び、地理に精しい（学于朱子、精地理）」とのみある。その伝は、『学案』巻六九、『学案補遺』巻六九などに見える。『宋人伝記』第一冊（p.684）、「朱門弟子師事年攷」（p.157）参照。

（森　宏之）

【6】

仏教の書は当初ただ『四十二章経』があったにすぎず、〔その『四十二章経』が〕述べる内容は全く洗練されていなかった。のちに月日が経つにつれ、『四十二章経』以外の他の〕全て〔の仏典〕は中国の文人が助けあって執筆編集した。たとえば〔六朝期の〕晋・宋の時代には、〔教えを講説する〕講師をみずから立てて、誰それを釈迦とし、誰それを阿難とし、誰それを迦葉として〔配役し〕、それぞれ討論しあい、これを書物に記して、ますます欺き騙しあっていった。だいたい多くは老子と列子の考えを盗用し、〔両者の考えに〕変更を加えて押し広め、その説を取り繕った。『大般若経』の巻数は非常に多かったので、〔仏教徒たちは、それが〕統一を失ってばらばらであることに自分で気づいた。だから〔その内容を〕節略して、『〔般若〕心経』一巻としたのだ。『楞厳経』はただ一つ二つの道理を無理矢理に立てて、〔これらを〕とにかく繰り返し〔説い〕ていくだけで、数節から後〔の部分〕は全く味わいがない。『円覚経』なども初めはどれほど〔の分量〕であったろうか。全く洗練されていない個所こそが、それ（＝もともとの文章）にほかならない。残りの部分は〔後世に〕付け加えたりこじつけたりしたものにすぎない。仏学は当初ただ「空」について説くだけであったが、のちには「動」と「静」について説き、ひどく煩瑣でごたごたしてしまった。〔そこで〕達磨は遂に脱然《すっぱり》と文字を立てず、ひたすら黙って〔身を正し〕坐禅したところ、心が落ち着いて道理を見きわめたのだ。この〔達磨の〕説が一たび広まると、先の多く〔の仏典〕はどれも取るに足らず、道教もまた、おいそれと対抗できなくなってしまった。当節、〔達磨を初祖とする禅〕仏教の勢いは頂点に達している。程〔伊川〕先生が仰る「これ（＝禅宗）を攻撃する者の道理の掌握の仕方は、かえってそれ（＝禅宗）に及ばない」〔という状況〕である。我ら儒者の道理の掌握の仕方が既に低劣であるからには、これ（＝禅宗）を攻めても敵《かな》わないのは当然のことだ。「〔先生は〕仏典について説かれる際、全部その〔仏典の〕支離滅裂な文章を暗唱しておられたが、〔その具体的な文章を〕ここに記録し尽くすことはできなかった。周謨〔が記録した〕。」

＊

釋氏書其初只有『四十二章經(1)』、所言甚鄙俚。後來日添月益、皆是中華文士相助撰集。如晉宋間、自立講師、孰爲釋迦、孰爲阿難(2)、孰爲迦葉(3)、各相問難、筆之於書、轉相欺誑。大抵多是剽竊老子列子意思、變換推衍(校1)以文其説。(校2)『大般若經(4)』巻(校3)帙甚多、自覺支(校4)離。故節縮爲『心經(5)』一巻。『楞嚴經(6)』只是強立一兩箇(校5)意義、只管(7)疊將去、數節之後、全無意味(8)。若『圓覺經(9)』本(10)初亦能幾何。只鄙俚甚處便是、其餘增益附會者爾。佛學其初只説空、後來説動靜(11)、支蔓既甚。達磨(校6)遂脱(12)然不立文字(13)、只是黙然端坐、便(校7)心靜見理。(校8)此(校9)説一行、前面許多皆不足道、老氏亦難爲抗衡了。今日釋氏、其盛極矣。但程先生所謂「攻之者、執理反出其下」(14)。吾儒執理既自卑汙。宜乎、攻之而不勝也。(15)〔説佛(校10)書皆能舉其支離篇章成(16)誦、此不能盡記。(校11)謨。(17)〕

〔校注〕（校1）衍＝楠本本は「行」に作る。（校2）以文其説＝楠本本は「以其文説」に作る。（校3）巻＝楠本本は「巻」の字を欠く。（校4）支＝楠本本は「文」に作る。（校5）箇＝楠本本は「个」に作る。（校6）磨＝正中書局本・楠本本・和刻本は「麼」に作る。（校7）便＝楠本本は「使」に作る。（校8）理＝楠本本は「理」の後に「也」の字あり。（校9）此＝楠本本は「此」の字を欠く。（校10）佛＝正中書局本・和刻本は「仸」に作る。（校11）謨＝正中書局本・朝鮮整版・楠本本・和刻本は「謨」の上に「〇」が入る。

＊

釋氏の書、其の初め只だ『四十二章經』有るのみにして、言う所は甚だ鄙俚なり。後來《のち》、日を添え月を益すに、皆な是れ中華の文士、相い助けて撰集す。晉宋の間の如きは、自《みずか》ら講師を立て、孰《たれ》を釋迦と爲し、孰《たれ》を阿難と爲し、孰《たれ》を迦葉と爲して、各おの相い問難し、之を書に筆して、轉《うた》た相い欺誑す。大抵、多くは是れ老子・列子の意思を剽竊し、變換推衍して以て其の説を文《かざ》る。『大般若經』の巻帙は甚だ多ければ、自《みずか》ら支離なるを覺ゆ。故に節縮して『心經』一巻と爲す。『楞嚴經』は只是《ただ》強いて一兩箇の意義を立て、只管《ひたすら》に疊《かさ》ね將《も》ち去《ゆ》き、數節の後は、全く意味無し。『圓覺經』の若《ごと》きは本初《はじ》め亦た能く幾何《いくばく》かあらん。只だ鄙俚なること甚しき處、便ち是れなり。其の餘は增益し附會せし者なるのみ。佛學は其の初め只だ空を説くも、後來《のち》、動靜を説き、支蔓なること既に甚し。達磨、遂に脱然として文字を立てず、只是《ただ》黙然として端坐し、便ち心靜にして理を見る。此の説、一たび行わるるや、前面の許多《おおく》は皆な道《い》うに足らず、老氏も亦た抗衡を爲し難くし了《お》わる。今日、釋氏、其の盛んなること極まれり。但《た》だ程先生の所謂る「之を攻むる者、理を執《と》ること反《かえ》って其の下に出づ」なり。吾が儒は理を執《と》ること既自《すで》に卑汙なれば、宜《むべ》なるかな、之を攻むるも勝たざること。［佛書を説くに、皆な能く其の支離なる篇章を擧げて誦を成すも、此こに盡くは記す能わず。謨。］

＊

（1）四十二章經＝【1】の注（3）、【69】の注（3）参照。三浦國雄氏は、この『四十二章経』について、「朱子は、この経典だけが真経であって、あとの仏典はすべて中国の『文士』が勝手に潤色したものだと述べ、奇妙なことに仏典の漢訳という事実をまるきり認めようとはしない。こんな文章は中国人以外に創作できるはずがないと考えていたらしく、逆にそこに強烈な民族意識が感じられる」（『「朱子語類」抄』p.444）と指摘している。

（2）阿難＝阿難陀（アーナンダ）。釈尊の従弟《いとこ》で仏十代弟子の一人。侍者として二十五年のあいだ釈尊に仕え、説法を聴聞することが特に多く、記憶力に優れていたため「多聞第一」と称された。禅宗では、摩訶迦葉（次注を参照）から法を嗣いだ第二祖に位置づけられる。その伝記を記したものに、『伝燈録』巻一「阿難」条（T51-206b~c）などがある。

（3）迦葉＝摩訶迦葉（マハーカッサパ）。仏十大弟子の一人。衣食住に関して少欲知足に徹し、「頭陀第一」と称された。釈尊の信頼を得て仏衣を授かり、教団の長老になった。禅宗では、釈尊から法を嗣いだ第一祖に位置づけられる。嗣法の状況については、多子塔前付法説と霊山付法説（拈華微笑）が知られる。詳細については、本多道隆「『五燈会元』「釈迦牟尼仏」章を読む（四）」（『花園大学国際禅学研究所論叢』第八号・二〇一三）の〔三五〕〔三六〕参照。その伝記を記したものに、『伝燈録』巻一「摩訶迦葉」条（T51-205c~206b）などがある。

（4）大般若經＝詳しくは『大般若波羅蜜多経』という。唐代の玄奘（六〇二～六六四）が最晩年に完訳した般若経典群の集大成であり、全六〇〇巻から成る。『般若心経』や『仁王般若経』を除いた一切の般若諸経（『大品般若』『小品般若』『金剛般若』『実相理趣般若』など）を含み、大乗諸経の中で最も根本的基礎的なもので、諸法皆空などの仏教の中心思想が盛り込まれている。T5～T7に収録されている。『岩波』（p.676）、『禅学』（p.814）参照。

（5）心經＝詳しくは『般若波羅蜜多心経』という。玄奘訳が最も広く流布するが、鳩摩羅什訳を含んで合計七訳が現存する。玄奘訳を基にした流布本は二百六十二文字から成る。福井文雅『般若心経の総合的研究―歴史・社会・資料』（春秋社・二〇〇〇）が参考になる。玄奘訳・鳩摩羅什訳は、共にT8に収録されている。

（6）楞嚴經＝【1】の注（11）参照。

（7）只管＝『禅語』に「ひたすら、いちずに。『只』は『秖』『祇』とも書く」（p.168）とある。用例としては、『語類』巻一〇の「須是只管看来看去、認来認去」（p.168、汲古本・p.64）、『伝燈録』巻七「大梅法常」条の「任汝非心非佛、我只管即心即仏」（T51-254c、禅研本③p.64）など。

（8）意味＝『漢語』に「意境。趣味」（第七冊・p.640、縮刷本㊥p.4338）とある。『語類』にしばしば出てくる語で、例えば、「須是将本文熟読、字字咀嚼教有味。若有理会不得処、深思之、又不得、然後却将注解看、方有意味」（巻一一・p.191、汲古本・p.248）などの用例がある。三浦國雄氏は、『語類』における「意味」の語について、『意味』という言葉は、文章であれ発言であれ道理であれ、文字どおりそれらの内容が含有している味わいという意であり、『味』のほうに重点がある」と解説する（『「朱子語類」抄』p.45）。

（9）圓覺經＝【1】の注（7）参照。

（10）本初＝『漢語』に「原初。原始」（第四冊・p.709、縮印本㊤ p.2446）とあり、『中国語』に「はじめ。もと」（p.143）とある。例えば、『語類』に「然孟子之意、本初不如此、只是言此四端皆是心中本有之物、随触而発」（巻五三・p.1287）などの用例がある。

（11）後來説動靜＝例えば、『肇論』「物不遷論」（T45-151a~c）では、動と静との関係が論じられている。詳しくは、平井俊榮訳『肇論』（『大乗仏典』《中国・日本篇2》p.12~21）を参照。「後来説動静、支蔓既甚」という朱熹の発言は、恐らく『肇論』などに見られる説を念頭に置いたものであろう。

（12）脱然＝『漢語』に「突き抜けて累《わずらい》がない（超脱無累）」（第六冊・p.1300、縮印本㊥ p.3932）とあり、『俗語解』は、「脱然」を「スポンと訳す」と解説する（p.217）。あらゆる柵《しがらみ》を抜け出て急に超脱したさまを表現した言葉である。『語類』巻一一・第一〇九条の汲古本の語注に「『脱然』は、目から鱗が落ちるような状態をいう。『忽然』とほぼ同義」（p.258）とある。『語類』巻一五にも「而今説格物窮理、須是見得箇道理親切了、未解便能脱然去其旧習」（p.290）という用例がある。

（13）不立文字＝『岩波』に「禅宗が自《みずか》らの立場を表明するに当たってしばしば用いたスローガンで、『四句』の中の一つ。悟りに至るためには文字（言葉）による教示は必ずしも役に立たない、あるいは悟りの境地を表現するのに文字（言葉）は十分でないという意味であり、古くは『血脈論』などに見るように、『以心伝心』とセットの形で用いられる場合が多かった。この句は、もともと、悟りが言葉（＝概念的把握）を超えたものであることを素直に表現したものであったが、後に禅宗が教団として確立を見ると、教学研究を事とする他宗に対して自らのアイデンティティーを主張するものとなり、『教外別伝』とセットの形で用いられるようにもなった」（p.890）とある。『岩波』でも解説されているとおり、「不立文字」の語は、菩提達磨の著とされる『達磨大師血脈論』において、「以心伝心」とともに用いられており、恐らく、これが禅門における最も早い事例であろう（Z110-809a）。『碧巌録』第一則・本則評唱には「不立文字、直指人心、見性成仏」（T48-140b）の三句が記され、『祖庭事苑』巻五には「教外別伝」「不立文字」「直指人心」「見性成仏」の四句がセットで記されている（Z113-129a）。【7】の注（39）、【60】の注（6）も併せて参照。

（14）程先生所謂…反出其下＝【3】の注（16）も併せて参照。「攻之者」は、『周易程氏伝』巻一「同人 九四・象」の「其の墉《垣根》に乗りて克《か》たざる所以《ゆえん》は、之を攻むる者、其の義の克《か》たざるを以てなり（所以乗其墉而弗克、攻之者、以其義之弗克也）」（『二程集』p.766）からの引用であり、続く「執理反出其下」は、『河南程氏遺書』巻二上の「今日卓然として此の学（＝仏教）を為さざる者は、惟だ范景仁と君実とのみ。然れども其の執る所の理は、禅学の下に出づる者有り（今日卓然不為此学者、惟范景仁与君実爾。然其所執理、有出於禅学之下者）」（同・p.25）に基づく。前者が程伊川の言葉であることは明らかであるが、後者については、『河南程氏遺書』を見る限り、程明道・程伊川いずれの言葉であるかは不明である。しかし、【131】には「伊川謂う、『執る所、皆な禅学の下に出づ』と。此の説、甚だ好《よ》し。［之を攻むる者を謂う。淳］（伊川謂、『所執皆出禅学之下』。此説甚好。［謂攻之者。淳］）」（『語類』p.3040）とあり、朱熹はこれを伊川の言葉と認識していたようである。「攻之者」

と「執理反出其下」とがそれぞれ別の個所からの引用であることから、引用部分が「攻之者」の三字にとどまり、あとの「執理反出其下」は、『河南程氏遺書』の当該個所に基づいた朱熹自身の発言として解釈することもできるであろう。なお、「執理」の語については、「執」字を「行う、実践する」(『中国語』p.3993)という意味でとり、「理を実践する」と解釈することも可能であろうが、ここでは「執」を「(意見を)固執する、堅持する」(『中国語』p.3993)の意味としてとり、「道理を取り守る」「道理を掌握する」と解釈した。

(15) 吾儒執理既自卑汙…而不勝也＝朱熹は、禅仏教が七〜八百年間にわたって盛んな理由について、禅家が常に自己に即して工夫(努力)しているという点を指摘する。一方、当今の儒家については、彼らが口さきばかりに終止し、理の体認と存養において禅家に劣っていると認識していた。詳しくは、【61】を参照。

(16) 成誦＝『漢語』に「本を読みこんで暗唱できること(謂読書熟、能背誦)」(第五冊・p.204、縮印本㊥ p.2820)とあり、『中国語』に「暗記してそらんじる。暗唱できる」(p.389)とある。『語類』に「学者観書、先須読得正文、記得注解、成誦精熟」(巻一一・p.191、汲古本・p.251)などの用例がある。

(17) 謨＝『語類』の巻頭に付録されている「朱子語録姓氏」に拠れば、「周謨、字《あざな》は舜弼、南康(江西省)の人。己亥(淳熙六年・一一七九)以後に聞く所なり(周謨、字舜弼、南康人。己亥以後所聞)」(p.15)とある。『学案』巻六九(p.59)に伝が見える。『宋人伝記』第二冊(p.1462)、「朱門弟子師事年攷」(p.147)、陳栄捷『朱子門人』(p.94)参照。

(本多道隆)

【7】

程伊川先生が「〔未発の中の状態の時には〕耳は聞くことが無いし、目は見ることがない〔のか〕」という〔質問に対して答えた〕話が取り上げられた時に、〔先生は〕言われた、「〔程先生も言われている通り、未発の中の時に、耳は聞くことがないし、目は見ることがないなどという、〕そんな道理があるわけがない」と。そこで〔先生は〕仏教経典の中にある、「〔自分の外にある色声香味触法という六つの〕塵《もの》に縁《したが》わないからには、〔眼耳鼻舌身意の六つの〕根《感覚器官》が執着することがない。〔外へと流れ出ている心の〕流れ〔の向き〕を〔反対に〕返して〔本来の〕一心を完全に回復するなら、〔眼耳鼻舌身意という〕六つの〔感覚器官の〕用《はたらき》は行われない」という説を提示し〔て言われ〕た、「蘇子由（蘇轍）は、『この道理はきわめて深遠だ』と考えているが、おそらく彼は、『〔眼耳鼻舌身意という〕六つの根《感覚器官》が〔色声香味触法という〕六つの塵《もの》に縁《したが》わないからには、六つの根《感覚器官》の用《はたらき》を収め取って、反対に〔心の〕本体へと復帰させ、動かないようにさせる』と思ったのだろう。だが、どうしてそんな道理があろうか」と。輔広《わたし》はそこで程子の説を提示し〔て言っ〕た、『たとえば静坐している時に、突然、人が自分を呼んだとしたら、返事するしかない。まさか返事をしないわけにはいくまい』〔とあります。つまり、『発して節に中《あた》るのを和と言う』という用《はたらき》は当然必要でしょう〕」と。〔先生は〕言われた、「その〔蘇子由が誉めた〕説は、『楞厳経』に見えている。この経は唐の房融が〔経典の翻訳を手伝って上手く〕解釈したから、あんなに巧みに説かれているのだ。仏教の書籍の中で、ただこの経だけが最高に巧みなのである。しかし、仏陀は初めからこのように説いてはいない。『四十二章経』などが、最も早く中国に伝えられた書物だ。だが、その説は平易着実であった。道教の書物の中に『真誥』というものがあり、〔その〕末尾に道授篇があるが、実は『四十二章経』の考えを盗んで作っている。それだけではない。地獄や託生《生まれ変わり》といったでたらめな説にいたるまで、すべて仏教の中のきわめて浅薄なものを盗んで作っている。私はかつてその徒（＝道教徒）に〔次のように〕言ったことがある、『自分の家にあった大きな宝珠を彼に盗まれてしまっているのに、〔泥棒がこないか〕気を配ろうともせず、〔盗まれたことに〕全然気がついてもいない。それどころか〔反対に〕彼（＝仏教）の〔家の〕塀ぎわや壁の隅っこに行って、壊れた瓶やかめを盗んで使っている。ひどいお笑いぐさだ』と。前漢の時代に、儒者たちは道理を説いたが、黄老思想の考えにすぎなかった。揚雄の『太玄経』なども皆なそうだ。だから〔揚雄は〕自分でも、『老子が言っている道徳については、私も採用する部分がある』と言っているのだ。後漢の明帝の時代に、仏教が始めて中国に入ってきて、当時、楚王英が最もこれを好んだ。しかし、まったくその教説がわかっていなかった。そのままの状態で〔三国時代を経て六朝の〕晋や宋の時代になって、その教えは段々と盛んになった。だが、当時の文章は老荘の説で誇張しただけであった。慧遠法師の論述など、丸ごと全部、老荘の考えである。そのまま梁の普通年間（五二〇～五二七）になって、達磨大士が中国にやってきて、その後、〔それまでの仏教を含めて〕一切がっさい彼に掃討されてしまった。『不立文字、直指人心（文字によらず、ずばりと人の心を指し示す）』〔というのがそれ〕である。思うに、当時、儒者の学問は廃れてしまい講義されることがなかったし、老荘や仏教の教説もこのように浅薄だったから、かれに〔つけ込む〕隙を看破されてしまったのだ。だから、言いたい放題を言い、このように盛んになって、手のつけようがなくなり、聡明な才能をもった人は、彼に引き込まれてしまったのだ。以前、〔禅宗の〕祖師たちの肖像をみたことがあるが、その人物〔の姿〕は皆な雄壮であった。だから大慧宗杲老人は、『臨済がもし僧侶になっていなかったら、必ず盗賊の首領になっていたに違いない』と言ったのだ。また、かつて廬山（江西省）で帰宗智常禅師の像を見たことがあるが、とりわけ恐るべき〔風貌〕だった。もし僧侶になっていなかったら、きっと大盗賊になっていたに違いない」と。〔輔広〔が記録した。〕〕

＊

因説程子「耳無聞、目無見」之答[校1]、曰[1]、「決無此理[2]」。遂舉釋教中有「塵既不縁、根無所著。反流全一、六用不行」之説[3]。「蘇子由以爲『此理至深至妙[4]』。蓋[5]他意謂[6]『六根既不與六塵相縁、則收拾[7]六根之用、反復歸於本體、而使之不行[8]』。顧[9]烏有此理」。廣因舉[10]程子之説、「譬如靜坐時、忽有人喚自家、只得應他[11]、不成不應[12]」[13]。曰、「彼説出『楞嚴経』。此經是唐房融訓釋[14]。故説得如此巧[15]。佛書中唯此經最巧。然佛當初也不如是説。如『四十二章經』、最先傳來中國底文字。然其説却[16]自平實[17][18]。道書中有『真誥[19]』。末後有道授篇。却[20]是竊『四十二章經』之意爲之[21]。非特此也。至如地獄託生妄誕[22]之説[23]、皆是竊他佛教中至鄙至陋者爲之[24]。某嘗謂其徒曰、『自家有箇大寶珠[25]、被他竊去了、却不照管[26]、亦都不知、却去他牆根壁角[27]、竊得箇破瓶破罐用[28]。此甚好笑[29]』。西漢時儒者説道理[30]、亦只是黄老意思[31]。如揚雄『太玄經』皆是。故其自言有曰、『老子之言道徳、吾有取焉耳[32]』。後漢明帝時、佛始入中國。當時楚王英最好之[33]。然都不曉其説。直至晉宋間、其教漸盛。然當時文字亦只是將莊老之説來鋪張[34]。如遠師[校2]諸論、皆成片[35]盡是老莊意思[36]。直至梁會通間、達磨[校3]入來[37]、然後一切被他埽[校4]蕩[38]。不立文字、直指人心[39]。蓋當時儒者之學、既廢絶不講、老佛之説、又如此淺陋、被他窺見[40]這箇罅隙了[41]。故横説豎説[42]、如是張皇[校5][43]、没奈他何、人才聰明、便被他誘引將去。嘗見畫底諸祖師、其人物皆雄偉[44]。故杲老謂『臨濟若不爲僧、必作一渠魁也[45]』。又嘗在廬山見歸宗像、尤爲可畏。若不爲僧、必作大賊[校6]矣[46]」。[廣][47]

〔校注〕(校1)之答＝楠本本は「之語答」に作る。　(校2)遠師＝楠本本は「遠法師」に作る。　(校3)磨＝正中書局本・楠本本・和刻本は「麼」に作る。　(校4)埽＝正中書局本・朝鮮整版・楠本本・和刻本は「掃」に作る。　(校5)皇＝正中書局本・朝鮮整版・楠本本・和刻本は「王」に作る。　(校6)大賊＝楠本本は「一大賊」に作る。

＊

程子の「耳、聞くこと無く、目、見ること無し」の答を説くに因りて、曰く、「決して此の理無し」と。遂に釋教中に「塵既に縁ぜざれば、根、著する所無し。流れを反《かえ》して一を全うすれば、六用行われず」の説有るを擧す。「蘇子由以爲《おもえら》く、『此の理は至深至妙なり』と。蓋し他《かれ》意謂《おもえら》く、『六根既に六塵と相い縁ぜざれば、則ち六根の用を収拾して、反《かえ》って本體に復歸して、之をして行わざらしむ』と。顧《た》だ烏《なん》ぞ此の理有らんや」。廣因りて程子の説を擧す、「譬えば靜坐する時に、忽ち人有りて自家《おのれ》を喚ぶが如き、只だ他に應ず得《べ》し、不成《よも》や應ぜざらんや」と。曰く、「彼の説は『楞嚴經』に出づ。此の經は是れ唐の房融の訓釋なり。故に説き得て此《か》くの如く巧みなり。佛書の中、唯だ此の經のみ最も巧みなり。然れども佛は當初也《ま》た是《か》くの如く説かず。『四十二章經』の如き、最も先に中國に傳來するの文字なり。然れども其の説は却自《かえ》って平實なり。道書の中に『真誥』有り。末後に道授篇有り、却是《かえ》って『四十二章經』の意を竊みて之を爲《つく》る。特《た》だに此れのみに非ざるなり。地獄・託生の如き妄誕の説に至るまで、皆な是れ他《か》の佛教の中の至鄙至陋なる者を竊みて之を爲《つく》る。某《それがし》嘗て其の徒に謂いて曰く、『自家に箇の大寶珠有りて、他に竊み去られ了《お》わるに、却って照管せず、亦た都《すべ》て知らず。却って他《かれ》の牆根壁角に去《ゆ》きて、箇の破瓶破罐を竊み得て用う。此れ甚だ笑う好《べ》し』と。西漢の時、儒者、道理を説くも、亦た只是《ただ》黄老の意思なり。揚雄の『太玄經』の如き皆な是れなり。故に其れ自ら言いて曰うこと有り、『老子の道徳を言うは、吾れ焉《これ》を取ること有るのみ』と。後漢の明帝の時、佛始めて中國に入る。當時、楚王英、最も之を好む。然れども都《すべ》て其の説を曉《さと》らず。直に晉宋の間に至りて、其の教漸く盛んなり。然れども當時の文字は、亦た只是《ただ》莊老の説を將《も》ち來たりて鋪張するのみ。遠師の諸論の如き、皆な成片《まるごと》盡く是れ老莊の意思なり。直に梁の會通の間に至りて、達磨入り來たり、然る後に一切、他《かれ》に埽蕩せらる。不立文字、直指人心なり。蓋し當時、儒者の學は、既に廢絶して講ぜられず、老佛の説、又た此《か》くの如く淺陋なれば、他《かれ》に這《こ》箇の罅隙を窺見せられ了《お》わる。故に横説豎説、是《か》くの如く張皇《さかん》にして、他《かれ》を奈何ともする没《な》く、人の才の聰明なるは、便ち他《かれ》に誘引し將《も》ち去らる。嘗て畫《えが》かれし諸祖師を見るに、其の人物皆な雄偉なり。故に杲老は、『臨濟若し僧と爲らずんば、必ず一渠魁と作りしならん』と謂うなり。又た嘗て廬山に在りて歸宗の像を見るに、尤も畏る可しと爲す。若し僧と爲らずんば、必ず大賊と作りしならん」と。〔廣〕

*

※この一段については、三浦國雄『「朱子語類」抄』(p.437~448)に詳細な訳註が載せられており、それを参考にした。

(1) 因説程子耳無聞、目無見之答、曰＝三浦國雄『「朱子語類」抄』は楠本本が「…之語、答曰」となっているのに拠って訳しているが、他本は全て「語」字が無いから、一応、原文通りで訳してみた。程子の引用は、程伊川と蘇季明との次の問答を踏まえる。

〔蘇〕季明問う、「先生説《い》う、『喜怒哀楽未だ発せざる之を中と謂うは、是れ中に在るの義なり』と。識《し》らず何の意ぞ」と。〔程先生〕曰く、「只だ喜怒哀楽の発せざる、便ち是れ中なり」と。〔問いて〕曰く、「中は形体無きこと莫し。只《ただ》是箇の道の題目を言うや」と。〔先生〕曰く、「非なり。中に甚《なん》の形体か有らん。然れども既に之を中と謂えば、也《ま》た須く箇の形象有るべし」と。〔問いて〕曰く、「中の時に当たりて、耳聞くこと無く、目見ること無きや」と。〔先生〕曰く、「耳聞く無く、目見る無しと雖も、然れども見聞の理在りて始めて得」と。〔問いて〕曰く、「中は是れ時として中なること有りや」と。〔先生〕曰く、「何ぞ時として中ならざらん。事を以て之を言えば、則ち時として中なること有り。道を以て之を言えば、何ぞ時として中ならざらん」と。…(季明問、「先生説、『喜怒哀楽未発謂之中、是在中之義』。不識何意」。曰、「只喜怒哀楽不発、便是中也」。曰、「中莫無形体。只是箇言道之題目否」。曰、「非也。中有甚形体。然既

謂之中、也須有箇形象」。曰、「当中之時、耳無聞、目無見否」。曰、「雖耳無聞、目無見、然見聞之理在始得」。曰、「中是有時而中否」。曰、「何時而不中。以事言之、則有時而中。以道言之、何時而不中」。…）

（『二程集』巻一八・p.201）

（2）決無此理＝成句で「そんなわけがあるものか」（『中国語』p.1669）の意。『語類』中の使用例はこの一個所だけだが、似た例として巻二五の「必無此理」（p.634）や巻一〇六の「断無此理」（p.2646）がある。

（3）釋教中有塵既不縁…六用不行之説＝文字に僅かな差異があるが、『楞厳経』巻八の次の一段を踏まえる。「このように清浄に戒律を守っている人は、貪婬《むさぼり》の心が無いから、〔自分の〕外にある〔心を汚す色声香味触法という〕六つの塵《もの》（感覚対象）に対して、多くの場合〔執着という心のはたらきが〕流れ出ない。流れ出ないから、根源へと自然に立ち返る。〔色声香味触法という〕六つの塵《もの》に縁《したが》わないからには、〔眼耳鼻舌身意の六つの〕根《感覚器官》が偶《たよ》〔ってはたらきをす〕るところがない。〔外へと流れ出ている心の〕流れ〔の向き〕を〔反対に〕返して〔本来の〕一心を完全に回復するなら、〔眼耳鼻舌身意という〕六つの〔感覚器官の〕用《はたらき》は行われない（如是清浄持禁戒人、心無貪婬、於外六塵、不多流逸。因不流逸、旋元自帰。塵既不縁、根無所偶。反流全一、六用不行）」（T19-141c）。

（4）至深至妙＝「深妙」は、深遠で玄妙なこと。『漢語』に「深奥微妙」（第五冊・p1424、縮印本㊥p.3338）、『中国語』に「（思想・教義などが）深遠である」（p.2721）とある。『語類』巻五の「至玄至妙」（p.92）や巻九四の「至高至妙」（p.2369）などと同意であろう。

（5）蓋＝『中国語』の⑩に「文語の虚詞。⑴発語の詞。さて。⑵けだし。およそ。だいたい。断定できないが、おそらくそうだという場合。＝大概。⑶前文を受けて理由・原因を示す」（p.993）とある。ここでは⑵の用法。

（6）意謂＝従来の漢文では「意《い》に謂《おも》えらく」と訓読しているが、『漢語』の①に「以為。認為」（第七冊・p.646、縮印本㊥p.4340）とあり、『中国語』にも「＝以為」（p.3708）とあるように、二字で「おもえらく」の意。

（7）収拾＝『語類』で頻繁に見える動詞だが、一般的には「学者は須く先ず這の放心を収拾すべし（学者須先収拾這放心）」（巻五九・p.1409）などのように「収聚、収集」（『漢語』第五冊・①・p.385、縮印本㊥p.2897）の意で用いられている。しかし、ここでは六根のはたらきを収め取って発動しないようにするという意味であり、「解脱《取り除く》、排除」（同・⑪）に近い。【84】の「収拾」も同様である。

（8）蘇子由以爲此理至深至妙…而使之不行＝蘇轍（一三〇九～一一一二）、字《あざな》は子由、号は潁浜、または欒城。唐宋八大家の一人で、父の蘇洵、兄の蘇軾（東坡）と共に三蘇と称され、父が老蘇、兄が大蘇と呼ばれるのに対して、小蘇と呼ばれた。この部分の典拠として、三浦國雄氏は、「定かにしがたいが、ひとまず」と断ったうえで、『欒城集』後集・巻二一「書金剛経後」（四部叢刊本・9a~b）を引く（p.381）。ただ、同じ『欒城集』後集の巻三に見える「示資福諭老并引」の「引」に次のようにあるのが、より典拠とするに相応しいと思われる。

予、『楞厳』を読みて、「塵既に縁ぜざれば、根、著する所無し。流れを反《かえ》して一を全うすれば、六用行われず」に至りて、釈然として笑いて曰く、「吾れ涅槃の路に入ることを得たり」と。然れども孤坐するに終日猶お苦しく、念、寂する能わず。復た『楞厳』を取りて之を読み、其の意根を論じて、「見聞の逆流するに、流れの及ばざる地を、覚知の性と名づく」（巻三・T19-115b）と曰うに至りて、乃ち嘆じて曰く、「流れを返すを知ると雖も、未だ如来の法海に及ばずして、意の留むる所と為り、識に随いて分別すれば、無知の覚明と名づくることを得ず。豈に所謂る流れを返して一を全うするならんや」と。（予読『楞厳』、至「塵既不縁、根無所偶。反流全一、六用不行」、釈然而笑曰、「吾得入涅槃路矣」。然孤坐終日猶苦、念不能寂。復取『楞

厳』読之、至其論意根、曰「見聞逆流、流不及地、名覚知性」、乃嘆曰、「雖知返流、未及如来法海、而為意所留、随識分別、不得名無知覚明。豈所謂返流全一也哉」。（四部叢刊本・11b~12a、仏教経典選本・p.194）その他、『欒城集』後集・巻二一「書楞厳経後一首」（四部叢刊本・8b~9a）、『欒城集』三集・巻九「書伝燈録後」（四部叢刊本・1a）にも言及がある。

（9）顧＝次の「烏」と熟語とも考えられるが、辞書類には成句として見えないし、『語類』での「顧烏」の用例もこの一個所だけである。三浦氏は「おもうに」と訓じているが、軽い語感だと思われる。『漢語』に「⑫但是」（第一二冊・p.359、縮印本㊦p.7268）、『中国語』に「⑥しかし。ただ。＝但是」（p.1117）とあり、今回は逆接の接続詞として「ただ」読んだ。

（10）廣＝注（47）参照。

（11）只得＝～するしかない。『漢語』に「①猶僅有、只有。②只好。只能。不得不」（第三冊・p.47、縮印本㊤p.1462）とあり、『中日』に「〔只可〕〔只索〕〔止得〕ただ…するより外しかたがない。やむなく。是非もなく。〔只好〕に同じ」（p.2407）、『中国語』に「〔副〕やむなく。いたし方なく。（…する）しかない。（…せ）ざるを得ない。（＝『只好』『不得不』）【注】『只好』より『只得』の方が硬い」（p.4005）とある。書き下しは三浦氏に拠った。

（12）不成＝『漢語』に「⑤助詞。⑴用于句首、表示反詰」（第一冊・p.407、縮印本㊤p.172）とあり、『中国語』に「〔副〕まさか…ではあるまい。＝『難道』」（p.230）とある。書き下しは三浦氏に拠った。

（13）因擧程子之説…不成不應＝程子の説とされているが、『二程集』などに類似した文章は見えない。ただ、次のような似通った文章が『伝燈録』巻二五「洪州百丈山大智院道常禅師（嗣清涼文益）」条に見える。

兀然と無事に坐すに、何ぞ曽《かつ》て人の喚ぶこと有らん。設《も》し人の上座を喚ぶこと有らば、他に応ずるが好《よ》きや、応ぜざるが好《よ》きや。若し応ずれば、阿誰《だれ》か上座を喚ぶ。若し応ぜざれば、聾を患わざるなり。（兀然無事坐、何曽有人喚。設有人喚上座、応他好、不応好。若応、阿誰喚上座。若不応、不患聾也。（T51-416c、cf.『五燈会元』巻一〇「洪州百丈道恒禅師」条・Z138-177a）

（14）訓釋＝『漢語』に「①注解。解釈」（第一一冊・p.54、縮印本㊦ p.6529）、『中国語』に「（字句を）解釈する」（p.3530）とあり、三浦訳には「意味をかみくだいた」とある。

（15）彼説出楞嚴經…故説得如此巧＝『楞厳経』は、巻一の巻頭にある訳者名を記した部分の記載に拠れば、神龍元年（七〇五）五月に、中天竺（中印度）沙門の般剌蜜帝《はんらみってい》が、広州の制止道場で訳出し、菩薩戒弟子の房融《ぼうゆう》が筆受したとされる（T19-106b、仏教経典選本・p.5）。房融は、則天武后のもとで平章事、つまり宰相の位に在った人物で、この神龍元年の正月に武后が退位すると下獄され、二月に高州（広東省）に流されて貶死している（『旧唐書』巻七・p.135~136、『新唐書』巻四・p.106）。『楞厳経』の内容については、荒木見悟『楞厳経』「解説」参照。

（16）却自＝『禅語』「~自」条に『尚自』『猶自』『閑自』『本自』『但自』『浪自』などの『自』は、きわめて軽くついた助字で、『みずから』と読んではいけない」（p.179）とあり、『中国語』に「⑦〔接尾〕一部の語に接辞する」（p.4123）とある。

（17）平實＝平易着実。『漢語』に「①平坦厳実。②平穏踏実」（第二冊・p.942、縮印本㊤ p.1137）、『中国語』に「①質朴である。②平坦である」（p.2336）、『中日』に「＝朴質。飾り気がない」（p.1413・p.1426）とある。三浦氏は「『平実』の『実』は云うに及ばず、朱子学では『平』は常にプラスの価値を持つ」（p.444）と言う。

（18）如四十二章經…然其説却自平實＝【1】の注（3）、【6】の注（1）、【69】の注（3）参照。柳田聖山『仏教と朱子の周辺』（『禅文化研究所紀要』第八号・一九七六）をはじめとする先行研究でも既に指摘されているが、数ある仏典のうち、『四十二章経』に対する朱熹の評価は比較的高い。

（19）真誥＝書名。二十巻。梁、陶宏景撰。神仙授受の真訣を記したもの。吉川忠夫・麥谷邦夫編『真誥研究 訳注篇』（京都大学人文科学研究所・二〇〇〇）、石井昌子『真誥』（明徳出版社、中国古典新書・続編14、一九九一）などを参照。一字索引として、麥谷邦夫編『真誥索引』（京都大学人文科学研究所・一九九一）がある。

（20）却是＝『中国語』に「〔副〕①実は。なんと。ある動作・行為がそれ以前の動作行為と反対であるとか、予想外なことを表す」（**p.2524**）とある。「釈・老等の人の如き、却《かえ》是って能く持敬す（如釈老等人、卻是能持敬）」（『語類』巻一二・**p.210**、汲古本・**p.102**）など用例は数多い。

（21）末後有道授篇、却是竊四十二章經之意爲之＝『真誥』の巻五～八にある「甄命授篇」の冒頭が「道授」という出だしで始まっていることから、同書の巻五がここに言う「道授篇」であると思われ、二十巻本の「末後」ではない。三浦氏も指摘されているように、『四庫提要』に拠れば、『真誥』が『四十二章経』を剽窃したという説は、北宋・黄伯思の『東観余論』に始まるようである。『真誥』「道授篇」は全九十一条で二条を除き全て「君曰…」で始められており、『四十二章経』が「仏言…」で始められているのと形式的に類似している。

（22）妄誕＝誠実でなく、でたらめなこと。『漢語』に「①虚妄不實。②荒誕不經。③狂妄。放肆」（第四冊・**p.279**、縮印本㊤**p.2264**）とある。また、用例として『語類』巻六に「妄誕・欺詐を不誠と為し、怠惰・放肆を不敬と為す。此れ誠・敬の別なり（妄誕欺詐為不誠、怠惰放肆為不敬。此誠敬之別）」（**p.103**）とある。

（23）至如地獄託生妄誕之説＝地獄については、『真誥』に「種罪天網上、受毒地獄下」（巻三「運象篇」）とあり、また「炎慶甲者古之炎帝也。今為北太帝君、天下鬼神之主也」の部分の陶宏景の注にも「炎帝神農氏。…［中略」…外書云、神農牛首。今仏家作地獄中主煞者亦牛首」（巻一五「闡幽微篇」）とある。託生については、『真誥』には見えないようだが、『雲笈七籤』に七個所ほど出ている。

（24）至鄙至陋＝きわめて浅薄粗雑。「鄙陋」は、『漢語』に「①凡俗で浅薄（庸俗浅薄）。②容貌が醜い（丑陋）。③粗末で辺鄙（簡陋荒僻）」（第一〇冊・p.677、縮印本㊦p.6203）とあり、『中国語』に「①見識が浅薄である。世間知らずである。②（人間・言葉などが）洗練されていない。野卑である。下品である。③（道具などが）粗末である」（p.160）とある。『語類』巻七四に「至小至近・鄙至陋之事」（p.1903）と「至小至近（きわめて矮小卑近）」と並べられているように、些細で取るに足らないことを指す。

（25）自家＝自分のこと。「自家薬籠中」の自家。『漢語』に「自己」（第八冊・p.1325、縮印本㊥p.5286）とある。『語類』中に頻用されている。

（26）照管＝気を配って管理すること。『漢語』の①に「照料管理」（第七冊・p.208、縮印本㊥p.4155）とあり、『中国語』（p.3940）や『中日』（p.2373）に「（店などを）管理する」とある。三浦氏は「照管は、世話する、気をくばる、管理する、意の俗語」とし、「気を配る」と訳されている。また、『宋元語言詞典』「照管」条に、『朱子語類輯略』を典拠として「照料、照顧」（上海辞書出版社・p.938）とある。「照料」は「世話をする。面倒を見る」の意だが、「照顧」にはそれ以外に「考慮する。配慮する。気配りする」（『中国語』p.3940）という意味がある。『語類』の用例は数多く、例えば巻一二に「大概、人は只だ箇の放心を求め、日夕常に照管して在らしめんことを要するのみ（大概人只要求箇放心、日夕常照管令在）」（p.202、汲古本・p.57）とある。

（27）牆根壁角＝塀の根もとや壁の隅っこ。「牆根」は、『漢語』の①に「牆壁の下部および壁際の地面（牆壁下部以及地面近牆処）」（第七冊・p.814、縮印本㊥p.4412）、『中日』に「壁ぎわ。塀のきわ。壁や塀の根方」（p.1475）とある。「壁角」は、『漢語』に「牆壁の隅っこ（牆壁的角落）」（第二冊・p.1230、縮印本㊤ p.1259）、『中国語』に「壁の隅」（p.168）とある。

（28）破瓶破罐＝割れた瓶や甕。「罐」は、『漢語』の①に「物を盛ったり煮炊きに使用する円形の容器（盛物或烹煮用的円形容器）」（第八冊・p.1080、縮印本㊥ p.5183）とあり、『中国語』の①に「〔名〕かめ・缶・つぼ・おけ・つるべなど。広く円筒形の容器を指す。多く陶器、磁器または金属でできている」（p.1149）とある。

（29）某嘗謂其徒曰…此甚好笑＝三浦氏も指摘しているように、『語類』巻一二五に、次のような類似した文章が見える。

道家に老荘の書有るに、却って看ることを知らずして、尽く釈氏に窃みて之を用いらるるに、却って去りて釈氏の経教の属《たぐ》いを倣傚す。譬えば巨室の子弟の、有する所の珍宝、悉く人の盗み去る所と為るに、却って去りて他人の家の破甕・破釜を収拾するが如し。〔必大〕（道家有老荘書、却不知看、尽為釈氏窃而用之、却去倣傚釈氏経教之属。譬如巨室子弟所有珍宝悉為人所盗去、却去収拾他人家破甕破釜。〔必大〕）（p.3005、汲古本・p.241）

（30）西漢＝前漢のこと。前漢は都が西京の長安（今の西安）にあった。東京の洛陽に都があった東漢（後漢）に対する呼称。

（31）黄老意思＝太古の帝王である黄帝と老子の教え。漢初に盛んであった道家系の思想。道家と法家をまじえたもので、無為の思想の社会実現をはかろうとしたとされる。儒学と対立した。『史記』では、黄老道徳の術を学んだ代表的な学者として、慎到・田駢・接子・環淵を挙げ、その指意を発明した著述として、「慎到は十二論を著し、環淵は上下篇を著す。而して田駢・接子も皆《とも》に論ずる所有り（慎到著十二論、環淵著上下篇、而田駢・接子皆有所論焉)」(『史記』巻七四・p.2347)とする。漢初の学者としては曹参・田叔などがいたとされ、曹参の学統については、『史記』に「河上丈人は安期生に教え、安期生は毛翕公に教え、毛翕公は楽瑕公に教え、楽瑕公は楽臣公に教え、楽臣公は蓋公に教え、蓋公は斉の高密・膠西に教え、曹相国の師と為る（河上丈人教安期生、安期生教毛翕公、毛翕公教楽瑕公、楽瑕公教楽臣公、楽臣公教蓋公、蓋公教斉高密・膠西、為曹相国師）」（巻八〇・p.2436）とある。

（32）如揚雄太玄經皆是…吾有取焉耳＝揚雄（BC五三～AD一八）、字《あざな》は子雲。『太玄経』十巻は『易』を模して作られたもの。引用の言葉は『太玄経』ではなく、『論語』を模して書かれた『揚子法言』巻三「問道篇」に見えている。その司馬光の注に「老子 以《おもえら》く、道〔に従事する者は〕其の道とする所を道とし、徳〔に従事する者は〕其の徳とする所を徳とす（『老子』第二三章を踏まえる）、と。然りと雖も、猶お未だ道を離れざるなり。故に取ること有るのみ（老子以道道其所道、徳徳其所徳。雖然、猶未離道也。故有取耳）」とある。『法言』は、これに続けて「仁義を搥提し、礼学を絶滅するに及んでは、吾れ焉《これ》を取る無きのみ（及搥提仁義、絶滅礼学、吾無取焉耳）」と述べており、儒家との折中的な立場を示していることが知られる。

（33）後漢明帝時…當時楚王英最好之＝後漢の明帝の在位は、五七～七五年。楚王英は、光武帝の第六子の劉英のこと。建武十五年（三九）に楚王に封ぜられるが、永平十三年（七〇）に妖書を作って謀反を起こそうとし、事が発覚して自殺した。朱熹の発言の典拠としては、『後漢書』巻八八に次のようにある。また、【1】の注（3）も併せて参照。

世に伝う、明帝、金人の、長大にして頂に光明有るを夢見す。以て群臣に問うに、或るひと曰く、「西方に神有り、名づけて仏と曰う。其の形長《たけ》丈六尺にして黄金色なり」と。帝、是《こ》こに於いて使いを天竺に遣わして、仏道の法を問い、遂に中国に於いて形像を図画す。楚王英、始めて其の術を信じ、中国、此れに因りて頗る其の道を奉ずる者有り。後に桓帝、神を好み、数《しば》しば浮図・老子を祀る。百姓稍《や》や奉ずる者有り、後《のち》遂に転《うた》た盛んなり。（世伝、明帝夢見金人、長大頂有光明。以問群臣、或曰、「西方有神、名曰仏。其形長丈六尺而黄金色」。帝於是遣使天竺、問仏道法、遂於中国図画形像焉。楚王英始信其術、中国因此頗有奉其道者。後桓帝好神、数祀浮図老子。百姓稍有奉者、後遂転盛。）（p.2922）

（34）直至晉宋間…然當時文字亦只是將莊老之説來鋪張＝後漢以後、六朝期にかけて老荘の説を用いて仏教を理解しようとする動きがあり、格義仏教と呼ばれた。【3】の注（12）参照。『中国語』「直至」条に「＝『直到』」（p.4001）とあり、「直到」条に「ずっと…（まで）になる。おもに時間について。＝『一直到』」（p.3997）とある。『漢語』第一冊（p.856・p.858）も『中国語』と同様である。三浦氏は、『直』は『それからずっと…』の意、時間の持続的経過を表わす」とする。「鋪張」は、『漢語』の①に「誇張」（第一二冊・p.1290）とあり、『中国語』に「（格好をつけようとして）大げさにやる。はでにする。見えをはる。誇張する」（p.2355）とある。

（35）成片＝『中日』に「この一帯。全部。かなりの広範囲」（p.248）とある。三浦氏は、「そっくりそのまま」と訳す。『語類』巻一三七に「遠法師の文字と『肇論』の類の如きは、皆な成片《まるごと》老荘の意を用う（如遠法師文字与肇論之類、皆成片用老荘之意）」（p.3253）と、ここととほぼ同じ用例がある。

（36）如遠師諸論、皆成片盡是老莊意思＝「遠師」は、東晋の僧侶である廬山慧遠（三三四～四一六）のこと。その生涯・思想については、木村英一編『慧遠研究』「遺文篇・研究篇」（創文社・一九六二）、及び、鎌田茂雄『中国仏教史』第二巻「第四章　廬山慧遠」（p.311～406）参照。慧遠と老荘思想との関係については、『高僧伝』巻六「釈慧遠」条に「少《わか》くして諸生と為りて、六経を博綜し、尤も荘老を善くす（少為諸生、博綜六経、尤善荘老）」

（T50-357c、岩波文庫本② p.197）とあり、二十四歳の時に実相の義について『荘子』の義を用いて説明したとされる（358a）。詳しくは、福永光司「慧遠と老荘思想」（『慧遠研究』研究篇・p.395~425）を見られたい。

（37）直至梁會通間、達磨入來＝梁に「会通」という年号は存在しない。達磨の西来年次については、関口真大『達磨の研究』の「一四　渡来の年次」（岩波書店・一九六七・p.108）に詳しいが、『宝林伝』『祖堂集』『伝燈録』は、「普通八年丁未九月二十一日」とし、『伝法正宗記』は普通年間が七年までしか存しないことを理由に、「普通元年庚子九月二十一日」のこととする。何れにしろ「会通」ではなく「普通」年間のことである。三浦氏も『会』は『普』のあやまり」と指摘している。

（38）埽蕩＝「埽」は他本が「掃」に作っているように、「掃」に同じ。「掃蕩」は、『漢語』に「掃除滌蕩。蕩平」（第六冊・p.729、縮印本㊥ p.3690）、『中日』に「一掃し平らげる」（p.1597）、『中国語』の①に「掃討する。平定する」（p.2635）とある。

（39）不立文字、直指人心＝古来、達磨が唱えたとされる禅宗の標語の一部。例えば、『人天眼目』巻五に「達磨単伝心印、不立文字、直指人心、見性成仏」（T48-327c）と見える。【6】の注（13）、【60】の注（6）も併せて参照。

（40）窺見＝一般的には、文字通り「うかがい見る」（『中国語』p.1776、『中日』p.1066）の意であるが、『漢語』の②に『語類』の用例を踏まえて「見破る（看破）、感づく（覚察）」（第八冊・p.476、縮印本㊥ p.4927）とある。

（41）罅隙＝すき間、落ち度。『中国語』に「①すきま。②器物の裂け目。③事の破綻。落ち度。遺漏」（p.3334）とある。また、『漢語』（第八冊・p.1078、縮印本㊥ p.5182）参照。

（42）横説竪説＝縦横に説示すること。『中国語』に「〔成〕くり返し丁寧に話す。ああ言ったり、こう言ったりする」（p.1264）とあるように、良い意味にも悪い意味にも用いるが、ここでは「好き放題にまくしたてる」（『禅語』p.38）といった悪い意味。

（43）張皇＝現代中国語では「あわてふためく」（『中国語』p.3920）ことを言うが、ここでは『漢語』の③にあるように「勢いの盛んなさま（勢盛貌）」（第四冊・p.126、縮印本㊤p.2199）であろう。

（44）雄偉＝日本語としても用いられているが、『中国語』に「〔形〕雄壮で偉大である。偉大である。雄々しい。壮観である」（p.3484）とあり、『中日』に「優れて立派である。壮大である。雄壮である」（p.2091）とある。

（45）故杲老謂臨濟若不爲僧、必作一渠魁也＝「杲老」は、圜悟克勤の法嗣で公案禅の大成者として知られる大慧宗杲（一〇八九～一一六三）のこと。「渠魁」は、『漢語』に「大頭目。首領」（第五冊・p.1361、縮印本㊥p.3310）、『中国語』に「〔白〕首領。首脳。頭目」（p.2505）、『中日』に「（盗賊の）頭目」（p.1519）とある。典拠は、次に引く『雲臥紀譚』巻上の「雪竇持禅師」の一節である。また、『語類』巻四（p.80）にも、ここと同様の文が引用されている。

大慧老師、前住径山、法席雄盛。諸山未嘗敢有登其門者。独持（＝雪竇持禅師）造謁。大慧為上堂講法眷之礼。相与観画工図臨済像次、持且欲伝其本。大慧令為揎肘作堅拳之勢。持遂命為讃曰、「面似淋了灰堆。喝似旱天怒雷。雖然麤麤慥慥。且不隈隈㲞㲞。咄。是甚麼。若不得這箇道理、定作一枚渠魁」。其後、諸方有画頂相、効顰作露肘握拳之状。未免取誚識者。（Z148-7b）

（46）又嘗在廬山見歸宗像…必作大賊矣＝帰宗智常は、馬祖道一の法嗣。廬山の帰宗寺に住していた。帰宗の像の存在については、三浦氏の指摘通り、『廬山記』巻二に「帰宗卒、葬此山之石人峯下、以石為像、凛然如生」（T51-1035a）とある。

（47）廣＝輔広。字《あざな》は漢卿、号は潜庵。慶元（浙江省）の人で、嘉興に住し、呂祖謙と朱熹に師事した。「朱子語録姓氏」に「甲寅（紹熙五年・一一九四）以後に聞く所なり（甲寅以後所聞）」（p.13）とあり、朱熹が晩年に近い時期の言葉である。伝記については、『宋人伝記』第四冊（p.3606）、「朱門弟子師事年攷」（p.272）参照。

（野口善敬）

【8】

道の世界における存在の仕方については、ひとりひとり〔誰もが〕みな同じように説いてはいるが、禅家の説き方が最も巧妙だ。そもそも荘子や老子以来、「道はもともと同じもので、ひっそりと天地の間に存在する」と言ってきた。〔しかし〕後になって、仏教がさらに〔その説を〕拡張して説いて、〔道をめぐる議論の〕垣根をすっかり取り払い、〔その結果、道の説は〕まったく落ち着き所がなくなり、ますます巧妙なものとなってしまった。〔一方〕われわれ儒家は、〔その説に〕たびたび屈して取り込まれてきたが、聖賢の言葉をよく調べてみると、決してそのよう〔なもの〕ではない。世間で人を迷わせるものは、なにも物だけではなく、一言一句でも取るに足るものであれば、また人を迷わせる。ましてや、このように人〔の心〕を動かすのに充分な仏教の説は言うまでもない。〔聖賢の〕学問を修めた人であれば、そんなもの（＝仏教の言葉）に迷わされることはない。〔廖謙〔が記録した。〕〕

＊

道之在天下、一人説取一般、禪家最説得高妙去。蓋自莊老來、説得道自是一般物事、闃闃[校1][6]在天地間。[7] 後來佛氏又放開説、[8] 大決[校2]藩籬、[9] 更無下落、[10] 愈高愈妙。吾儒多有折而入之、[11] 把聖賢言語來看、全不如此。世間惑人之物、不特於物[校3]

爲然、(12) 一語一言可取、亦是惑人。況佛氏之説、足以動人如此乎。有學問底人便不被它惑。(校4)(13)［謙］

〔校注〕（校1）闃闃＝正中書局本・朝鮮整版・和刻本は「闐闐」に作り、楠本本は「聞之」に作る。

（校2）籓＝正中書局本・朝鮮整版・楠本本・和刻本は「藩」に作る。　（校3）於＝正中書局本・朝鮮整版・楠本本は「尢」に作る。　（校4）謙＝楠本本は「處謙」に作る。

＊

道の天下に在るや、一人説取すること一般《おなじ》なるも、禪家最も説き得て高妙にし去る。蓋し莊老自《よ》り來《このかた》、道は自是《もとより》一般《おなじ》の物事にして、闃闃《げきげき》として天地の間に在りと説得す。後來《のち》に佛氏も又た放開して説き、大いに籓籬《まがき》を決《ひら》くも、更に下落無く、愈いよ高く愈いよ妙なり。吾が儒は多く折《ま》げて之に入ること有るも、聖賢の言語を把り來って看るに、全く此《か》くの如くならず。世間の人を惑すの物、特《た》だに物に於いて然りと爲すのみにあらず、一語一言の取る可きも、亦た是れ人を惑わす。況や佛氏の説、以て人を動かすに足ること此《か》くの如くなるをや。學問有るの人は、便ち它《た》に惑わされず。［謙］

＊

※この一段については、荒木見悟『朱子 王陽明』(p.373~374) に口語訳が載せられており、それを参考した。

（1）説取＝説いている、言っている。ここの「取」は接尾辞で、「動詞の後に用い、その動作が確実に行われることを示す」（『中国語』p.2506）とされる。『洞山録』に「説取行不得底、行取説不得底」(T47-512a) とあるように、「説得」に近いニュアンスを持つ。

（2）一人説取一般＝意味不詳。一応、「一人」を「毎一箇人」の意で訳した。「一般」は、「一様、同様」（『漢語』

第一冊・p.64、縮印本㊤ p.29）。「与」や「如」と呼応して「…と同じ」「…のようなものに同じ」となる。形容詞であり、これを名詞形で訳すのにも抵抗を感じるが、ここでは「一般之理」「一般之旨」などの意と考えた。なお、可能性は低いが、「一人」が「一任」の聞き違えという可能性もある。だとすれば、「道の天下に在るは、一般を説取するに一任するも、禅家は…（もしくは、「道の天下に在るは、説取するに一任す。一般《あるしゅ》の禅家…」）」となるが、これもスッキリとしない。

（3）高妙＝一般的に「優れている。巧みである」という意味であるが、その内容は多岐にわたり、例えば『漢語』の②に「指技芸高超（技芸に秀でる）」とあり、また⑤には「高明巧妙（賢く巧み。〔学問・技術・力量が〕すぐれていて巧みである）」（第一二冊・p.936、縮印本㊦ p.7513）とある。ここは、禅家の「道」の説き方について否定的な文脈であり、「高踏的で現実離れした」というニュアンスを含んでいる。

（4）禪家最説得高妙去＝禅録のうちに見られる「道」の用例を挙げると枚挙に暇がないが、例えば、馬祖道一（七〇九～七八八）は、「道は修するを用いず、但《た》だ汚染すること莫れ。何をか汚染と為す。但《も》し生死の心有りて、造作し趣向せば、皆な是れ汚染なり。若し直に其の道を会せんと欲せば、平常心是れ道なり。何をか平常心と謂う。造作無く、是非無く、取捨無く、断常無く、凡無く聖無し。経に云う、『凡夫行に非ず、聖賢行に非ず、是れ菩薩行なり』と。只だ如今《いま》の行住坐臥、応機接物、尽く是れ道なり。道は即《すなわ》ち是ち法界なり。乃至、河沙の妙用も法界を出でず。若し然らずんば、云何が心地法門と言い、云何が無尽燈と言わん（道不用修、但莫汚染。何為汚染。但有生死心、造作趨向、皆是汚染。若欲直会其道、平常心是道。何謂平常心。無造作、無是非、無取捨、無断常、無凡無聖。経云、非凡夫行、非聖賢行、是菩薩行。只如今行住坐臥、応機接物、尽是道。道即是法界。乃至河沙妙用、不出法界。若不然者、云何言心地法門、云何言無尽燈）」（『四家語録』所収『江西馬祖道一禅師語録』中文出版社・p.7b~8a、『伝燈録』巻二八・T51-440a、入矢義高編『馬祖の語録』禅文化研究所・p.32~33）と言っている。

（5）自是＝「本来」とか「元来」の意。『漢語』の②に「自然是。原来是」（第八冊・p.1320、縮印本㊥p.5284）とあり、『禅語』に「本来、元来、もともと」（p.180）とある。

（6）闃闃＝『漢語』に「寂静貌」（第一二冊・p.132、縮印本㊦p.7172）とある。正中書局本・朝鮮整版・和刻本は「閴」に作るが、「閴」は「闃」の俗字。

（7）蓋自莊老來…闃闃在天地間＝例えば、『老子』第二五章に「物有り混成し、天地に先だちて生ず。寂たり寥たり、独立して改まらず、周行して殆《やす》まず、以て天下の母と為す可し。吾れ其の名を知らず。之に字して道と曰い、強いて之が名を為して大と曰う（有物混成、先天地生。寂兮寥兮、独立而不改、周行而不殆、可以為天下母。吾不知其名。字之曰道、強為之名曰大）」（岩波文庫本・p.116）とあり、また、『荘子』「大宗師篇」に「夫れ道は情有り信有り、為すなく形なく、受くべきも伝うべからず、得べきも見るべからず。自ら本となり自ら根となり、未だ天地有らざるとき、古より以て固《もと》より存す。鬼を神にし帝を神にし、天を生み地を生む。太極の上に在るも高しと為さず、六極の下に在るも深しと為さず、天地に先んじて生ずるも久しと為さず、上古に長ずるも老いたりと為さず（夫道有情有信、无為无形、可受而不可伝、可得而不可見。自本自根、未有天地、自古以固存。神鬼神帝、生天生地。在太極之上而不為高、在六極之下而不為深、先天地生而不為久、長於上古而不為老）」（岩波文庫本①p.187~188）とある。

（8）後來佛氏又放開説＝道教に限らず、仏教においても「道」という言葉は重要な意味を持つ。まず、「菩提（＝さとり）」としての「道」がある。例えば、「無上正等菩提」を旧訳では「無上正等真道」といい、また仏が正覚を成ずること、すなわち「成正覚」を旧訳では「成道」という。また、「四諦」のうちの「道諦」や「八正道」における「道」は、行履すべき道を指し、理想を求めて涅槃に至るべき方法、つまり修行道のことをいう。『大智度論』巻二七に「道は一道に名づく、一向に涅槃に趣くなり。善法中に於いて、一心に放逸せずんば、道は身念に随うなり（道名一道、一向趣涅槃。於善法中、一心不放逸、道随身念）」（T25-257c）とあるのがこれに当たる。さらに、三悪道・五道・六道・地獄道・餓鬼道・畜生道・修羅道・人道・天道という場合の「道」は、「趣（＝衆生が煩悩によって業をつくり、その惑業に引かれておもむき住む所のこと）」としての「道」であり、『大乗義章』巻八に「善悪の両業、通人《だれもが》、果に至る。之を名づけて道と為す。…［中略］…六趣の道別なり。故に六道と名づく（善悪両業、通人至果。名之為道…［中略］…六趣道別。故名六道）」（T44-625a）とあるのがこれに当たる。この場合の「道」は、交通往還の義で（または至り生まれる場所をも指す）、地獄等に趣向輪転することを意味する。以上、『禅学』（p.905）参照。他に、『肇論』「涅槃無名論」に「夫れ涅槃の道為《た》るや、寂寥虚曠として、形名を以て得可からず、微妙無相にして、有心を以て知る可からず。群有を超えて以て幽に升《のぼ》り、太虚を量《はか》って永く久し（夫涅槃之為道也。寂寥虚曠。不可以形名得。微妙無相。不可以有心知。超群有以幽升。量太虚而永久）」（T45-157c）とあるように、老荘思想とほぼ同様の意味で使用される場合もある。このように、仏教における「道」の使用法は多岐に渉っている。

（9）籓籬＝元は竹や柴などを粗く編んで作った垣のことであるが、転じて境界の意味となる。ここは後者の意。『漢語』に「①以竹木編成籬笆、作為房舎外蔽。引申為防衛。②猶門戸。比喩某種造詣、境界」（第八冊・p.1276、縮印本㊥p.5266）とある。

（10）更無下落＝否定詞を後ろに伴う「更」は「まったく」（『中国語』p.1067）という意味。「下落」は「①行方、落ちつき先、ありか」（『中日』p.1998）のこと。

(11) 吾儒多有折而入之＝「折」の読みについて、和刻本は「折《チテ》」としており、「わかちて」と解している。ただ、「わかつ」は木偏の「析」の読みであり、手偏の「折」にはこのような読みは無い。よって今回は「折《ま》げて」と読んだ。ここの「折」は、『漢語』の⑥の「屈服。屈尊」（『漢語』第六冊・p.375、縮印本㊥ p.3540）や、『中国語』の⑦の「心服する。感服する」（『中国語』p.3945）といった語感である。

(12) 不特於物爲然＝この個所は、正中書局本・朝鮮整版・楠本本は「不特尤物為然」に作る。「尤物」には「珍奇之物」（『漢語』第二冊・p.1572、縮印本㊤ p.1404）という意味があるから、校本の場合は「何も珍しいものに限らず」と訳せよう。

(13) 謙＝『語類』の巻頭に付録されている「朱子語録姓氏」に拠れば、「廖謙、字《あざな》は益仲、衡陽（湖南省衡陽県）の人。甲寅（紹熙五年・一一九四）に聞く所なり（廖謙、字益仲、衡陽人。甲寅所聞）」（p.15）とある。しかし、『宋人伝記』に拠れば、一説に字《あざな》を「徳之」とすると指摘する（第四冊・p.3302）。なお、楠本本は「処謙」とする。「処謙」は、朱熹の門人である李壮祖の字《あざな》。李壮祖については、「朱門弟子師事年攷」（p.264）、陳栄捷『朱子門人』（p.77）参照。

（廣田宗玄）

【9】

〔先生は〕仏教について論じた際に言われた、「老子が先に〔道について〕唱導し、後になって仏教が更に〔その説を〕無規範に広げてしまった。しかし、仏教の言葉を調べてみると、多くは荘子・列子に基づいている」と。公晦

（李方子）が言った、「以前、先生が『荘子が説いたことの方が仏教よりも広大だ。将来、〔荘子が説いたことを〕おし広め〔て宣伝す〕る人が現れたならば、その弊害は〔仏教より〕更に大きなものになるだろう』と仰ったのを聞きました」と。〔董拱寿〔が記録した。〕〕

＊

因論佛曰、「老子先唱説、後來佛氏又倣得脱洒廣闊。然考其語、多本莊列」。公晦(1)云、「曾聞先生説『莊子説更廣闊似佛、後若有人推演出來、其爲害更大在』」。〔拱壽(2)〕

＊

佛を論ずるに因りて曰く、「老子先に唱説し、後来《のち》佛氏も又た倣し得て脱洒廣闊たり。然れども其の語を考うるに、多くは莊・列に本づく」と。公晦云わく、「曾《かつ》て先生の『莊子の説くこと更に佛より廣闊たり。後、若し人の推演し出し來るもの有れば、其の害を爲すこと更に大ならん』と説くを聞けり」と。〔拱壽〕

＊

（1）公晦＝李方子のこと。字《あざな》は公晦、邵武（福建省建陽県の西）の人。性格は大変まっすぐで深切、朱熹に「君の人となりは、もともと欠点が少ないが、度量が広い中でも規矩を保ち、ゆっくりした中でも果断でなければならない」といわれたことから、書斎を果斎と名付けたとされる。著に『朱子年譜』『禹貢解』『伝道精語』『李方子録』などがある。その伝は、『学案』巻六九（**p.2260**）、『学案補遺』巻六九に見える。『宋史』巻四三〇（**p.12790**）、『宋人伝記』第二冊（**p.947**）、「朱門弟子師事年攷」（**p.207**）参照。なお、【23】の割注に『李方子録』からの引用が見える。『李方子録』については、【23】の注（3）参照。

（2）拱壽＝『朱子語類』の巻頭に付録されている「朱子語録姓氏」に拠れば、「董拱寿。字《あざな》は仁叔、鄱陽県（江西省饒州）の人。甲寅（紹熙五年・一一九四）に聞く所なり（董拱寿。字仁叔、鄱陽県人。甲寅所聞）」（p.17）とある。その伝は『学案補遺』巻六九に見える。『宋人伝記』第二冊（p.3221）、「朱門弟子師事年攷」（p.264）参照。

（森　宏之）

【10】

謙之が質問した、「仏教の空は、老子の無と同じでしょうか」と。〔先生が〕言われた、「同じではない。仏教〔の説〕はただ空っぽな〔ことを主張する〕だけで、有までも全て無にしてしまう。〔禅家に〕いわゆる『一日じゅう飯を食っていても一粒の米すら噛みくだいておらず、一日じゅう着物を着ていても一糸すら身に付けていない』というやつである。老子の場合はまだしも気骨はあるが、ただ清浄無為なだけであって、ひたすらこのように奥深く仕舞いこんで頑なに守り、みずから玄妙だとし、〔肝心なところを〕人にさぐりあてることができないようにさせている。〔これは〕とりもなおさず有と無を〔有か無かという〕真っ二つ〔の両極端な概念〕とみなしてしまっているのだ」と。［林恪〔が記録した〕。以下、仏教と老子の異同についてあれこれ論じている。］

＊

謙之[1]問、「佛氏之空、與老子之無一般[2]否」。曰、「不同。佛氏只是空豁豁然[3]、和有都無了[4][校1]。所謂『終日喫飯、不曾咬破一粒米、終日著[校2]衣、不曾掛著[校3]一條絲[5]』。若老氏猶[校4]骨是有[6]、只是清淨無爲[7]、一向恁地深藏固守、自爲玄妙[8]、教人模索不得。便是把有無做兩截[9]看了」。［恪[10]。以下[校5]雜論釋老同異。］

〔校注〕（校１）有＝底本の校注は「無」に作るべきとする。（校２）著＝正中書局本・楠本本・和刻本は「着」に作る。（校３）著＝楠本本は「着」に作る。（校４）骨＝底本の校注は「有」に作るべきとする。

（校５）以下＝正中書局本・朝鮮整版・楠本本・和刻本は「以下」の上に「〇」が入る。

＊

謙之、問う、「佛氏の空は、老子の無と一般《おなじ》なりや」と。曰く、「同じからず。佛氏は只是《ただ》空豁豁然《かつかつねん》として、有をも都《すべ》て無にし了《お》わる。所謂る『終日、飯を喫するも、曾《かつ》て一粒の米を咬破せず、終日、衣を著《き》るも、曾《かつ》て一條の絲を掛《か》著けず』なり。老氏の若《ごと》きは猶お骨是れ有るも、只是《ただ》清淨無爲にして、一向《ひたすら》に恁地《かくのごと》く深く藏し固く守りて、自《みずか》ら玄妙と爲し、人をして模索し得ざらしむ。便是《すなわ》ち有無を把りて兩截と做し看了《みお》わる」と。〔恪。以下、釋老の同異を雜論す。〕

＊

（１）謙之＝管見の限り、「謙之」という諱の朱熹の門人は、欧陽謙之と応謙之の二人である。「謙之」を字に持つ門人としては、潘柄がいる。陳栄捷氏は、応謙之について「応謙之、婺州永康県（浙江）人。『学案』六九18 称其兄弟三人従学朱子。『宗派』十4 亦列三兄弟為門人。『文集』不載。『語類』一二六 4825 第十与第十一有謙之問二条、皆問老之無与仏之空何異」と解説し（『朱子門人』p.244）、本条と続く【11】の「謙之」を応謙之のことであると指摘する。しかし、欧陽謙之と潘柄は、『語類』の巻頭に付録されている「朱子語録姓氏」（p.17）にその名が見られるものの、応謙之の名は見られない。本条の「謙之」が、欧陽謙之や潘柄であるという可能性も十分に考えられ、応謙之であるとは断定し難い。欧陽謙之、字《あざな》は希遜（または晞遜）、廬陵（江西省吉安府）の人。『学案』巻六九（p.2293）、「朱子語録姓氏」（p.17）にその名が見える。『宋人伝記』第五冊（p.3763）参照。潘柄については、【12】の注（4）参照。

（2）一般＝【8】の注（2）参照。

（3）空豁豁＝『漢語』に「形容一切空虚、毫無牽挂」（第八冊・p.424、縮印本㊥p.4905）とある。禅の語録に見られる表現で、例えば、『龐居士語録』巻中には「家中空豁豁」（Z120-64a）とあり、『大慧語録』巻二九には「日用中空豁豁地、無一物作対待、方知三界万法」（T47-937a、筑摩本・p.189）とある。禅では、妨げるものの無いさまを表現する言葉としてプラスの意味で用いられるが、朱熹は、仏教を表現するにあたって、これをマイナスの意味で用いる。ここの個所のほかに、【31】の「釈氏只要空、聖人只要実。釈氏所謂敬以直内、只是空豁豁地、更無一物」（巻一二六・p.3015）という発言のなかにも見られる。

（4）和…都〜＝この「和」について、三浦國雄氏は、「都」や「也」と呼応することによって、「…にいたるまで、…さえも」という意味になるとし、現代語にもある「連…都（也）〜」と同じ表現であると解説する（『「朱子語類」抄』p.202）。用例としては、『語類』巻一八の「先去其皮殻、然後食其肉、又更和那中間核子都咬破始得」（p.415）など。

（5）所謂終日喫飯…不曾掛著一條絲＝もともと、黄檗希運（?〜八五六?）の『伝心法要』に「終日飯を喫するも、未だ曽《かつ》て一粒の米を咬《か》著まず。終日行くも、未だ曽《かつ》て一片の地を踏《ふ》著まず（終日喫飯、未曽咬著一粒米。終日行、未曽踏著一片地）」（T48-384a、筑摩本・p.90）とあるのを踏まえたものであろう。『雲門広録』巻上には「終日衣を著《き》て飯を喫するも、未だ曽《かつ》て一粒の米に触《ふ》著れ、一縷の糸を挂《か》けず（終日著衣喫飯、未曽触著一粒米、挂一縷糸）」（T47-546a）とあり、ほぼ同じ表現が見られる。『円悟語録』にも見え、巻七「解夏七」に「終日衣を著《き》るも、曽《かつ》て一縷の糸を掛けず。終日飯を喫するも、曽《かつ》て一粒の米を咬まず（終日著衣、不曽掛一縷糸。終日喫飯、不曽咬一粒米）」（T47-745b~c）とあり、巻九「小参二」に「終日飯を喫するも、曽《かつ》て一粒の米を嚼まず。終日衣を著《き》るも未だ嘗て一縷の糸を掛けず（終日喫飯、不曽嚼一粒米。終日著衣、未嘗掛一縷糸）」（752b）とあり、また、巻一〇「小参三」に「終日説くと雖も、曽《かつ》て舌頭を動《うご》著かさず。終日行くも、曽《かつ》て一歩を移《うつ》著さず。終日飯を喫するも、曽《かつ》て一粒の米を嚼まず。終日衣を著《き》るも、曽《かつ》て一縷の糸を掛けず（雖終日説而不曽動著舌頭。終日行而不曽移著一歩。終日喫飯、不曽嚼一粒米。終日著衣、不曽掛一縷糸）」（760b）、巻一一「小参四」に「終日飯を喫すると雖も、曽《かつ》て一粒の米を咬《か》著まず。終日衣を著《き》るも、曽《かつ》て一条の線を掛けず。終日説話するも、曽《かつ》て舌頭を動《うご》著かさず（雖終日喫飯、不曽咬著一粒米。終日著衣、不曽掛一条線。終日説話、不曽動著舌頭）」（762b）とある。

（6）猶骨是有＝各本には「骨」とあるが、底本は「有」に作るべきとする。底本に従って「若老氏猶有是有」とすれば、「老氏の若《ごと》きは猶お有は是れ有なるも」と訓《よ》み、「〔仏教の場合と違って〕老子の場合は、なおも有は有であるが」という訳になる。全て「無」に帰してしまう仏教に対し、老子は「有」を「有」にとどめているということであろう。また、三浦國雄氏の指教によれば、かつて、入矢義高氏は、この個所の「骨」字を意味のない接尾辞として捉え、「猶骨」の二字で「なお」と訓《よ》む解釈を示された。この場合、「老氏の若《ごと》きは猶骨《な》お是れ有なるも」と訓《よ》み、「老子の場合は、まだしも有であるが」という訳になる。

（7）清淨無爲＝「清浄無為」という表現自体は、『老子』の本文には見られないが、老子の思想を端的に表現する言葉として広く使用されてきた。例えば、『老子』第七二章の王弼注には「清浄無為謂之居」とあり、『老子翼』巻五附録には「董思靖云、老子之道、以清浄無為自然為宗」とある。『語類』巻一二五にも「老子初只是清浄無為。清浄無為、却帯得長生不死」（p.3005、汲古本・p.239）という表現が見られる。「清浄」とは「清く汚れのないこと。又、邪心・私心のないこと」(『大漢和』巻七・p.67) であり、「無為」とは「何事もしない。人為を用いない」(『大漢和』巻七・p.427) ということ。

(8) 玄妙＝「玄妙」の語は、『老子』の本文には見当たらない。深遠にして測り知れない道について形容する『老子』第一章の「玄の又た玄、衆妙の門(玄之又玄、衆妙之門)」(岩波文庫本・p.12) を踏まえたものであろう。

(9) 兩截＝『中国語』に「〔分けた・切った〕二つ」(p.1908) とある。『語類』に「先生問、『如何理会致知格物』。従周曰、『涵養主一、使心地虚明、物来当自知未然之理』。曰、『恁地則両截了』」(巻一一四・p.2767、汲古本・p.182) などの用例がある。

(10) 恪＝『語類』の巻頭に付録されている「朱子語録姓氏」に拠れば、「林恪、字《あざな》は叔恭、天台(浙江省)の人。癸丑(紹熙四年・一一九三)に聞く所なり(林恪、字叔恭、天台人。癸丑所聞)」(p.14) とある。「朱門弟子師事年攷」(p.111)、陳栄捷『朱子門人』(p.101) 参照。

(本多道隆)

釋氏

【11】

謙之が質問した、「今、誰もが、仏教は空を説き、老子は無を説いているとしていますが、空と無とはどう違うのでしょうか」と。〔先生は〕言われた、「空というのは有無を包括した名称である。道教の説は、半ば有であり半ば無であって、以前には完全に無であったものが、今、目の前では有ということになる。だから〔有の対立概念を残して〕無と言うのである。仏教の説となると、全てが無である。以前にも無であり、今、目の前でも無である。〔『般若心経』に〕『色《もの》がそのまま空であり、空がそのまま色《もの》である』〔と説かれているように〕、大きいものはあらゆる物事から、小さいものは〔人の身体にある〕百の骨節や〔耳・目などの〕九つの穴まで、一様に全て無に帰するのである。〔そこで仏者は〕一日中、飯を食らっていても、『一粒の米も嚙んだことがない』と言ったり、全身に衣服を着ていても、『一本の糸もまとっていない』と言うのである」と。〔葉賀孫〔が記録した。〕〕

＊

謙之(1)問、「今皆以佛之説爲空(校1)、老之説爲無(2)(校2)。空與無不同如何」。曰、「空是兼有無之名。道家説半截(3)有、半截無。已前都是無、如今眼下(4)却是有(5)。故謂之無(校2)。若(校3)佛家之説都是無。已前也是無、如今眼下也是(校4)無。『色即是空、空即是色』(6)。大而萬事萬物、細而百骸九竅(7)、一齊都歸於無。終日喫飯、却道『不曾咬著(校5)一粒米』、滿身著(校5)衣、却道『不曾掛著(校5)一條絲(8)』」。〔賀孫(9)〕

〔校注〕（校1）空＝正中書局本・朝鮮整版・楠本本・和刻本は「無」に作る。（校2）無＝正中書局本・朝鮮整版・楠本本・和刻本は「空」に作る。（校3）若＝楠本本は「共」に作る。（校4）也是＝楠本本は「也只是」に作る。（校5）著＝正中書局本・楠本本は「着」に作る。

＊

謙之、問う、「今ま皆な佛の説を以て空と爲し、老の説を無と爲す。空と無と同じからざること如何」と。曰く、「空は是れ有無を兼ぬるの名なり。道家の説は、半截は有にして、半截は無なり。已前都《すべ》て是れ無なるも、如今《いま》眼下却《かえ》って有なり。故に之を無と謂う。佛家の説の若《ごと》きは都《すべ》て是れ無なり。已前も也《ま》た是れ無にして、如今《いま》眼下も也《ま》た是れ無なり。『色は即ち是れ空、空は即ち是れ色』。大にして萬事萬物、細にして百骸九竅も、一齊都《すべ》て無に歸す。終日、飯を喫するも、却って『曾《かつ》て一粒の米を咬《か》著まず』と道《い》い、滿身、衣を著《き》るも、却って『曾《かつ》て一條の絲を掛け

ず』と道《い》う」と。［賀孫］

＊

（1）謙之＝【10】の注（1）参照。

（2）老之説爲無＝『老子』第四〇章に「天下の物は有より生じ、有は無より生ず（天下之物、生於有、有生於無）」（岩波文庫本・p.193）とか、第一一章に「有の以て利と為すは、無の以て用を為せばなり（有之以為利、無之以為用）」（同・p.50）とあり、その他、「無為」「無欲」「無名」など「無」という文字が多出している。

（3）半截＝半分のこと。『漢語』に「一半。半段」（第一冊・p.715、縮印本㊤p.303）とあり、用例として『語類』巻一九の「聖人説話するに、口を開かば心を見せ、必ず只だ半截を説くのみにして、半截を蔵著せず（聖人説話、開口見心、必不只説半截、蔵著半截）」（p.435）を引く。その他、『語類』巻二一の「前の半截には物有り、後の半截には無き了わる（前半截有物、後半截無了）」（p.503）、巻七九の「半截は暁らかにし得、半截は暁らかにし得ず（半截暁得、半截暁不得）」（p.2041）など、多くの用例がある。

（4）眼下＝『漢語』に「目前。現時《いま》」（第七冊・p.1210、縮印本㊥p.4579）、『中国語』に「今。当面」（p.3571）とある。用例としては、『語類』巻五九の「只今《いま》眼下に便是《すなわ》ち功を用うる処、何ぞ擬議思量するを待たん（只今眼下便是用功処、何待擬議思量）」（p.1402）などがある。

（5）已前都是無、如今眼下却是有＝注（2）に引用した『老子』第四〇章を踏まえる。

（6）色即是空、空即是色＝【4】の注（10）参照。

（7）百骸九竅＝『荘子』「斉物論篇」（岩波文庫本①p.48）に見える。『漢語』は、『語類』のこの個所を典拠として、「全身とそこに具わっている器官を指す（指整个躯体和所有器官）」（第八冊・p.243、縮印本㊥p.4828）と言う。

「百骸」は、「人間の各種骨格または全身（人的各種骨骼或全身）」（同・p.242、同上）、「九竅」は「耳・目・鼻のそれぞれ二つと口・尿道・肛門を合わせた九個の穴（耳・目・口・鼻・尿道・肛門的九个孔道）」（第一冊・p.757、縮印本㊤p.321）のこと。

（8）終日喫飯、却道不曾咬著一粒米。滿身著衣、却道不曾掛著一條絲＝【10】の注（5）参照。

（9）賀孫＝『語類』の巻頭に付録されている「朱子語録姓氏」に拠れば、「葉賀孫、字《あざな》は味道、括蒼（浙江省処州府）の人。永嘉（浙江省温州府）に居す。辛亥（紹熙二年・一一九一）以後に聞く所なり（葉賀孫、字味道、括蒼人、居永嘉。辛亥以後所聞）」（p.13）とあるが、『宋史』巻四三八の伝には「葉味道、初めの諱は賀孫。字《あざな》を以て行わるれば、字を知道と更《あらた》む。温州（浙江省温州府永嘉県）の人（葉味道、初諱賀孫。以字行、更字知道。温州人）」（p.12986）とあり、『宋人伝記』は「葉味道」で立項している（第四冊・p.3250）。また、『学案』巻六五（p.2105）にも伝が見える。「朱門弟子師事年攷」（p.194）参照。

（野口善敬）

【12】

質問した、「仏教の無は、道教の無と、どう異なるのでしょうか」と。〔先生は〕言われた、「道教〔の無〕は、相変わらず有〔の立場〕だ。〔『老子』に〕いわゆる、『無欲であれば、〔根源的な存在たる道の〕深遠なる本質を見ることができるが、〔反対に〕有欲であれば、〔現象世界の〕明らかな差別相を見ることになる』といったものがそれだ。〔一方〕仏教の場合は、世界を幻妄《まぼろし》だとし、〔地水火風の〕四大が仮に和合したものだとしているから、全く無なのだ」と。〔潘柄〔が記録した。〕〕

＊

問、「釋氏之無、與老氏之無何以異」。曰、[校1]「老氏依舊[1]有。如所謂『無欲觀其妙、有欲觀其徼[校2]』[2]是也。若釋氏則以天地爲幻妄、以四大[3]爲假合、則是全無也」。［柄］[4]

〔校注〕（校1）曰＝楠本本は「先生云」に作る。　（校2）徼＝和刻本は「竅」に作る。

＊

問う、「釋氏の無と、老氏の無は、何を以てか異なる」と。曰く、「老氏は舊に依って有なり。所謂る『無欲は其の妙を觀、有欲は其の徼《きょう》を觀る』が如き、是れなり。釋氏の若《ごと》きは、則ち天地を以て幻妄と爲し、四大を以て假合と爲さば、則是《すなわ》ち全無なり」と。［柄］

＊

（1）依舊＝相変わらず、もとのまま。『漢語』に「照旧」（第一冊・p.1354、縮印本㊤p.574）とある。

（2）無欲觀其妙、有欲觀其徼＝『老子』第一章に見える。原文は「常無欲以觀其妙、常有欲以觀其徼」（岩波文庫本・p.12）。ここに見える「妙」は、語ることも名付けることもできない根源的実在である「無」「道」の深遠幽美な本質。「徼」は、「キョウ」と読む場合は「①巡視、巡邏。②辺界、辺塞」、「ヨウ」と読む場合は「①招致、求取。②遮攔、截撃」といった意味である（『漢語』第三冊・p.1097、縮印本㊤p.1907）。しかし、岩波文庫本『老子』では、この「徼」を「万物が活動するさまざまな結果」（p.11）と解し、新釈本『老子』では「錯雜紛然たること」（p.12）と解している。今回は「皦」の借字とみて、「①光亮潔白。②分明、清晰」（『漢語』第八冊・p.275、縮印本㊥p.4842）の意味とし、「明らかな差別相」と訳してみた。また、この部分を、岩波文庫本では

「常に欲無くして以て其の妙を観《み》、常に欲有りて以て其の徼を観る」と訓《よ》み、新釈本では「常無は以て其の妙を観んと欲し、常有は以て其の徼を観んと欲す」と訓んでいるが、ここでは和刻本の訓みに従った。

（3）四大＝地・水・火・風のこと。「大」とは元素のこと。一切の物質を構成する四大元素。『中村』（p.526）参照。

（4）柄＝『語類』の巻頭に付録されている「朱子語録姓氏」に拠れば、「潘柄、字《あざな》は謙之、三山（福建省福州）の人なり。癸卯（淳祐三年・一二四三）以後に聞く所なり（潘柄、字謙之、三山人。癸卯以後所聞）」（p.16）とある。「三山」は「福州的別称（福州の別称）」（第一冊・p.177、縮印本㊤ p.75）である。『宋人伝記』は、「字《あざな》は謙之、懐安の人、〔潘〕植の弟。年十六にして即ち道に志有り、朱熹に従いて学び、学者は瓜山先生と称す。卒して三山書院に祠す。『易解』『尚書解』有り（字謙之、懐安人、植弟。年十六、即有志於道、従朱熹学、学者称瓜山先生。卒祠三山書院。有易解尚書解）」（第五冊・p.3628）とする。「朱門弟子師事年攷」（p.264）参照。

（廣田宗玄）

【13】

道教は身を安全に保とうとする思いが強く、仏教は全く身を問題にすることがない。〔その代わりに、仏者は〕自《みずか》ら「別に生じることなく滅することのない一物《あるもの》がある」という。欧公（欧陽脩）が「道教は生に執着し、仏教は死を畏れている」と言ったことがあるが、その主張も良い。〔そもそも〕気が集合すれば生まれ、気が拡散すれば死ぬのであり、〔人の生死は〕それに順うだけである。仏教や道教〔が主張していること〕は、すべてこれに背いている。〔輔広〔が記録した。〕〕

*

老氏欲保全其身底意思多、釋氏又全(校1)不以其身爲事、自謂別有一物不生不滅。歐公(1)嘗言、「老氏貪生、釋氏畏死」(2)。其説亦好。氣聚則生、氣散則死。(3)順之而已。釋老則皆悖之者也。〔廣〕(4)

〔校注〕（校1）全＝楠本本は「全」の前に「却」が入る。

*

老氏は其の身を保全せんと欲するの意思多く、釋氏は又た全く其の身を以て事と爲さず、自《みずか》ら別に一物の生ぜざる滅せざる有りと謂う。歐公嘗て言う、「老氏は生を貪り、釋氏は死を畏る」と。其の説も亦た好《よ》し。氣聚まれば則ち生じ、氣散ずれば則ち死す。之に順うのみ。釋・老は則ち皆な之に悖る者なり。〔廣〕

*

（1）歐公＝【5】の注（13）参照。

（2）老氏貪生、釋氏畏死＝『文忠集』巻一三九「集古録跋尾巻六」の「唐華陽頌」に見える欧陽脩の次の語を踏まえる。

仏教徒が「無生」というのは、死を畏れる〔余り、説かれた〕論理である。道教徒が「〔不老〕不死」をいうのは、生に執着する〔余り、説かれた〕学説である。彼らが〔死を〕畏れたり、〔生に〕執着したりする気持ちを強くすれば、万事に無関心になったり、人の理（ふみ行うべき道）を絶つようなことをする。しかしながら〔結局〕手にいれられないで終わるのは、どうしてなのか。生死は天地の常理なのである。〔死を〕畏れるものも、かりそめに〔死を〕免れることができるものではなく、〔生に〕執着するものも、かりそめに〔長生を〕得ることができるものではない。〔まさに長年〕積み重ねてきた〔死を畏れたり、生に執着したりする〕習慣が、そのような邪《よこしま》で出鱈目な心を生じさせるのだ。（仏之徒曰無生者、是畏死之論也。老之徒曰不死者、是貪生之説也。彼其所以貪畏之意篤、則棄万事、絶人理而為之。然而終於無所得者何哉。死生、天地之常理。畏者不可以苟免、貪者不可以苟得也。惟積習之久者、成其邪妄之心。）（四部叢刊本・7b~8a）。

（3）氣聚則生、氣散則死＝気の聚散によって生死を説明するのに、『荘子』「知北遊篇」に次のような言葉がある。「人が生まれるのは気が集合するからである。気が集合すれば生まれ、気が拡散すれば死んでしまう（人之生、気之聚也、聚則為生、散則為死）」（岩波文庫本③p.143）。また、朱熹の存在論に最も影響を与えたのは、北宋の張載であり、島田虔次氏は、『朱子学と陽明学』のなかで、以下のように述べる。「おおよそ存在はすべて気によって構成されているという考えは、けっして宋代にはじまった考え方ではないのであって、漢代の道家の書物である『淮南子』などにはすでに相当詳しくその説が述べられており、以後その考え方は、いわば常識として、中国知識人の間に伝承せられてきたのであった。しかしそれが特に儒教哲学の思弁の対象となり、哲学的体系の原理にまで据えられるようになるのは宋の二程子、および張横渠、とりわけ張横渠によってであった。朱子はこの面では張横渠、および横渠の影響をうけたと思われる程伊川、の理論をうけついで、それを論理的に考えぬくことによって、気に関する中国的な思弁のいわば決定版を定立したのである」（岩波新書・一九六六・p.80~81）。ちなみに、気の聚散による万物の生成を端的に述べた張載の一文には、「太虚は無形（形のないもの）であって、気の本体である。その〔気が〕聚散〔の運動を繰り返した結果、生じた形象〕は、変化の客形（仮の形）にすぎない。〔本体が〕寂然不動であって無感（感応がない）であるのは、性の始源だからである。識別・知覚は物が交わ〔った際に起こ〕る客感（仮の感応）にすぎない。客感・客形と無感・無形は性を窮めたものだけが一つにすることができるのである（太虚無形、気之本体。其聚其散、変化之客形爾。至静無感、性之淵源。有識有知、物交之客感爾。客感・客形与無感・無形、惟尽性者一之）」（『正蒙』「太和篇」中華書局校点本・p.7）とある。

（4）廣＝【7】の注（47）参照。

（森　宏之）

【14】

仏教と道教は、その〔思想の〕雰囲気やスケールが、おおむね似ている。しかし、道教の学問は、まだ自分一個の全身を問題にしているが、仏教は自分一個の全身を全く気にかけない。〔呂燾〔が記録した。〕〕

釋老、其氣象[1]規模[2]大概相似。然而老氏之學、尚[3]自理會[4]自家一箇渾身[5]、釋氏則自家一箇渾身都不管[6]了[7]。〔燾[8]〕

＊

〔校注〕※本条は楠本本巻一二六には無し。

＊

釋老は、其の氣象・規模、大概相い似たり。然而《しか》れども老氏の學は、尚《な》自お自家一箇の渾身を理會し、釋氏は則ち自家一箇の渾身を都《すべ》て管せざり了《お》わる。〔燾〕

＊

釋氏

（1）氣象＝【4】の注（6）参照。ここでは、「雰囲気」という訳を試みた。

（２）規模＝制度や規模、あるいは才能や模範など、意味の幅が広く解釈が難しい。『漢語』（第一〇冊・p.328~329、縮印本㊦ p.6055~6056）参照。『語類』に多数の用例があり、例えば、巻一一七に『周礼』一部の書の如き、周公の許多《おおく》の国を経《おさ》むる制度を載す。那裏《そこ》には便ち国家を自家と当て做すこと有り。只是《ただ》古えの聖賢の許多《おおく》の規模、大体にして也《ま》た識らんことを要す（如『周礼』一部書、載周公許多経国制度。那裏便有国家当自家做。只是古聖賢許多規模、大体也要識）」（p.2831）とあって、ここに見える「規模」の概念について三浦國雄氏は、「察するにこの語は、きわめて粗雑な定義だが、抽象的なものであれ具体的なものであれ、ある不定形の存在の大きさを計量する時に発せられる言葉のように思われる」（『「朱子語類」抄』p.63）と述べている。垣内景子氏にも「規模」についての論究がある。前掲『「心」と「理」をめぐる朱熹思想構造の研究』（p.170~174）参照。

（３）尚自＝二字で「なお」。「自」は、きわめて軽くついた助字（『禅語』「~自」条・p.179）。【７】の注（16）参照。

（４）理會＝一般には「理解」と同じ意味に用いることが多いが、ここでは「問題にする」といった程度の意味であろう。三浦國雄氏は、この語について「邦語に対応する語を見出しがたく、『理解する』といっても単に頭だけでなく、身体ごと理解するニュアンスがあり、『問題として取りくむ』という意味がこの語の根幹にあるように思われる」（『「朱子語類」抄』p.34）とする。また、【48】の注（４）参照。

（５）然而老氏之學…自家一箇渾身＝「然而」は、『中国語』に「しかし、しかしながら。ほぼ口頭語の『可（是）』『但（是）』に当たる」（p.2529）とある。道教では、心（神）と身体を一つのものと考える傾向が強い。道教では、肉体の各部にその主宰者（神）を想定することで、小宇宙としての人間を大宇宙＝世界と対置させる。これは、道教的な養生思想に特長的である。例えば『黄庭経』では、人間の身体は一個の完結した神々の世界であり、身体の諸器官は神々の宿る宮殿・楼閣・城門であって、人間の生命活動はこれらの神々によって統制されているとして、肉体の微細な部分に至るまで神々が宿っていると考えられている。そうして、その部位の神に意識を集中することによって、その部位の機能を活性化して健康を招来でき、ひいては不死を得て昇天できると考えられた。『道教事典』「身神」条（p.299）、「黄帝経」条（p.153）参照。

（6）不管了＝「管」は、気にかける。気にとめる。『禅語』「管」条に「気にする」（p.70）とある。『俗語解』は「莫管」について「『かまわぬ』と訳す」（p.12）としている。

（7）釋氏則…都不管了＝仏教では「三界唯心」（『華厳経』巻五四・T10-288c）という言葉に象徴されるように、身体よりも心を中心に考える傾向が強い。また、廬山の慧遠（三三四～四一六）が、「沙門不敬王者論」の中で、「其の教（＝仏教）たるや、患累の身有るに縁るを達《さと》れば、身を存せずして以て患を息む（其為教也、達患累縁於有身、不存身以息患）」（『弘明集』巻五・T52-30b）と述べている通り、人の身体こそが人を世俗の欲望に沈淪させ、超脱を妨げる原因なのだとする考え方もある。しかし、五蘊説（色・受・想・行・識）に見えるように、仏教が心と身体の全体で人間を捉えていることは明白である。また、朱熹の批判の対象であった大慧宗杲（一〇八九～一一六三）は、「旧時、宝峰に箇の広道者有り、便是《すなわ》ち這般の人なり。一箇の渾身をば、都《すべ》て理会せず、都《すべ》て世間の事有ることを見ざれば、世間の塵労、他を昧まし得ず。恁麼なりと雖然《いえど》も、却って這の勝妙の境界に道眼を障却せらる。須く知るべし、一念不生、前後際断の処に到りて、正《まさ》に尊宿を要することを（旧時、宝峰有箇広道者、便是這般人。一箇渾身都不理会、都不見有世間事、世間塵労、昧他不得。雖然恁麼、却被這勝妙境界障却道眼。須知、到一念不生、前後際断処、正要尊宿）」（『大慧語録』巻一七・T47-882b）と述べて、広道者なる人物が「一箇渾身」を問題にせず、世間のことを相手にしないという悟りを得てはいるが、その状態に安住してかえって真の道が見えなくなっていると批判していることも注目されよう。

（8）熹＝『語類』の巻頭に付録されている「朱子語録姓氏」に拠れば、「呂熹。字《あざな》は徳昭。弟は煥、字《あざな》は徳遠、南康（江西省）の人。己未（慶元五年・一一九九）に聞く所なり（呂熹、字徳昭。弟煥。字徳遠。南康人。己未所聞）」（p.17）とある。『宋人伝記』には「字《あざな》は徳昭、号は月坡、建昌の人なり。兄の炎・弟の煥と同《とも》に、朱熹の門に遊び、学成りて帰隠す。熹と兄は最も名を知らる（呂熹。字徳昭、号月坡、建昌人。与兄炎弟煥同、遊朱熹之門、学成帰隠。熹与兄最知名）」（第二冊・p.1185）とある。「朱門弟子師事年攷」（p.289）参照。

（廣田宗玄）

【15】

仏教の過ちは、「厭（厭《いや》がる）」という私心に起因しており、道教の過ちは、「巧（巧《うま》くやる）」という私心に起因している。〔それはどういうことかと言うと、〕世間の事がらを嫌悪軽蔑し、全てのものを尽く「空」にしてしまおうとするのが、仏教の過ちなのである。策略に長けていて、天下の〔権謀〕術数を駆使しようとするのが、老子の過ちなのである。だから、世のなかの兵術・算法・刑名は、たいてい道教の考えに基づいている。〔程端蒙〔が記録した。〕〕

＊

佛氏之失、出於自（1）私之厭、老氏之失、出於自私之巧。厭（2）薄世故、而盡欲空了一切者、佛氏之失也。關（3）機巧（4）便、盡天下之術（5）數者、老氏之失也。故世之用兵算（校1）數刑（6）名、多本於老氏之意。（7）〔端（8）蒙〕

〔校注〕※本条は楠本本巻一二六には無し。　（校1）算＝正中書局本・朝鮮整版・和刻本は「筭」に作る。

＊

佛氏の失は、自私の厭に出で、老氏の失は、自私の巧に出づ。世故を厭薄して、盡《ことごと》く一切を空にし了《お》わらんと欲するは、佛氏の失なり。闢機、巧便にして、天下の術數を盡《つ》くさんとするは、老氏の失なり。故に世の用兵・算數・刑名、多くは老氏の意に本づく。〔端蒙〕

＊

（1）自私＝『中国語』には「自私」について「〔形〕自分勝手である。身勝手である。私利のみを図る。利己的である」とあり、「自私自利」について「〔成〕自己本位である。己が田に水を引く。手前勝手。私利私欲。自己本位」（**p.4131**）とある。例えば、程伊川は、

「理」は、天下の「至公」（最も公平なもの）である。「利」（利益）は人々が共に欲するところ〔のものである〕。仮に〔自分の〕心を「公」〔という状態〕にし、その正しい「理」を失わなければ、人々と「利」を共にして人を侵すことがないし、人もまた自分に与えようとする。もし「利」を好むことばかりにあくせくして「自私」に蔽われ、自分に「利」になることばかりを求めて人を減らそうとすれば、人もまた自分と力の限り争うであろう。（理者天下之至公、利者衆人所同欲。苟公其心、不失其正理、則与衆同利、无侵於人、人亦欲与之。若切於好利、蔽於自私、求自益以損於人、則人亦与之力争。）（『周易程氏易伝』巻三・**p.917**）

という。つまり、「自私」とは、「公」に対立する「エゴイズム」といったニュアンスを持つ語であるといえる。『語類』には、この語が少なからず見られ、仏教をはじめとする異端の学を批判する際にも使用されることがある。巻九五に、

〔門人である葉〕味道がさらに〔程明道「答横渠張氏厚先生書」に見える〕「反鑑索照（鏡を反《裏返し》にして物を

照《うつ》すことを索《もと》める)」と「悪外物（外物〔に心が動かされること〕を悪《きら》う)」の説とを取りあげた。先生が言われた、「これもまた『私意』のこと〔を言っている〕。思うに普通の人の『私意』と仏者の『自私』とは二つとも同じ『私』にほかならないのだ。〔『反鑑索照』や『悪外物』といった言葉は、何も〕仏者の『自私』を専ら指すだけの言葉ではない」と。（味道又挙、「反鑑索照」与夫「悪外物」之説。先生曰、「此亦是私意。
　蓋自常人之私意与仏之自私、皆一私也。但非是専指仏之自私言耳」。）（p.2443）
と見えるのは、その一例である。類似の語に「己私」（『語類』巻一一九・p.2880など）がある。朱熹が言う「私」について、三浦國雄氏は、『私』とは、おのが一身の裡《うち》に閉じこもり、宇宙的生命への参与の拒否、ないしは無自覚、想像力の欠如の謂《いい》である」（『「朱子語類」抄』p.399）と指摘している。また、朱熹が仏・老の学を楊朱の学と重ねあわせて「為我（自己本位）」と批判していたことについては、【2】などを参照。

（2）厭薄＝『漢語』に「厭悪鄙視」（第一冊・p.946、縮印本㊤p.401）とあり、『中国語』に「嫌い軽蔑する」（p.3574）とある。『語類』巻一二八に「其取厭薄如此、荊公所以悪而罷之」（p.3080）という用例がある。

（3）關機＝『漢語』に「鳥獣を捕らえる機械装置。圏套（わな・策略）・陰謀の比喩（捕鳥獣的機械装置。比喩圏套・陰謀）」（第一二冊・p.168、縮印本㊦p.7187）とある。用例としては、『抱朴子』外篇巻一「嘉遯篇」の「先生潔身而忽大倫之乱、得意而忘安上之義、存有関機之累、没無金石之声」（四部叢刊初編・3a）など。

（4）巧便＝『漢語』に「機敏である（霊便）。手際がよい（霊巧）」（第二冊・p.969、縮印本㊤p.1149）とある。プラスの価値とマイナスの価値との両方を持つ語であり、仏典のうちでの使用例も多い。用例としては、『出三蔵記集』巻一〇「三十七品経序」の「余因閑戯、尋省諸経、撮採事備辞巧便者、差次条貫伏其位、使経体不毀、而事有異同者、得顕于義」（T55-70b）など。『出三蔵記集』の場合はプラスの意味で使用されているが、本条に見える「巧便」は、明らかにマイナスの意味である。

（5）術數＝『漢語』に「①謂以種種方術、觀察自然界可注意的現象、来推測人的気数和命運。②治国的方法和謀略。③指君王駕馭臣下的策略・手段。④権術和計謀」（第三冊・p.984、縮印本㊤ p.1859）とある。本条に見える「術数」は、④の「他人を欺くはかりごと」の意味で解釈した。類似の用例として、『語類』巻一二九に「安定太山徂徠廬陵諸公以来、皆無今日之術数。老蘇有九分来許罪」（p.3091）とある。

（6）刑名＝『漢語』に「申不害（?～BC三三七）を代表とする戦国時代の学派。循名責実（名実が相いともなうようにすること）と慎賞明罰（功績のある者には慎重に賞を与え、罪を犯した者には罰を明らかにすること）を主張した。後の人々は『刑名之学』と称し、また『刑名』と略した。韓非子（?～BC二三三）も『刑名』を尊んだ（戦国時以申不害為代表的学派。主張循名責実、慎賞明罰。後人称為『刑名之学』、亦省作『刑名』。韓非子亦尚『刑名』）」（第二冊・p.603、縮印本㊤ p.994）とある。『漢辞海』に見える次の解説が分かりやすい。「『刑』は形であり、形に現れた実績をいう。『名』は人の位・職・分により、言語化された名目。君主が権力を維持し、臣下を支配する術として、刑と名とが一致すれば賞し、不一致ならば処罰すべきだとする学説。戦国時代の申不害が唱え、韓非子に受け継がれた」（p.162）とある。広く「刑律（刑法）」の意味もあるが、ここは「刑名学」の意味であろう。『河南程氏粋言』巻一に、「老子は道徳を語りて権詐を雑《まじ》うれば、本末舛《そむ》く。申・韓・張・蘇は皆な其の流の弊なり。申・韓は道徳の意に原《もと》づきて刑名を為し、後世、猶お或いは之を師とす。蘇・張は権詐の説を得て縦横を為し、其の益を失すること遠し。今ま以て伝うること無し（老子語道徳而雑権詐、本末舛矣。申韓張蘇皆其流之弊也。申韓原道徳之意而為刑名、後世猶或師之。蘇張得権詐之説而為縦横、其失益遠矣。今以無伝焉）」（p.1180）とあり、『語類』巻一二五に「故に張文潜説《い》う、『老子は惟だ静たらんとするのみなれば、故に能く変を知る。然れども其れ勢いとして必ず忍心無情にして、天下の人を視ること皆な土偶の如きに至るのみ。其の心、都《すべ》て冷冰冰地なり了《お》わり、便是《たと》え人を殺すも也《ま》た恤《うれ》えず。故に其の流、多く変詐刑名に入れり』と。太史公、他を将《もっ》て申・韓と伝を同じくするは、是れ強《し》いて安排するに非ず、其の源流、実是《まこと》に此《か》くの如くなればなり（故張文潜説、『老子惟静、故能知変。然其勢必至於忍心無情、視天下之人皆如土偶爾。其心都冷冰冰地了、便是殺人也不恤。故其流、多入於変詐刑名』。太史公将他与申韓同伝、非是強安排、其源流、実是如此）」（p.2998、汲古本・p.164）とある。巻一二五・第四〇条の注（10）も併せて参照（汲古本・p.167）。

（7）故世之用兵…本於老氏之意＝「用兵」や「刑名」といった術が老子の学に派生すると見る朱熹の考えは、次の発言に詳しい。

〔門人である輔〕広がそこで先生に質問した。〔先生が〕言われた、「老子が言うことは大抵こんなものであって、〔世間から〕退いて悪巧みをし、事物と関わろうとしないだけだ。〔『老子』第五九章に見える〕『人を治め天に事《つか》うるは嗇《しょく》に若《し》くは莫し』などは、迫られてから後に動き、やむを得なくなってから起《た》つというものであって、〔これらは〕全てこのような意思《考え》〔に基づくもの〕である。だから、その〔老子の〕学を学ぶ者の多くは術数に流れた。申不害や韓非といった輩《やから》は皆なそうだ。その後、兵家もやはり老子の説を手本とした。『陰符経』の類がそれだ。老子は『正を以て国を治め、奇を以て兵を用い、事無きを以て天下を取る』（『老子』第五七章）と説く。老子が言うところの『無事』〔という理解〕に拠れば、〔それは〕大いなる『奇《欺き》』にほかならない。だから、後に宋斉丘などは〔この老子の〕『無事』でもって人の国を盗みとろうとしたのだ。当今の道家の流れをくむ者たちは、むしろ老子の意思《考え》をこれっぽっちも理解していない」と。

（広因以質於先生。曰、「老子説話大抵如此、只是欲得退歩占姦、不要与事物接。如『治人事天莫若嗇』、迫之而後動、不得已而後起、皆是這様意思。故為其学者多流於術数。如申韓之徒皆是也。其後兵家亦祖其説。如『陰符経』之類是也。他説『以正治国、以奇用兵、以無事取天下』。拋他所謂無事者、乃是大奇耳。故後来如宋斉丘遂欲以無事窃人之国。如今道家者流、又却都不理会得他意思」。)(『語類』巻一二五・p.2996、汲古本・p.152~157)

(8)端蒙＝『語類』の巻頭に付録されている「朱子語録姓氏」に拠れば、「程端蒙、字《あざな》は正思、鄱陽(江西省)の人。己亥(淳熙六年・一一七九)以後に聞く所なり(程端蒙、字正思、鄱陽人。己亥以後所聞)」(p.15)とある。『宋人伝記』第四冊(p.3049)、「朱門弟子師事年攷」(p.73)、陳栄捷『朱子門人』(p.169)参照。

(本多道隆)

【16】

道教はただ〔不老〕長生を求めているだけだから、落ち度が見えやすい。仏教は天理の大本《おおもと》のところで幾分かを見て取っている〔ので、問題点が見えにくい〕。しかし〔その見て取ったものを〕自分〔だけ〕の〔固有の〕ものだと思い込んでしまい、生きることを〔一時的な〕寄託だと考えている。だから父母からまだ生まれていない時の〔本来の〕面目《かお》を見て取ろうと思い、〔それを〕見てしまったならば、〔それが〕もろもろの人々に公平共通なものだとすることを認めず、必ず見て取って自分のものにし、死んでも無くならないようにさせ、父母から生んでもらった身体を仮住まいだとするのだ。〔彼らにとって生死とは〕たとえば古い家が壊れたからといって、自分から新しい家にとびこむようなものなのだ。だから黄蘗のとある僧侶がその母親に与えた偈《うた》に、「以前、この婆《女性》の家に寄宿していたことがある」と言っているのであり、ただ父母の身体を寄宿する場所だとしているだけなのだ。その人情義理を無視し天理を滅ぼしつくしていることが分かろう。当時、官吏が彼のこの説を見ていたら、きっと極刑に処していたに違いない。〔儒教の〕聖人の道となると、そうではない。天理の大本《おおもと》のところで、もろもろの人々に公平共通なものを見て取り、ただその天理に随っていき、毛先ほどの私見もない。このようであるから、〔人の踏み行うべき〕倫理《みち》が自然に明らかとなる。自分で意図的に作り出すのではなく、みな自然にそうなるのである。〔陰陽の気の〕往来屈伸〔という天理の自然なはたらき〕をどうして私が一人占めにすることができようか。〔余大雅〔が記録した。〕〕

＊

老氏只是要長生、節[校1][1]病易見。釋氏於天理大本處、見得些分數[2]。然却認爲己有、而以生爲寄。故要見得父母未生時[3]面[4]目、既見、便[校2]不認作衆人公共底、須要見得爲己有、死後亦不失、而以父母所生之身爲寄寓。譬以舊屋破倒、即自挑[校3][5]入新屋。故黄蘗一僧有偈與其母云、「先曾寄宿此婆家」[6]。止以父母之身爲寄宿處。其無情義、絶滅天理、可知。當時有司見渠此説、便當明正典刑[7]。若聖人之[校4]道則不然。於天理大本處、見得是衆人公共底、便只隨他天理去、更無分毫[校5]私見。如此、便倫理自明。不是自家作爲出來、皆是自然如此。往來屈伸[8]、我安得而私之哉。〔大雅〕[9]

〔校注〕（校1）節＝和刻本は「却」に作る。　（校2）便＝正中書局本・朝鮮整版・楠本本は「更」に作る。

（校3）挑＝正中書局本・朝鮮整版・楠本本・和刻本は「跳」に作る。　（校4）之＝正中書局本・楠本本・和刻本は「此」に作る。　（校5）毫＝正中書局本は「豪」に作る。

＊

老氏は只是《ただ》長生せんと要《ほっ》せば、節病見易《みやす》し。釋氏は天理大本の處に於いて些《いささ》かの分數を見得《みえ》たり。然れども却って認めて己が有と爲して、生を以て寄と爲す。故に父母未だ生まざる時の面目を見得《みえ》んと要《ほっ》し、既に見れば、便ち衆人公共の底《もの》と作すことを認めず、須《かなら》ず見得て己が有と爲して、死後も亦た失わざることを要《ほっ》し、而して父母生む所の身を以て寄寓と爲す。譬えば舊屋破倒するを以て、即ち自ら新屋に挑入するがごとし。故に黄蘗の一僧に偈有り、其の母に與えて云う、「先に嘗《かっ》て此の婆の家に寄宿す」と。止だ父母の身を以て寄宿の處と爲す。其の情義を無《なみ》し天理を絶滅すること知る可し。當時、有司、渠《かれ》の此の説を見れば、便ち當に明らかに典刑を正すべし。聖人の道の若《ごと》きは則ち然らず。天理大本の處に於いて是れ衆人公共の底《もの》なることを見得て、便ち只だ他《か》の天理に隨い去り、更に分毫の私見無し。此《か》くの如ければ、便ち倫理自ら明らかなり。是れ自家の作爲し出で來るにあらず、皆な是れ自然に此《か》くの如し。往來屈伸、我れ安くんぞ得て之を私せん。［大雅］

＊

（1）節病＝『漢語』などの辞書に立項されておらず、唯一『中国語』に「中国伝統武術で、破綻や落ち度をいう」（p.1552）とある。類例も少ないが、『語類』巻一二一に「学者の裏面の工夫に多く節病有り、人も亦た多般様なり（学者裏面工夫多有節病、人亦多般様）」（p.2944）とある。

（2）分數＝内容の一部。『孫子』「勢篇」の「凡そ〔兵を用うるに〕衆を治むること寡を治むるが如くなるは、分数是れなり（凡治衆如治寡、分数是也）」（岩波文庫本・p.51）に基づく語で、『分』は軍隊の部分け、『数』はその人数」（同・p.52）とされる。『漢語』にも「軍隊の組織編成を指す（指軍隊的組織編成）」（第二冊・p.587、縮印本㊤p.987）とある。『語類』では、「内容編成」の意で用いられることが多いようで、例えば巻一五に「『致知』の分数多し。『博学』『審問』『慎思』『明辨』の四者の如きは皆な『致知』なり（致知分数多。如博学・審問・慎思・明辨四者皆致知）」（p.293）とある。ここでは編成内容の「些《幾分か》」の意であろう。

（3）父母未生時＝従来、一般に「父母さえまだ生まれていない時」と理解されているが、今回は「両親からまだ生まれていない時」の意味に解して訳した。こちらの訳の方が、この『語類』の一段については少なくとも無理がないし、朱熹はそう理解していたと思われる。小川隆氏の教示によれば、『祖堂集』巻一九「香厳和尚」条に見える「汝初め父母の胞胎の中より未だ出ず、未だ東西を識《し》らざる時の本分事、汝試みに一句を道《い》い来れ（汝初従父母胞胎中未出、未識東西時本分事、汝試道一句来）」（禅文化研究所本・p.700、また『伝燈録』巻一一「香厳智閑」条・**T51-284a**・禅研本④ **p.202** も同じ）の部分が、時代が降る大慧宗杲『正法眼蔵』巻三（**Z118-36c**）や『大慧語録』巻一三（**T47-865a**）、『五燈会元』巻九（**Z138-163d**）などでは「父母未生の時、試みに我が為《ため》に一句を道《い》い看よ（父母未生時、試為我道一句看）」となっており、「父母未生」は明らかに「父母が自分を生んでいない時」「父母から生まれていない時」の意味となる。ただし、小川氏は、『父母から生まれる前』というのが原義であったことは、ほぼ間違いないと思われるが、『祖堂集』の『未出胞胎』云々が宋代に『父母未生』と書き換えられた時点で、既に『父母さえまだ生まれていない時』という理解になっていたことも考えられるから、慎重な検討論証が必要である」とも付言されている。「本来の面目」を示す表現として、「父母未生前」と共に、「威音王已前」という言葉が用いられていることも見落とせない。

（4）面目＝もともと「顔。容貌」を指すが、転じて「本分。もちまえ」の意味で用いられる（『中日』**p.1278**）。「本来面目」という形で用いられることが多く、「各人が本来具えている真実のすがた」（『禅学』**p.1169**）、「本来の自己。主人公」（『禅語』**p.431**）の意味だとされる。六祖慧能が蒙山道明禅師に質問した「善も悪も思わない、ちょうどその時、何が明上座《おまえ》の本来の面目《すがた》か（不思善不思悪、正恁麼時、阿那箇是明上坐本来面目）」（『伝燈録』巻四・**T51-232a** など）という言葉が有名だが、同じ問答が『宏智広録』では「不思善不思悪、正当恁麼時、還我明上座父母未生時本来面目（善を思わず悪を思わず、正《まさ》に恁麼の時に当たりて、我に明上座が父母未だ生まざる時の本来の面目を還せ）」（巻五・T48-60b）となっている。『大慧語録』にも「父母未生時、如何是爾本来面目（父母未だ生まざる時、如何なるか是れ爾《なんじ》が本来の面目）」（巻一四・T47-868b）という語が見える。

（5）挑入＝このままでは意味が取りにくいが、校注にもあるように、他本は「跳入」となっている。「挑」と「跳」は音通でもあり、今回は「跳」の意に解した。

（6）黄蘗一僧有偈與其母云、先曾寄宿此婆家＝「黄蘗」は黄蘗山のことであろうが、黄檗希運が住した黄蘗寺があった江西省武寧県のほか、六祖慧能の弟子の正幹が建てた寺があった福建省福清県にも同名の山がある。朱熹との関わりから言えば、福建の黄蘗山であろう。僧侶が具体的に誰を指すのか不明であり、引用の偈も典拠が分からない。仏教において生死を「寄宿」と捉えていた資料としては、『仏祖統紀』巻一六「法師円智」条に、「母、老儒の寄宿するを夢みて生まる（母夢老儒寄宿而生）」（T49-232b）とあり、また『五燈会元続略』巻一「月舟文載禅師」条に、「父、僧の其の家に寄宿するを夢みて乃ち生まる（父夢僧寄宿其家乃生）」（Z138-434b）とある。

（7）明正典刑＝成句として『漢語』に「法に依って公開処刑する（依法公開処刑）」（第五冊・p.598、縮印本㊥p.2987）、『中国語』に「法に照らして極刑に処する。相応な処罰。公開死刑を意味する」（p.2139）とある。『中日』も「明正」を「黒白をつける」意だとし、成句としては同様に「法律に照らして極刑に処する」意味だとする（p.1289）。「典型」は、『尚書』「舜典」の孔伝に「常刑（一定不変の刑法）」、『詩経』「大雅・蕩」の鄭箋に「常事故法（古い手本）」とある。

（8）往來屈伸＝造化の際における陰陽の気の運動変化を示した語。張横渠の『正蒙』「神化篇」に「鬼神は往来屈伸の義なり（鬼神往来屈伸之義）」（『張子全書』巻二中、和刻本・22b）とある。『語類』の中には、これを踏まえて「往来屈伸」という語がこの条以外に六個所使用されており、「鬼神とは是れ陰陽二気の往来屈伸なり（鬼神者是陰陽二気往来屈伸）」（巻六八・p.1685）、「往来屈伸は乃ち理の自然なり（往来屈伸乃理之自然）」（巻六三・p.1547）などと述べられている。『「朱子語類」抄』（p.338）にも言及がある。

（9）大雅＝【1】の注（15）参照。

（野口善敬）

【17】

〔先生は言われた、〕「仏教の見識は、ひたすら高きに過ぎるものである。〔だから駄目なのだ〕」。ある人が質問した、「彼ら（＝仏教）は何故ただ空を説くだけなのですか」と。〔答えて〕言われた、「〔仏教では〕『玄空』を言ったり、『真空』を言ったりする。『玄空』は空っぽで何にもない〔ことを意味している〕が、『真空』には却って〔あらゆる〕物が存在し、我々儒教の学説とほぼ同じである。しかし、彼ら（＝仏教）は全く世界全体を気にとめることなく、ただ一つの心を理解しているだけである。道教の方もまた、ただ一つの神気（霊妙な気）を保持しようとするだけである。伊川（程頤）は言っている、『〔具体的な〕事跡の上から判断しさえすればよい』と。いったい、彼ら（＝仏教）はこんなざまで、何の役に立てたいのか」と。〔鄭南升〔が記録した。〕〕

＊

「釋氏見得高底儘高」。或問、「他何故只説空」。曰、[校1]「説『玄空』[1]又説『真空』[2]。玄空便是空無物、真空却[校2]是有物、與吾儒説略同。[校3]但是它都不管[3]天地四方、只是理會一箇心。[校4]如老氏亦只是要存得一箇[校4]神氣[4]。伊川云、[校5]『只就迹上斷便了』[5]。不知它如此要何用」。〔南升[6]〕

〔校注〕（校1）曰＝楠本本は「先生云他」に作る。（校2）却是＝楠本本は「即」に作る。（校3）同＝楠本本は「固」に作る。（校4）箇＝楠本本は「个」に作る。（校5）云＝楠本本は「云」の前に「先生」の二字が入る。

＊

「釋氏の見得て高き底《もの》は、儘《ひたす》らに高し」。或るひと問う、「他《かれ》は何故に只だ空を説くのみなるか」と。曰く、「『玄空』を説き、又た『真空』を説く。『玄空』は便是《すなわ》ち空にして物無く、『真空』は却是《かえ》って物有りて、吾が儒の説と略《ほぼ》同じきなり。但是《ただ》它都《かれすべ》て天地四方を管せず、只是《ただ》一箇の心を理會するのみ。老氏の如きも亦た只是《ただ》一箇の神氣を存し得んと要《ほっ》するのみ。伊川云う、『只だ迹上に就いて斷ずれば便ち了《お》わる』と。知らず、它《かれ》、此《か》くの如くして何に用いんと要《ほっ》するや」と。〔南升〕

＊

※この一段については、朱子学大系第六巻『朱子語類』（p.374~375）に口語訳が載せられており、それを参考にした。

（1）玄空＝無形の道。虚幻で実がない（『漢語』第二冊・p.310、縮印本㊦ p.870）。「玄空」は『朱子語類』では、この他に巻一二一に「今の学者はただ二種類だけだ。玄空高妙〔の道を求めるの〕でなければ、浅はかに〔道を〕外に求める（今之学者只有両般。不是玄空高妙、便是膚浅外馳）」（p.2937）とある。仏教や陸九淵、永嘉学派の諸子を想定しての批判であろう。

（2）真空＝【2】の注（16）参照。

（3）管＝【14】の注（6）参照。

（4）神氣＝『漢語』に「①神妙霊異之気。②精神気息。③神情。神態」（第七冊・p.872~873、縮印本㊥p.4436）とある。ここは、①の意味であろう。用例としては、『礼記』「孔子閑居篇」に見える「〔天地の〕地には〔五行の〕神気を載せており、その神気の作用として風や雷が起こる（地載神気、神気風霆）」（新釈本㊦p.788）など。『道徳経河公注』には「心は当に専一に和柔なるべくして、神気、内に実てり。故に形柔なり（心当専一和柔而神気実内。故形柔）」（第五五章「心使氣日強」注）とある。道教文献では、「純陽の精なるを修むる者有り。神気を存すと謂う。而して有中に於いて妙を煉り、身形を全うして無形に入る。故に生じて死する無く、天上の神仙と為るなり（有修純陽之精者。謂存神気。而於有中煉妙、全身形而入無形。故生無死、為天上神仙也）」（『雲笈七籤』巻七〇「内丹訣法・紅鉛火龍訣」四部叢刊本・9a~b）とある。

（5）伊川先生云只就迹上斷便了＝【2】の注（18）参照

（6）南升＝『語類』の巻頭に付録されている「朱子語録姓氏」に拠れば、「鄭南升、字《あざな》は文相、潮州（広東省）の人。癸丑に聞く所なり（鄭南昇、字文相、潮州人。癸丑所聞）」（p.17）とある。「朱門弟子師事年攷」（p.91）参照。

（森　宏之）

【18】

質問した、「仏教は天地〔に存在する〕全ての物を幻だとし、一方、道教は、卑近な物事に言及しています〔が、どうでしょうか〕」と。〔先生は〕言われた、「老子〔の方〕が勝れている」と。〔鄭可学〔が記録した。〕〕

＊

問、「釋氏以天地萬物爲幻、老氏又却説及下截[1]」。曰[校1]、「老氏勝」。〔可學[2]〕

問う、「釋氏は天地萬物を以て幻と爲し、老氏は又た却って下截に説き及ぶ」と。曰く、「老氏勝れり」と。〔可學〕

＊

〔校注〕（校1）曰＝楠本本は「下截」の後に「如何」の二字が入る。

＊

（1）下截＝「下截」は、『漢語』に「謂事物或人体的下半部分（事物あるいは人体の下半分をいう）」（第一冊・p.328、縮印本㊤ p.139）とあるが、ここでは、そのままの意味では通じない。ここは、文脈から判断して、「形而下」（形あるもの）の意味であろう。

（2）可學＝『語類』の巻頭に付録されている「朱子語録姓氏」に拠れば、「鄭可学、字《あざな》は子上、甫田（福建省）の人。辛亥（紹熙二年・一一九一）に聞く所なり（鄭可学、字子上、甫田人。辛亥所聞）」（p.16）とある。鄭可学（一一五二～一二一二）は、字《あざな》は子上、持斎と号した。福建省の人で、朱熹門下の高弟の一人である。田中謙二氏によると、朱熹に師事した期間は、淳熙十四年（一一八七）から慶元四年（一一九八）に至るまで、断続的に四期に分けられるとされる。「朱門弟子師事年攷」（p.83）に詳しい。その伝については、『宋人伝記』第五冊（p.3686）参照。

（廣田宗玄）

【19】

仏教の説は究めやすい。概ね道教の『陰符経』に言うところの「利欲を断ちきって本源に立ちかえれば、至上の道に到る」といった類に過ぎない。〔余大雅〔が記録した。〕〕

＊

釋氏之説易窮。大抵不過如道家『陰符經』[1]所謂「絶利一源、便到至道[校1]」[2]。〔大雅[校2]〕[3]

＊

〔校注〕（校1）便到至道＝楠本本では、この後に、底本（p.2986）・正中書局本・朝鮮整版・和刻本の巻一二五「老氏」第四条（汲古本・p.11）に相当する「老子之學、大抵以虚靜無爲、沖退自守爲事。故其爲説、常以懦弱謙下爲表、以空虚不毀萬物爲實。其爲治、雖曰我無爲而民自化、然不化者則亦不之問也。其爲道每每如此、非特載營魄一章之指爲然也。若曰旁日月、挾宇宙、揮斥八極、神氣不變者、是乃莊生之荒唐。其曰光明寂照、無所不通、不動道場、偏周沙界者、則又瞿曇之幻語、老子則初曷嘗有是哉。今世之論老子者、必欲合二家之似而一之、以爲神常載魄而無所不之、則是莊釋之所談、而非老子之意矣。僩」という文が続く。（校2）大雅＝楠本本に無し。

＊

釋氏の説は窮め易し。大抵、道家の『陰符經』に所謂る「利を絶ちて源を一にすれば、便ち至道に到る」が如きに過ぎず。〔大雅〕

＊

（1）陰符經＝『陰符経』は三～四百字の短編であるが、唐末・五代以降に流行し、「道藏」のなかだけでも二十種にのぼる注釈を有する道教系統の重要経典である。とりわけ金丹道に関わる道士たちによって尊ばれ、『周易参同契』『悟真篇』と並ぶ近世内丹道の代表的典籍となった。だが、それにも関わらず、作者や成立年代については全くはっきりしない。その内容は、自然に対する人の主体性を積極的に評価するものであり、近世儒教士大夫のメンタリティと呼応する部分があったとされる。そのため、儒教士大夫の関心は高く、特に朱熹が四十六歳のときに『陰符経考異』を著したことはよく知られている。朱熹自身は、『陰符経』を、老子の説に派生する兵家の書と見ていたようである。【15】の注（7）参照。朱熹の手になるとされる『陰符経考異』は、『朱子遺書』のほか、四庫全書などにも収められている。なお、近年では、『陰符経考異』の撰者が実は朱熹ではなく、その門人の蔡元定であったとする説もあるが、『語類』のなかで『陰符経』が話題になることはしばしばであり、朱熹にとって『陰符経』が身近な書物であったということは確かである。『陰符経』については、『道教事典』「陰符経」条（p.21）をはじめ、松本浩一「陰符経の諸注についての諸問題」（『アジア諸民族における社会と文化―岡本敬二先生退官記念論集』国書刊行会・一九八四 所収）、森由利亜「『陰符経』―相克する宇宙の理法を盗む」（増尾伸一郎・丸山宏編『道教の経典を読む』《あじあブックス28》大修館書店・二〇〇一・p.188~200）などを、また、『陰符経考異』については、末木恭彦「陰符経考異の思想」（『日本中国学会報』第三六集・一九八四）を参照。末木氏には、『陰符経考異』関係の論文として、このほかに、「朱熹と道教をめぐる一側面―『陰符経考異』考」（『東方学』第六〇輯・一九八〇）と「陰符経考異撰者考」（『中哲文学会報』第一〇号・一九八五）がある。前者は、『陰符経考異』を軸にして朱熹と『陰符経』の関係を詳しく考察する論文であり、後者は、『陰符経考異』の作者を朱熹としてきた従来の説に対して疑義を呈し、その作者として朱門の蔡元定が考えられることを指摘する論文である。巻一二五・第六二条の注（1）も併せて参照（汲古本・p.221）。

（2）所謂絶利一源、便到至道＝『陰符経考異』の『陰符経』本文には「瞽者善聴、聾者善視。絶利一源、用師十倍。

三返昼夜、用師万倍」(『朱子遺書』p.857) とある。『語類』のうちに見える「絶利一源」の句は、本条のほかにも次の二条に確認することができ、朱門でしばしば話題になったことが窺える。
①陰符経云「絶利一源」。曰、「絶利而止守一源」。(巻一二五・p.3004、汲古本・p.235)
②又問、「陰符経有『絶利一源、用師十倍、三反昼夜、用師万倍』之説、如何」。曰、「絶利者、絶其二三。一源者、一其源本。三反昼夜者、更加詳審、豈惟用兵。凡事莫不皆然。倍、如『事半古之人、功必倍之』之謂。上文言『瞽者善聴、聾者善視』、則其専一可知。注陰符者分為三章。上言神仙抱一之道、中言富国安民之法、下言強兵戦勝之術」。(巻一三六・p.3239)
「所謂」が指す部分は、明らかに「絶利一源、便到至道」の二句であるが、②にも引かれるように、「絶利一源」に続く言葉は「用師十倍…」であり、「便到至道」という句は『陰符経』の本文には見られない。また、注釈部分である『考異』のうちにも確認できない。恐らくは、「絶利一源」の効能を説いた「師を用いること十倍…」以下の部分を象徴的に示唆する言葉で示したものであろう。巻一二五・第六六条の注(1)も併せて参照(汲古本・p.235)。
(3) 大雅＝【1】の注(15)参照。

(本多道隆)

【20】

〔道教の〕「奪胎(人の胎内に入り込んで生まれかわること)」や〔仏教の〕「出世(輪廻を超出して仏になること)」という説がある。仏教や道教はこの心をただただ〔修養〕しているから、神〔秘的な作用があるの〕である。

道教〔の修行者〕は神（完成した丹である「胎」）を〔肉体から〕抜けださせることができるから、奪胎（人の胎内に入り込んで生まれかわること）をすることができるのだ。仏教〔の修行者〕は〔修養によって回りのものごとに執着せずに〕安定しているから、出世（俗世を超出）できるのだ。仏教は〔心が〕安定しているから、禅定に入ることができるのだ。道教は〔心が〕安定しているから、〔気の結晶である〕丹を〔練り上げて〕完成することができるのだ。〔包揚〔が記録した。〕〕

＊

「奪胎[1]」「出世[2]」之説有之。釋道専専[3]此心、故神[4]。道出神[5]、故能奪胎。釋定、故死而能出世。釋定、故能入定[6]。道定、故能成丹[7]。〔揚[校1]〕[8]

＊

「奪胎」「出世」の説、之有り。釋・道は此の心を専専《もっぱら》にす、故に神なり。道は神を出す、故に能く奪胎す。釋は定なり、故に死して能く出世す。釋は定なり、故に能く入定す。道は定なり、故に能く丹を成す。〔揚〕

〔校注〕※本条は楠本本巻一二六には無し。　（校1）揚＝正中書局本・和刻本は「楊」に作る。

＊

（1）奪胎＝【100】にも見えるように、人の胎内に入り込んで生まれかわることを指す。一般に「換骨奪胎」「奪胎換骨」という熟語として用いられることが多く、『漢語』「奪胎換骨」条に、「もともと道教の言葉で、凡俗の胎骨を取り去って聖仙の胎骨に入れ替えることを言う（原為道教語。謂脱去凡胎俗骨而換為聖胎仙骨）」（第二冊・p.1560、縮印本㊤ p.1399）とあり、また『中国語』「奪胎換骨」条に、「もと道教で、他人の胎児を奪って転生し、凡骨〔凡人の骨〕を取り換えて仙人になること。… 現在ではまた、立場思想を改め、新しい人間になること」(p.812) とある。つまり、根本から聖者仙人として生まれ変わることをいう。「奪」と「脱」とは音通であり、道教では「奪胎」ではなく「脱胎(生まれ変わる)」という形でしばしば用いられている。用例としては『悟真篇』巻中・四五に、「四象会する時、玄体就《な》り、五行全き処、紫金明らかなり。脱胎の入口、功、聖に通じ、無限の龍神、尽く失驚《びっくり》す(四象会時玄体就、五行全処紫金明。脱胎入口功通聖、無限龍神尽失驚)」とあり、王沐の注釈に、「脱胎とは、丹成るの意なり。内丹に胎児と称し、嬰児と称し、聖胎と称するは、皆な象徴の詞彙に属す。其の実并《けっ》して結胎するに非ず、乃ち女性の十懐胎を以て、十月の功成るを比喩す。実際に所謂る胎児とは、精なる気神の凝結して、純陽の気を成為し、気を煉り神を化する中に在《お》いて陽神を煉成するに過ぎざるのみ(脱胎、丹成之意。内丹称胎児、称嬰児、称聖胎、皆属象徴詞彙。其実并非結胎、乃以女性十懐胎、比喩十月功成。実際所謂胎児、不過精気神的凝結、成為純陽之気、在煉気化神中煉成陽神而已)」とある(王沐『悟真篇浅解』中華書局校点本・p.104)。

(2) 出世＝出世間のこと。『中村』「出世」条の③に「世間を超出せること。出世間の略。三界を出ること。出離。流転の世間を出離すること。世俗の世界から脱出すること」(p.672) とあり、「出世間」条に「三界の煩悩を離れてさとりの境地に入ること」(同上) とある。ちなみに、「出胎」は『慧命經』の例が有名であるが、比較的近い時代としては、『紫陽真人悟真篇三注』の元・陳致虚注に、「上陽子曰く、道は一気を生じ、一気は形を生じ、形中に又た始気を含む、是れを先天真一の気と為すなり。此の先天の気は、順ならば則ち人と為り、逆ならば則ち丹と為る。逆ならば則ち男子、胎を懐し、順ならば則ち女人、孕むこと有り。此の重生は専ら修行を謂い、丹成り陽神出胎せば、再び陰陽に造る。復た已《すで》に上章に云う三体重生を為すなり(上陽子曰、道生一気、一気生形、形中又含始気、是為先天真一之気也。此先天気、順則為人、逆則為丹。逆則男子懐胎、順則女人有孕。此重生専謂修行、丹成陽神出胎、再造陰陽。復為已上章云三体重生也)」とある。「出胎」は内丹の完成、「丹」は「気」の結晶であり、道教では「神」は「気」であるとも理解されている。

(3)専専=『漢語』に「用心専一(心を込めて)。②専門。特地(もっぱら。わざわざ)」(第二冊・p.1275、縮印本㊤p.1278)とあり、『中日』に「ただただ。もっぱら。わざわざ」(p.2458)とある。朱熹の用例はこの個所だけのようだが、例えば『大慧語録』巻一四「秦国太夫人請普説」に、「専専《もっぱら》只《ただ》是坐禅して、『狗子無仏性』の話を看よ(専専只是坐禅、看狗子無仏性話)」(T47-869c)とある。

(4)神=「神」には多義があるが、ここでは『易』「繋辞上伝」に「陰陽の変化が予測がつかないのを神と言う(陰陽不測之謂神)」(岩波文庫本㊦p.222)とある不思議で神秘的な作用を指すものであろう。『漢語』は、この「繋辞伝」を引き、「神奇。神異」(第七冊・p.855、縮印本㊥p.4429)の意だとする。また、本田済『易』(《中国古典選》朝日新聞社・p.491~492)参照。

(5)出神=『漢語』「出神」条①に「元神《たましい》が自分の肉体から抜け出すことを言う(謂元神脱離自身的躯体)」(第二冊・p.489、縮印本㊤p.946)とあり、『中国語』の②にも「魂が肉体を離れる」(p.450)とある。

(6)入定=禅定に入るという意味の場合と、聖者が死ぬことを指す場合があるが(『中村』p.1056)、ここでは文字通り「禅定に入る」ことであろう。『漢語』にも「仏教語で、心を一個所にとどめて静かにし、はっきりと明瞭で雑念がないことを言う(仏教語。謂安心一処而昏沈、了了分明而無雑念)」(第一冊・p.1061、縮印本㊤p.450)とある。

(7)成丹=『漢語』は「すでに煉り終わった仙丹(已煉成的仙丹)」(第五冊・p.193、縮印本㊥p.2816)と、名詞として説明しているが、ここは明らかに「仙丹を煉成する」という意味であろう。「丹」とは、具体的には注（2）の『悟真篇』の注に見えるように、内丹のことを指す。

（8）揚＝包揚。字《あざな》は顕道、号は克堂。南城（江西省）の人（福建省建陽県の出身とも言われる）。もともと陸象山の弟子であったが、象山没後、その弟子たちを引き連れて朱熹の弟子となった。「朱子語録姓氏」に「癸卯（淳熙十年・一一八三）、甲辰（淳熙十一年・一一八四）、乙巳（淳熙十二年・一一八五）に聞く所なり（癸卯、甲辰、乙巳所聞）」（p.18）とある。伝記については、『宋人伝記』第一冊（p.506）、「朱門弟子師事年攷」（p.246）参照。

（野口善敬）

【21】

仏教〔の書〕は、『四十二章経』だけが昔からある書であり、その他〔の経典〕は全部中国の文士が潤色して作ったものである。『維摩経』も南北時代に作られたものである。道教の書物は、『老子』『荘子』『列子』および『丹経』だけである。『丹経』〔というの〕は『〔周易〕参同契』といった類の書物のことである。しかし、もともと〔『周易参同契』は〕道教の学問ではない。〔その他、道教の経典のうち〕『清浄』『消災』の二経は、仏教の書物を模倣してしくじったものである。『度人経』『生神章』の二経は、ともに杜光庭によって書かれたものである。〔道教の経典の中で〕最もくだらないものは『北斗経』である。蘇子瞻（蘇軾）は「儲祥宮記」を書き、後世の道〔教の思想〕は単に方士の仲間だと述べているが、その説は妥当である。〔黄嵤〔が記録した。〕〕

*

釋氏只『四十二章經』[1]是古書、餘皆中國文士潤色成之。『維摩經』[2]亦南北時作。[3]道家之書只『老子』『莊』『列』及丹經[4]而已。丹經如『參同契』[5]之類。然已非老氏之學。『清淨』[6]『消災』[7]二經、皆模學釋書而誤者。『度人經』[8]『生神章』[9]皆杜光庭[10]撰。最鄙俚是『北斗經』[11]。蘇子瞻[12]作「儲祥宮記」[13]說後世道者只是方士[14]之流、其說得之。［營[15]］

〔校注〕※本条は楠本本巻一二六には無し。

＊

釋氏は只だ『四十二章經』のみ是れ古書にして、餘は皆な中國の文士の潤色して之を成す。『維摩經』も亦た南北の時の作なり。道家の書は只だ『老子』『莊』『列』及び『丹經』のみ。『丹經』は『參同契』の類の如し。然れども已《すで》に老氏の學に非ず。『清淨』『消災』の二經は、皆な釋の書を模し學んで誤る者なり。『度人經』『生神章』は皆な杜光庭の撰するなり。最も鄙俚なるは是れ『北斗經』なり。蘇子瞻、「儲祥宮記」を作り、後世の道は只だ是れ方士の流なるのみと說くは、其の說之を得たり。［營］

＊

（1）四十二章經＝【1】の注（3）、【6】の注（1）、【69】の注（3）参照。

（2）維摩經＝サンスクリット原典は失われ、鳩摩羅什訳『維摩詰所説経』三巻のほか、支謙・玄奘の漢訳とチベット語訳が現存する。初期大乗経典の代表作の一つ。主人公はヴァイシャーリーに住む資産家のヴィマラキールティ（Vimalakīrti、維摩詰と音写され、無垢称などと訳される）で、在家の主人公が、大乗思想の核心を説きつつ、出家の仏弟子や菩薩たちを次々と論破していくさまが、文学性豊に描かれている。思想的には般若空観を承けており、不二の法門に関する維摩の解答、すなわち「沈黙」は有名で、古来、「維摩の一黙、雷の如し」と謳われている。『岩波』（p.811）参照。原典の翻訳としては、植木雅俊訳『梵漢和対照・現代語訳 維摩経』（岩波書店・二〇一一）が詳しい。

（3）南北時＝東晋滅亡後から、隋の統一までの間、南北に興った諸王朝の時代（四二〇〜五八九）のこと。

（4）丹經＝煉丹術を伝える書。『太清丹経』『九鼎丹経』『金液丹経』などがある（『漢語』第一冊・p.688、縮印本㊤p.292）。

（5）參同契＝『周易参同契』三巻のこと。古くより煉丹の書の代表とされる。撰者は魏伯陽。撰者の経歴については疑問も多く、実在を否定する学者もあるが、彭暁『周易参同契通真義』序によれば、伯陽は後漢桓帝時代（一四七〜一六五）会稽上虞の人という。ちなみに、朱熹は「鄒訢」というペンネームを用い、儒家の立場より思想の解明に重点を置きつつ『周易参同契』に注釈を施し、『周易参同契考異』を著した。『朱子遺書』（p.841）に収載されている。一般に『周易参同契』は煉丹の書といわれているが、丹道と思想との両面より注釈がなされている。丹道からは、易理により金と水とを火によって金丹を作る錬金術（外丹）の方法を記すが、さらにそれをたとえとして呼吸による内養の法（内丹）にまで説き至る。即ち真の目的は内丹に重きを置く丹道である。また、思想からは、乾坤を本体、坎離を作用と考え、坎離が乾坤の間を昇降することによって万物を説こうとする。つまり陰陽の消息による変化と循環の宇宙観である。この丹道と思想との両者は本書において完全に合致し、根底にある虚無・太極の思想こそは、煉丹の目的たる性命の保全と長生とを可能にする基礎である。一般に本書の価値は、この煉丹の術に思想体系を与えた点に見いだされるのである。『道教事典』（p.242~243）参照。

（6）清淨＝『清浄経（清静経）』。【4】の注（9）に既出。この経典の教えは、人間の心は元来清静であるのに、いつも外欲に規制されている。その欲をはらって、心が清静になれば、道は自然に得られるのである、と概述できる。『道教事典』(p.322) 参照。

(7) 消災=『太上昇玄説消災護命妙経』のこと。経文は三百文字ほどで、唐以前に成立したものと思われる。内容の多くは仏教を踏まえたもので、主に有無色空の理について説かれており、『般若心経』に似ている。元・李道純及び王道淵らの注釈がある。修訂本『道蔵提要』(中国社会科学出版社・一九九五・p.77~78) 参照。

(8) 度人經=『太上洞玄霊宝無量度人上品妙経』、または『元始無量度人上品妙経』のこと。『度人経』はそれらの略称。東晋末南朝初めに成立。胡孚琛主編『中華道教大辞典』(中国社会科学出版社・一九九五・p.262) 参照。

(9) 生神章=『洞玄霊宝自然九天生神章経』のこと。比較的早く成立した重要経典。別に『洞玄霊宝自然九天生神玉章経』『九天生神経』『生神経』ともいう (修訂本『道蔵提要』p.237~238)。また『生神章』には、別名『大有金書 (自然九天生神三宝大有金書)』というものもある (同上・p.120 参照)。成立時期は、南北朝劉宋頃ではないかと思われる。小林正美『六朝道教史研究』(創文社・一九九〇・p. 217) 参照。

(10) 杜光庭=八五〇?~九三三。字《あざな》は賓人 (『体道通鑑』)、賓至 (『全唐文』)、聖賓 (『全唐詩』『四庫提要』) など、文献によって異なる。号は東瀛子。贈号は広成先生。出身地は縉雲 (浙江省)、または長安ともいわれているが、処州・括蒼など、縉雲と同じ地を記している文献が多い。初めは儒学に潜心し役人を志したが科挙に及第せず、天台山に入り応夷節に従って修道した。杜光庭の思想を知るには『道徳真経広聖義』が第一である。この書は玄宗皇帝御注の『道徳真経注疏』を敷衍解釈しており、成玄英の影響の強いことが知られる。いわゆる重玄派と呼ばれる思想の傾向を有し、それは『広成集』にも現れている。また杜光庭は道教思想の深化を心がける一方、道教儀礼の整備にも意を注いだ。著に『道徳真経広聖義』『太上老君説常清静経註』『道教霊験記』『洞天福地嶽瀆名山記』『広成集』などがある。『旧五代史』巻一三六「王衍伝」(p.1822) の末尾に小伝がある。『道教事典』

(p.467~468) 参照。

(11) 北斗經＝『玉清無上霊宝自然北斗本生真経』のこと。元始上帝のことを宝上真人が説いたもので、北斗七星の生成について述べられている。修訂本『道蔵提要』(p.38) 参照。

(12) 蘇子瞻＝【5】の注 (7) 参照。

(13) 儲祥宮記＝【5】の注 (18) 参照。蘇軾 (蘇子瞻) の次の語を踏まえる。

臣《わたくし》が謹んで調べてみたところ、道教の学派はもともと黄帝・老子を起源としている。その道は清浄無為 (清らかで自然のままに従い人の手を加えないこと) を宗旨とし、虚明応物 (公平無私な心で事物に応じること) を作用とし、慈倹不争 (慈しみと謙虚さをもって争わないこと) を実践としており、『周易』にある「何思何慮 (〔天下は〕何も思い煩ったりはしないという説)」、〔また〕『論語』にある「仁者静寿 (仁者は静かで長寿であるという説)」と合致していた。ただこれらだけである。秦・漢以降になって、始めて方士の語が〔道家〕に用いられるようになった。そこで〔具体的には〕仙人の飛行術、〔人体は神々の世界であるとする〕『黄庭〔経〕』や『大洞〔経〕』による〔不老長生の〕方法、太上・天真・木公・金母などの〔神々の尊〕号、延康・赤明・龍漢・開皇などの元号、天皇・太一・紫微・北極らの〔星神の〕祭祀から、低俗なものでは〔不老長生のための〕丹薬や〔怪しい〕術、お札や〔占いやお祓いなどの〕つまらぬ技能といったものに至るまで、すべて道教〔の範疇〕に入れられたのである。(臣謹按、道家者流、本出於黄帝・老子。其道以清浄無為為宗、以虚明応物為用、以慈倹不争為行、合於『周易』何思何慮、『論語』仁者静寿之説。如是而已。自秦漢以來、始用方士言、乃有飛仙変化之術、黄庭大洞之法、太上天真木公金母之号、延康赤明龍漢開皇之紀、天皇太一紫微北極之祀、下至於丹薬奇技符籙小数、皆帰於道家。)(『経進東坡文集事略』巻五五・上清儲

祥宮碑・四部叢刊本・7a)

(14) 方士＝中国古代において、祭祀・祈祷・不老長生・医術・呪術・占星・卜占・風角・堪輿などの、いわゆる方術を行なって禳禍招福をもたらす超能力をそなえた人物のこと。その語の最も早い記載は『史記』「封禅書」で、それによると、戦国時代の終わりごろ、「斉国の威王・宣王や燕国の昭王のときに、五徳終始説を唱えた鄒衍の亜流で、燕・斉の海岸地帯に住んでいた方士たちが、渤海の中には三神山があり、そこには仙人が住み、不死の薬があり、金銀で作られた宮殿があるが、容易には近づけないと喧伝していた」という意味のことが述べられている。さらに、秦の始皇帝が三神山の奇薬を求めた方士たちを派遣したという。『道教事典』(p.536) 参照。

(15) 畬＝黄畬（一一五〇〜一二一二）のこと。『語類』の巻頭に付録されている「朱子語録姓氏」に拠れば、「黄畬、字《あざな》は子耕、豫章（江西省）の人なり。戊申（淳熙十五年・一一八八）に聞く所なり（黄畬、字子耕、豫章人。戊申所聞）」(p.16) とある。『宋人伝記』第四冊 (p.2869)、「朱門弟子師事年攷」(p.109) 参照。

（森　宏之）

釋氏

【22】

荘子・老子や禅・仏教の害について言う者がいた。〔先生は〕言われた、「禅学が最も道《真理》を損なうものだ。荘子や老子は〔正しい〕義理《すじみち》を完全に滅《ほろぼ》してしまってはいないが、仏教は〔父母を捨てて出家することにより〕人〔の踏み行うべき〕倫《みち》をとっくに壊してしまっている。禅に至っては、多くの〔人倫の正しい〕義理《すじみち》を〔不要なものとして〕かたっぱしから残らず排除してしまっている。だから禅が最も害の深いものだと言うのだ」と。しばらくして、また

〔先生は〕言われた、「それらの本質を追求するならば、結局〔行き着くところ〕は一つである。害は、浅いところ〔を通って〕から深いところへ到るものだ」と。〔以下、仏教や道教が綱常を滅することについて論ずる。〕

＊

有言莊老禪佛之害者。曰[校1]、「禪學最害道。莊老於義理[1]絶滅猶未盡、佛則人倫[2]已壞。至禪則又從頭[3]將[校2]許多義理埽[校3][4]滅無餘。以此言之、禪最爲害之深者」。頃[5]之復曰、「要其實則一耳。害未有不由淺而深者」。〔以下[校4]論釋老滅綱常[6]。〕

〔校注〕（校1）曰＝楠本本は「曰」の前に「先生」の二字が入る。（校2）頭將＝楠本本は「頭將」の二字を欠く。（校3）埽＝正中書局本・朝鮮整版・楠本本・和刻本は「掃」に作る。（校4）以下＝楠本本は「以下」の前に「道夫〇」が入り、正中書局本・朝鮮整版・和刻本は「〇」が入る。

＊

莊老・禪佛の害を言う者有り。曰く、「禪學は最も道を害す。莊老は義理に於いて絶滅すること、猶お未だ盡くさず、佛は則ち人倫已《すで》に壞る。禪に至りては則ち又た頭《はじめ》從《よ》り許多《おおく》の義理を將《もっ》て埽滅して餘り無し。此れを以て之を言わば、禪は最も害を爲すの深き者なり」と。頃之《しばらく》して復た曰く、「其の實を要《もと》むれば則ち一なるのみ。害、未だ淺きに由りて深からざる者有らず」と。〔以下、釋老、綱常を滅することを論ず。〕

＊

（1）義理＝倫理道徳の行動規範や道理。『漢語』（第九冊・p.179、縮印本㊦ p.5378）参照。溝口雄三・丸山松幸・池田知久編『中国思想文化事典』には、「義理」を説明して、「宋代以降の思想においては、義は道義的正しさの原理として顕著な表れを見せる。北宋期、文章や経書解釈の末節ではなく、人間理解の根本にたちもどろうとする義理の学が、道学を中心に提唱された。この場合、義理とはたんなる意味のことではなく、学ぶ者が真摯に探求し実現すべき理想あるいは道徳原理の意がこめられる」（東京大学出版会・二〇〇六年・p.106）とある。

（2）人倫＝社会を支えている父子・君臣などの人間関係を指す。『漢語』に「封建的礼教所規定的人与人之間的関係。特指尊卑長幼之間的等級関係（封建的な礼教で規程された人と人との関係。特に尊卑長幼の間の等級関係）」（第一冊・p.1046、縮印本㊤p.443）とある。

（3）従頭＝はじめから。かたっぱしから。『禅語』（p.204）参照。

（4）埽滅＝一掃する。排除する。『中国語』（p.2636）、『漢語』（第二冊・p.1142、縮印本㊥p.3690）などを参照。

（5）頃之＝あまり時間が空かないでの意。『漢語』には「①ほどなく（不久）。②しばらく（片刻、一会児）」（第一二冊・p.227、縮印本㊦p.7212）とある。

（6）綱常＝「三綱五常」の略。「三綱」は君臣・父子・夫婦の間の道徳。「五常」は仁・義・礼・智・信の五つの道義。『漢語』に「『三綱五常』的簡称。封建時代以君為臣綱、父為子綱、夫為妻綱為三綱、仁・義・礼・智・信為五常」（第九冊・p.892、縮印本㊦p.5680）とある。【24】の注（1）を併せて参照。

（廣田宗玄）

【23】

あるひとが、仏教と荘子・老子との相違点を質問した。〔先生が〕言われた、「荘子・老子は〔把握するべき〕義理《すじみち》を、まだ完全に断ちきってはいない。仏教に至っては人〔の踏み行うべき〕倫《みち》を滅し尽くし、〔さらに〕禅に至っては義理《すじみち》を滅し尽くしている。『方子録』に言う、「〔林〕正卿が、荘子と仏教とが異なる理由を質問した。〔先生が〕

言われた、『莊子は完全に断ちきってはいないが、仏教は完全に断ちきっている。仏教は人〔の踏み行うべき〕倫《みち》を滅し尽くし、禅家に到っては義理《すじみち》を全て滅し尽くしている』と。」仏教が中国に伝わったばかり〔の頃〕には、ただ修行を説くだけで、あれこれの禅の言説はまだなかった」と。〔林学蒙〔が記録した。〕〕

＊

或[校1][1]問佛與莊老不同處。曰、「莊老絶滅義理未盡。至佛則人倫滅盡[2]、至禪則義理滅盡。〔『方[校2]子録[3]』云、「正卿問莊子與佛所以不同[校3][4]。曰、『莊子絶滅不盡、佛絶滅盡。佛是人倫滅盡、到禪家義理都滅盡[5]』」。〕佛[校4]初入中國、止説修行、未有許多禪底説話[6]」。[7][校5]〔學蒙〕

〔校注〕（校1）或＝正中書局本は「或」の字を欠く。（校2）方子録云…義理都滅盡＝楠本本は「方子録云…到禪家義理都滅盡」の四十字を欠く。（校3）同＝正中書局本・朝鮮整版・和刻本は「盡」に作る。（校4）佛＝楠本本は「佛」の前に「又曰」の二字が入る。（校5）學蒙＝楠本本は「學蒙」の後に「○」が入り、「彼李方子録止義理滅盡」の十字あり。

＊

或るひと佛と莊老との同じからざる處を問う。曰く、「莊老は義理を絶滅すること未だ盡くさず。佛に至りては則ち人倫滅し盡くし、禪に至りては則ち義理滅し盡くす。〔『方子録』に云う、「正卿、莊子と佛との同じからざる所以《ゆえん》を問う。曰く、『莊子は絶滅し盡くさざるも、佛は絶滅し盡くす。佛は是れ人倫滅し盡くし、禪家に到りては義理都《すべ》て滅し盡くす』と。」〕佛初め中國に入るに、止《た》だ修行を説くのみにして、未だ許多《おおく》の禪の説話有らず」と。〔學蒙〕

＊

（1）或問＝後出の割注に引用される『李方子録』に「正卿問…」云々とあるのに従えば、質問した「或るひと」とは、記録者である林学蒙その人であったということになる。「正卿」は林学蒙の字《あざな》。注（7）も併せて参照。

（2）至佛則人倫滅盡＝例えば、『語類』巻八に「聖人、人を教うるに本《もと》を定むること有らしむ。舜は『契《せつ》をして司徒為《た》らしめ、教うるに人倫を以てし、父子に親《しん》有り、君臣に義有り、夫婦に別有り、長幼に序有り、朋友に信有らしむ』（『孟子』「滕文公上篇」）、夫子、顔淵に対《こた》えて曰く、『己に克《か》ちて礼に復《かえ》るを仁と為す』、『礼に非ざれば視ること勿かれ、礼に非ざれば聴くこと勿かれ、礼に非ざれば言うこと勿かれ、礼に非ざれば動くこと勿かれ』（『論語』「顔淵篇」）とは、皆な是れ本《もと》を定むるなり（聖人教人有定本。舜『使契為司徒、教以人倫、父子有親、君臣有義、夫婦有別、長幼有序、朋友有信』、夫子対顔淵曰、『克己復礼為仁』、『非礼勿視、非礼勿聴、非礼勿言、非礼勿動』、皆是定本）」（p.129）とあるように、「人倫」とは、具体的に、父子間の親《しん》、君臣間の義、夫婦間の別、長幼間の序、朋友間の信といったことを指す。また、君臣・父子・夫婦の道を「三綱」、父の義・母の慈・兄の友・弟の恭・子の孝、あるいは仁・義・礼・智・信を「五常」という。そうした人として守るべき道を滅し尽くしてしまうのが仏教だとして、朱熹は痛烈に批判するのである。【2】の注（18）（19）も併せて参照。

（3）方子録＝『池州所刊語録』全四十三巻のうち、巻六に収められた『李方子録』のこと。李方子については【9】の注（1）参照。

（4）所以不同＝校注でも触れたが、正中書局本・朝鮮整版・和刻本は全て「同」を「盡」に作っている。これに従って「所以不盡」として解釈するなら、書き下し文は「正卿、荘子と佛との盡くさざる所以《ゆえん》を問う」となり、口語訳は「〔林〕正卿が、荘子と仏教とが十分でない理由について質問した」となる。

（5）方子録云…義理都滅盡＝校注でも触れたが、楠本本には、記録者である「学蒙」の二字の後に、「彼の『李方子録』は『義理滅尽』に止まる（彼李方子録止義理滅尽）」と記されている。これは、本条に相当する『李方子録』の該当個所には「正卿問荘子与仏所以不同。曰、荘子絶滅不尽、仏絶滅尽。仏是人倫滅尽、到禅家義理都滅尽」とだけあって、後文の「仏初入中国、止説修行、未有許多禅底説話」という文章はなかったということであろう。

（6）佛初入中國…未有許多禪底說話＝仏教の教説の変遷をめぐる朱熹の見解については、【8】【114】などを参照。

（7）學蒙＝『語類』の巻頭に付録されている「朱子語録姓氏」に拠れば、「林学蒙、字《あざな》は正卿、三山（福建省）の人。甲寅（紹熙五年・一一九四）以後に聞く所なり（林学蒙、字正卿、三山人。甲寅以後所聞）」（p.17）とある。なお、「三山」は、『漢語』に「福州的別称」（第一冊・p.177、縮印本㊤ p.75）とある。『宋人伝記』第二冊（p.1404）、「朱門弟子師事年攷」（p.266）、陳栄捷『朱子門人』（p.104）参照。

（本多道隆）

*　　*

【24】

仏教と道教の学〔が誤っていること〕は、深く弁別するまでもなく明らかである。ただ、〔君臣・親子・夫婦という人間関係の〕三つの大きな綱と、〔仁・義・礼・智・信という人間が〕常におこなうべき五つ〔の徳目〕を捨て去っているという、この一つのことが既に極めて大きな罪名である。その他のことは更に言うまでもない。〔葉賀孫〔が記録した。〕〕

佛老之學、不待深辨而明。只是廢三綱五常(1)、這一事已是極大罪名。其他更不消說。〔賀孫(2)〕

佛老の學は、深く辨ずるを待たずして明らかなり。只是《ただ》三綱五常を廢す、這の一事已是《すで》に極めて大なる罪名なり。其の他は更に説《い》うを消《もち》いず。［賀孫］

＊

（1）三綱五常＝儒教で説かれる人間社会を成立させている基本。三綱は君臣・父子・夫婦の道（『漢語』第一冊・p.244、縮印本㊤p.104）。五常は徳目である仁・義・礼・智・信（同上・p.375、㊤p.159）。仏教については、その教義の根幹である「出家制度」自体が、三綱に背いていることになる。道家では、『老子』第一八章の「大道廃れて仁義有り（大道廃、有仁義）」（岩波文庫本・p.82）や、第一九章の「聖を絶ちて智を棄てば、民の利は百倍す。仁を絶ちて義を棄てば、民、孝慈に復す。巧を絶ち利を棄てば、盗賊有ること無し（絶聖棄智、民利百倍。絶仁棄義、民復孝慈。絶巧棄利、盗賊無有）」（p.85）、第三八章の「故に道を失いて而る後に徳あり、徳を失いて而る後に仁あり、仁を失いて而る後に義あり、義を失いて而る後に礼あり。夫れ礼なる者は、忠信の薄きにして、乱の首めなり（故失道而後徳、失徳而後仁、失仁而後義、失義而後礼。夫礼者忠信之薄而乱之首」（p.176）などの言葉を念頭に置いて、三綱五常に背いているとしたものであろう。

（2）賀孫＝【11】の注（9）参照。

（野口善敬）

【25】

天下には、ただこの道理があるだけであり、結局のところ〔その道理から〕逃れることはできない。仏・老では人倫を絶ってはいるが、はじめから〔人倫を〕逃れられはしない。たとえば、父子〔関係〕をないがしろにしていながら、師に〔父親と同じように〕礼節をもって接し、弟子を子のように見なし、年長者を師兄《兄弟子》とし、年少者を師弟《弟弟子》としている。しかしながら、〔それは〕ただ偽ものを固守しているだけであり、〔我が儒教の〕聖賢は本物を保っているのである。〔林夔孫〔が記録した。〕〕

＊

天下只是這道理、終是走不得。(1) 如佛・老、雖是滅人倫、然自是逃不得。如無父子、(校1) 却拜其師、以其弟子爲子、長者爲師兄、少者爲師弟。但是只(校2)護得箇假底。聖賢便是存得箇真底。〔夔孫(2)〕

〔校注〕（校1）子＝楠本本は「子」の後に「也」が入る。　（校2）只＝楠本本は「只」の前に「他」が入る。

＊

天下は只是《ただ》這の道理のみにして、終是《つい》に走《のが》れ得ず。佛・老の如きは人倫を滅すと雖是《いえど》も、然れども自是《もと》より逃れ得ず。父子を無《な》みして、却って其の師を拜し、其の弟子を以て子と爲し、長者を師兄と爲し、少者を師弟と爲すが如し。但是《ただ》只だ箇の假底を護り得るのみ。聖賢は便是《すなわ》ち箇の真底を存し得《う》。〔夔孫〕

＊

（1）走不得＝下の「逃不得」と対応しており、「走」は「逃れる」の意であろう。『漢語』の「走」の⑥に「逃跑（逃げ去る）。逃奔（出奔する）」（第九冊・p.1066、縮印本㊦ p.5754）とあり、『中国語』の「走」の①の（4）にも「逃げる」（p.4143）とある。

（2）夔孫＝『語類』の巻頭に付録されている「朱子語録姓氏」に拠れば、「林夔孫、字《あざな》は子武、三山（福建省）の人。丁巳（慶元三年・一一九七）以後、聞く所なり（林夔孫、字子武、三山人。丁巳以後、所聞）」（p.15）とある。また、『学案』巻六九（p.2274）には「林夔孫、字《あざな》は子武、古田の人なり。朱文公に従いて遊ぶ。嘉定中特に名を奏じて県尉と為る。著に『中庸章句』有り。〔『閩書』を参ず。雲濠謹んで案ずるに、『福州府史』に先生の著に又た『書本義』『蒙谷集』有り。蓋し先生の号は蒙谷なり。『万姓統譜』に見ゆ」（林夔孫、字子武、古田人。従朱文公遊。嘉定中特奏名為県尉。著有『中庸章句』。〔参『閩書』。雲濠謹案、『福州府史』先生著又有『書本義』『蒙谷集』。蓋先生号蒙谷。見『万姓統譜』〕）」とある。「朱門弟子師事年攷」（p.240）も併せて参照。

（森　宏之）

【26】

仏教や道教は、自分で見て〔取って〕いると言っているが、ただ〔すべての事物は〕空虚《からっぽ》であり〔心が〕寂滅《何もない》ことを見て取っているにすぎない。〔だが〕本当に〔すべての事物が〕空虚《からっぽ》であり、本当に〔心が〕寂滅《何もない》のならば、〔「見る」ことのできる主体も対象も無いことになるから、〕いったい、彼らの言っている「見る」とは、何を見て〔取って〕いるのであろうか。〔例えば〕父と子〔の関係〕よりも親しいものはないのに、〔仏教では〕反対に父と子〔の関係〕を棄ててしまい、君主と臣下〔の関係〕よりも重いものはないのに、〔仏教では〕反対に君主と臣下〔の関係〕を絶ってしまっている。さらに、人の守るべき不変の道に不可欠な〔夫婦の区別・長幼の順序・朋友の信頼といった〕ものにいたるまで、彼（＝仏教）は、全て捨て去っている。〔彼らの〕いわゆる「見る」とは、何を見て〔取って〕いるのであろうか。〔我が儒教の〕聖人の場合は、〔『孟子』にもあるように〕、「親族に心から親しみ、その心を推し及ぼして民《ひとびと》を慈しみ、民《ひとびと》を慈しんだ上で、〔すべての〕物を愛する」。〔一方〕仏教では、反対に親族に心から親しまず、そうして〔順序をふまずに〕いきなり民《ひとびと》を慈しみ、さらに〔すべての〕物を愛そうとする。〔しかし、〕物を愛する場合でも、やはり食べるのには〔然るべき〕時節〔というもの〕があるし、〔犠牲《いけにえ》などの目的として〕用いるにも〔然るべき〕時節〔というもの〕がある。〔そもそも、鳥獣が〕生きているのを見れば〔それが〕殺されるのを見ることに耐えられないし、〔悲しげな鳥獣の声を〕聞けば、〔その〕肉を食べることに耐えられないものだ。仲春の月（陰暦二月）には、牝《めす》を犠牲《いけにえ》にせず、獣《けもの》の子供を捕らえず、〔鳥の〕卵を取らず、妊娠〔した獣〕を殺さず、巣をひっくり返し〔て鳥を捕らえ〕たりしないなど〔の決まり〕も、そのために〔設けられたもの〕にほかならない。〔ところが〕仏教は、肉を食べず、匂いの強い野菜を食べたりせず、さらには身を投げ出して〔飢えた〕虎に〔自らの肉体を〕施したりしている。一体、どんな道理なのであろうか。［黄卓〔が記録した。〕］

＊

釋老稱其有見、只是見得箇空虛寂滅。真是虛、真是寂無處、[1]不知他所謂見者見箇甚底。莫親於父子、却棄了父子、莫重於君臣、却絶了君臣。以至[2]民生彝倫[3]之間、不可闕者、它一[4]皆去之。所謂見者見箇甚物。且如[5]聖人「親親而仁民、仁民而愛物」[6]。他却不親親、而剗地[7]要仁民愛物。愛物時、也則是[8]食之有時、用之有節。[9]見生不忍見死、聞聲不忍食肉。[10]如仲春之月、犧牲無用牝、不麛[11]、不卵、不殺胎、不覆巣之類、[12]如此而已。他則不食肉[13]、不茹葷[14]、以至投身施虎。[15]此是何理。［卓[16]］

〔校注〕※本条は楠本本巻一二六には無し。

＊

釋老の其の見ること有ると稱するは、只是《ただ》箇の空虛・寂滅を見得《みう》るのみ。真に是れ虛、真に是れ寂無の處ならば、知らず、他の所謂る「見」は、箇の甚底《なにもの》を見るや。父子より親しきは莫《な》きも、却って父子を棄て了《お》わり、君臣より重きは莫きも、却って君臣を絶ち了《お》わる。以て民生彝倫《いりん》の間、闕《か》く可からざる者に至るまで、它《かれ》は一皆《すべ》て之を去る。所謂る「見る」とは、箇の甚《なに》物をか見る。且如《たと》えば聖人は、「親を親しみて民を仁《じん》し、民を仁して物を愛す」。他は却って親を親しまずして、剗地《さんち》に民を仁し、物を愛さんと要《ほっ》す。物を愛する時も也《ま》た則是《すなわ》ち之を食うに時有り、之を用うるに節有り。生を見ては死を見るに忍びず、聲を聞いては肉を食うに忍びず。仲春の月、犠牲《いけにえ》に牝を用うること無く、麛《べい》をとらず、卵をとらず、胎《はら》めるを殺さず、巣を覆えさざるの類の如き、此《か》くの如くなるのみ。他は則ち肉を食らわず、葷を茹《くら》わず、以て身を投げて虎に施すに至る。此れは是れ何の理ぞ。[卓]

＊

※この一段については、朱子学大系第六巻『朱子語類』（p.375~376）に口語訳が載せられており、それを参考にした。

（1）真是虚、真是寂無處＝「寂無」は『語類』に他に用例はなく、仏教側にも用例は見られない。ここでは、この語句の前に見える「空虚」と「虚」が対応することは明白であるから、「寂無」は「寂滅」（悟りを得て煩悩が静まる）に対応することになる。また「…処」は、『禅語』に「…の場合、…の時。また、…という在り方、…という境地・世界」（p.208）とある。

（2）以至＝『中国語』に「①さらに…まで。時間・数量・程度・範囲の上で直線的に継続して伸びることを表す。②ために、よって。（そのために…という）程のことになる。下文の最初に用いられ、前文に述べた動作や情況の程度が甚だしいために形成された結果を表す。『～于』ともする。③（…から）まで。『～于』ともする」（p.3692~3693）とある。ここは①の意味。

（3）彝倫＝不変の道。『漢語』の①に「常理、常道」（第三冊・p.1660、縮印本㊤p.2145~2146）とある。

（4）一皆＝『漢語』に「一律、全部」（第一冊・p.56、縮印本㊤p.24）とある。

（5）且如＝たとえば。仮定の辞。『漢語』に「①仮如、如果。②即如、就象」（第一冊・p.508、縮印本㊤p.215）とあり、『禅語』に「たとえば。…という場合」（p.188）とある。

（6）親親而仁民、仁民而愛物＝『孟子』「尽心上篇」（『四書章句集注』p.363、岩波文庫本㊦p.379）に見える語。

（7）剗地＝『漢語』の⑤に「無端、平白地」（第二冊・p.700、縮印本㊤p.1035）とあるのを踏まえ、ここは「（順序をふまず）いきなり」と訳した。

（8）也則是＝『語類』で、この三字が続いた例としては、ここ以外に、巻二五（p.605）、巻六七（p.1648）、巻七〇（p.1764）、巻七六（p.1943）、巻八六（p.2216）の五個所があり、巻七〇と巻八六では、「也」で切って読まれている。普通に読めば「也た則是《すなわ》ち」となろう。なお、「也則」二字でも『漢語』に「亦是」（『漢語』第一冊・p.767、縮印本㊤p.325）とある。

（9）食之有時、用之有節＝『孟子』「尽心上篇」の「之を食《やしな》うに時を以てし、之を用うるに礼を以てす（食之以時、用之以礼）」（『四書章句集注』p.356、岩波文庫本㊦p.346）に基づいた言葉。

（10）見生不忍見死、聞聲不忍食肉＝『孟子』「梁恵王上篇」に、「君子の禽獣に於けるや、其の生けるを見ては、其の死するを見るに忍びず、其の声を聞きては、其の肉を食らうに忍びず（君子之於禽獣也、見其生、不忍見其死、聞其声、不忍食其肉）」とあるのに基づく（『四書章句集注』p.208、岩波文庫本㊤p.54）。

（11）麛＝『漢語』に「①幼鹿。②泛指幼獣」（第冊一二・p.1300、縮印本㊦p.7667）とある。ここは文脈上、鹿に限定されないので②の意味に解した。

（12）如仲春之月…不覆巣之類＝『礼記』「月令篇」の「仲春」条に「是の月や、祀に犧牲を用いず、圭璧を用い、皮幣に更《か》う（是月也、祀不用犧牲、用圭璧、更皮幣）」（新釈本㊤p.234）とあり、また「孟春」条に、「是の月や、楽正《がくせい》に命じて学に入り舞を習わしむ。乃ち祭典を脩《おさ》め、命じて山林川沢を祀るに、犠牲に牝を用いる毋《な》からしむ。伐木を禁止し、巣を覆すこと毋く、孩虫《かいちゅう》・胎夭《たいよう》・飛鳥《ひちょう》を殺すこと毋く、麛《べい》をとること毋く、卵をとること毋く、大衆を聚むること毋く、城郭を置くこと毋く、骼《かく》を掩ひ胔《し》を埋《うず》めしむ（是月也、命楽正入学習舞。乃脩祭典、命祀山林川沢、犧牲毋用牝。禁止伐木、毋覆巣、毋殺孩蟲胎夭飛鳥、毋麛、毋卵、毋聚大衆、毋置城郭、掩骼埋胔）」（新釈本㊤p.230）とある。

（13）不食肉＝『中村』「肉食」条に「鳥獣などの肉を食すること。小乗では三種・五種・九種の浄肉食を許し、大乗では一切の肉食を禁ずる」（p.1053）とある。達磨大師が慧可に授けたとされる四巻本『楞伽経』では（『伝燈録』巻三・T51-219c）、次に見えるように肉食が完全に禁止されている。

大慧〔菩薩〕よ、我、時有りて五種の肉を遮せよと説き、或いは十種を制す。今ま此の経に於いて、一切の種をば、一切の時に、方便を開除して、一切悉く断ず。大慧よ、如來・応供・等正覚は、尚お食する所無し。況や魚肉を食するをや。亦た人に教えず。大悲、前に行くを以ての故に、一切の衆生を視ること、猶お一子の如し。是の故に、子の肉を食せしむることを聴《ゆる》さず。（大慧、我有時説遮五種肉、或制十種。今於此経、一切種、一切時、開除方便、一切悉断。大慧、如來・応供・等正覚、尚無所食。況食魚肉。亦不教人。以大悲前行故、視一切衆生、猶如一子。是故不聴令食子肉。）（『楞伽阿跋多羅宝経』巻四「一切佛語心品」T16-514a、また、常盤義伸「『ランカーに入る』大乗の思想と実践の宝経—復元梵文の日本語訳注と解説—〈『楞伽宝経四巻本の研究』梵英日漢 四冊本のうち〉」私版・二〇〇三・p.292~293参照）

（14）不茹葷＝「茹葷」は『漢語』に「本指吃葱韮等辛辣的蔬菜。后指吃魚肉等（元々は葱や韮などの刺激的な野菜を食べることを指したが、後になって魚肉等を食べることを指すようになった）」（第九冊・p.397、縮印本㊦p.5470）とあり、中国古典でも『荘子』「人間世篇」に「回の家は貧し。唯《ひと》えに酒を飲まず、葷を茹《くら》わざる者《こと》、数月なり。此《か》くの若《ごと》くんば則ち以て斎と為すべきか（回之家貧。唯不飲酒、不茹葷者、数月矣。若此則可以為斎乎）」（岩波文庫本① p.112~113）とある。そもそも「葷」は、『漢語』に「①指辛味的菜。如葱、蒜、韮、薤之類。②指鶏、鴨、魚、肉等食物。与『素』相対（①葱《ねぎ》・蒜《にんにく》・韮《にら》・薤《らっきょう》のような辛い菜を指す。②鶏や鴨、魚肉等の食物を指す。精進料理の反対）」（第九冊・p.490、縮印本㊦ p.5510）とあって、肉食と臭いの強い植物の両方の意味を持つ語であるが、ここでは「不食肉、不茹葷」と続くことから、①の意味で、具体的には「五辛（あるいは五葷）」のこととなろう。五辛は、一般的には、「葱《ねぎ》・薤《らっきょう》・韮《にら》・蒜《にんにく》・薑《はじかみ》」などの五種をいうが、経典によって、その分類にやや差がある。これらの植物は、臭気があり、色欲を刺激するので、仏家が戒律によってこれを食することを禁じた。『岩波』（p.333）参照。

（15）以至投身施虎＝餓死しかけた七匹の子虎と母虎を救うために、薩埵王子が我が身を捨てて虎に食べさせたという「捨身《しゃしん》飼虎《しこ》」のこと。『賢愚経』巻一「摩訶薩埵以身施虎品」（T4-352b~353b）にも見えるが、『金光明経』巻四「捨身品」（T16-353c~356c）の方が詳しい。

（16）卓＝『語類』の巻頭に付録されている「朱子語録姓氏」に拠れば、「黄卓。字《あざな》は先之（黄卓。字先之）」（p.18）とのみある。『宋人伝記』は、「黄卓。字《あざな》は先之、一には字《あざな》は徳美。建陽（福建省）の人なり。朱熹の弟子にして、詩礼を受け、博学工文、尤も詩に長ず。時に騒壇の元白と称す（黄卓。字先之、一字徳美、建陽人。朱熹弟子、受詩礼、博学工文、尤長於詩。時称騒壇元白）」（第四冊・p.2844~2845）とある。「朱門弟子師事年攷」（p.177）も併せて参照。

（廣田宗玄）

【27】

ある人が言っている、「〔『荀子』にあるように〕『天下には二つの〔正しい〕道はなく、聖人には二つの〔正しい〕心はない』。儒教と仏教とは同じでないとはいえ、結局のところ一つの道理にほかならないのだ」と。私は言う、『天下には二つの道はなく、聖人には二つの心はない』。だからこそ、〔儒教という〕我々のものがあれば、〔仏教という〕彼らのものを置ける余地はなく、〔仏教という〕彼らのものがあれば〔儒教という〕我々のものを置ける余地などないのだ。もし天下に二つの〔正しい〕道があって、聖人に二つの〔正しい〕心があるならば、〔儒教と仏教との並存が可能であるから、〕我々は〔儒教という〕我々のものを行えるし、彼らは〔仏教という〕彼らのものを行えるだろう」と。〔甘節〔が記録した〕。以下、儒教と仏教との弁別〔について論じている〕。〕

＊

某(1)人言、「天下無二道、聖人無兩心(校1)(2)。儒釋雖不同、畢竟只是一理」。某説道(3)、「惟(4)其天下無二道、聖人無兩心。所以有我底(校2)(5)著他底不得、有他底著(校2)我底不得(6)。若(7)使天下有二道、聖人有兩心、則我行得我底、他行得他底」(8)。〔節(9)。以下(校3)儒釋之辨。〕

〔校注〕（校1）心＝楠本本は「虚」に作る。　（校2）著＝正中書局本・楠本本・和刻本は「着」に作る。
（校3）以下＝正中書局本・朝鮮整版・楠本本・和刻本は「以下」の上に「〇」が入る。

＊

某人言う、「天下に二道無く、聖人に兩心無し。儒釋同じからずと雖も、畢竟只是《ただ》一理なり」と。某《それがし》は説道《い》う、「惟《た》だ其れ天下に二道無く、聖人に兩心無し。所以《ゆえ》に我の底《もの》有れば他の底《もの》を著《お》き得ず、他の底《もの》有れば我の底《もの》を著《お》き得ず。若使《も》し天下に二道有りて、聖人に兩心有らば、則ち我は我の底《もの》を行い得、他は他の底《もの》を行い得ん」と。〔節。以下、儒釋の辨。〕

＊

（1）某人＝『中国語』に「①ある人。②（人称に姓とともにつけ）自分を尊大な語気で指す。某。③姓の後につけ、名を章略するのに用いる」（p.2161）とある。『語類』巻九七に「芮国器嘗て云う、『天下に二道無く、聖人に両心無し。如何《いかん》ぞ仏を排せんと要《ほっ》せんや』と（芮国器嘗云、『天下無二道、聖人無両心。如何要排仏』）」（p.2479）とあり、朱熹にやや先行する文人芮燁（一一一四～一一七二、『宋人伝記』第二冊・p.1416）に同じ主旨の発言があったことが窺える。注（6）参照。ここでは、朱熹たちが芮燁を念頭に置いていたとみなして訳を試みた。

（2）天下無二道、聖人無兩心＝『荀子』「解蔽篇」（岩波文庫本㊦ p.135）に見える言葉。

（3）説道＝『漢語』の③に「説。説到」（第一一冊・p.247、縮印本㊦ p.6611）とある。三浦國雄氏は『説道』の『道』は、現代中国語の『知道《チータオ》』の『道』と同じく添え字、二字で『いう』意の俗語」（『「朱子語類」抄』p.37）と解説する。

（4）惟其＝「惟」と「唯」は音が同じで通用する。『漢語』「惟其」条に「猶言正因為。表示因果関係」（第七冊・p.600、縮印本㊥ p.4321）とあり、「唯其」条にも「猶言正因為」（第三冊・p.387、縮印本㊤ p.1606）とあり、「因為（…なので）」と同意とする。「因為」は一般に「因為…所以～」という形式で用いられるが、『語類』では、「惟其…所以～」「惟其…故～」というかたちでの用法が多い。『中国語』「唯其」条の②に「（よく所以と呼応し）まさに…のために。因果関係を表す。＝正因為」（p.3200）とある。『語類』の用例としては、「道者文之根本。文者道之枝葉。惟其根本乎道、所以発之於文、皆道也」（巻一三九・p.3319）などがある。

（5）著＝他本では「着」に作るが、「著」と「着」とは同音の同字であり、中国古典では一般に「著」の字を用いることが多い。「著」は動詞としては、『禅語』にあるように「置く」（p.305）という意味。『中国語』の「着（zhao・第一声）」に「入れる。おく。＝放」（p.3933）とあり、『近代漢語』の「着（zhao・第一声）」の⑤にも「存放。放置」（p.2357）とある。『漢語』は発音が違うが、「著（zhuo・第二声）」の④に「放置。安放」（第九冊・p.430、縮印本㊦p.5484）とある。

（6）有我底著他底不得、有他底著我底不得＝「こちら儒教が成り立てば、あちら仏教が成り立たず、あちら仏教が成り立てば、こちら儒教が成り立たない」といった意味であろう。朱熹のこうした考え方は、次の問答にも表れている。

〔可学《わたし》は、話の〕ついでに〔先生に〕言った、「芮国器が、かつて〔こう〕言っています、『天下に二つの〔正しい〕道はなく、聖人に二つの〔正しい〕心はない。どうして仏教を排斥しようか』」と。〔先生が〕言われた、「ただ二つの道はないから、彼ら（＝仏教）を置ける余地はないのだ。仏法はひたすら糸口の見えない話をして互いに欺き騙すだけだ。だから、〔仏教は〕そのように過ちを犯すのであろう。もし〔道について〕はっきりと説明しようものなら、〔彼らは〕たちまち行き詰まるだろう」と。（因説、「芮国器嘗云、『天下無二道、聖人無両心。如何要排仏』」。曰、「只為無二道。故著不得它。仏法只是作一無頭話相欺誑。故且恁地過。若分明説出、便窮」。）（『語類』巻九七・p.2479）

（7）若使＝『漢語』に「假使。假如。如果」（第九冊・p.331、縮印本㊦p.5442）とあり、『中国語』には「＝若是」（p.2599）とある。「若是」は「もし…なら」（同上）。和刻本は「若使」の「使」字を使役の意味にとって「若し天下をして二道有らしめ、聖人をして両心有らしめば」と訓《よ》んでいるが、ここでは「若使」の二字を「もし」

と解釈して「若使《も》し天下に二道有りて、聖人に両心有らば」と訓《よ》んだ。

（8）若使天下有二道…他行得他底＝既に明らかなように、朱熹は「天下有二道、聖人有両心」ということを認めない。儒教で説かれたり体現されたりする「道」「心」と、仏教のそれらとが仮に並存し得るならという、あくまで仮定のもとでの話であって、朱熹にあっては、儒教の「道」「心」こそが唯一無二であった。

（9）節＝『語類』の巻頭に付録されている「朱子語録姓氏」に拠れば、「甘節、字《あざな》は吉父、臨川（江西省）の人。癸丑（紹熙四年・一一九三）以後に聞く所なり（甘節、字吉父、臨川人。癸丑以後所聞）」（p.14）とある。『宋人伝記』第一冊（p.453）、「朱門弟子師事年攷」（p.112）、陳栄捷『朱子門人』（p.43）参照。

（本多道隆）

【28】

儒教と仏教の本性についての発言で異なるところは、ただ仏教は「空」と言うが、儒教は「実」と言い、仏教は「無」と言うが、儒教は「有」というだけのことだ。［廖徳明［が記録した。］］

＊

儒釋言性異處、只是釋言空、(1)儒言實、(2)釋言無、(3)儒言有。［德明］(4)

＊

儒釋の性を言いて異なる處は、只是《ただ》釋は空と言いて、儒は實と言い、釋は無と言いて、儒は有と言うのみ。［德明］

＊

（1）釋言空＝「空」は、【4】の注（10）に既出。『般若心経』の「色即是空」に代表される、仏教の空の思想を指す。「空」はからっぽで実体がないということ。『中村』（p.278）参照。

（2）儒言實＝「実」は「空」の反対で、実体として普遍的な理があるということ。朱熹が仏教との対比で繰り返し説く主張であり、たとえば『語類』巻四には、「思うに、性の中にある道理は仁義礼智だけであり、実理にほかならない。儒教は性を実だとし、仏教は性を空だとする（蓋性中所有道理、只是仁義礼智、便是実理。吾儒以性為実、釈氏以性為空）」（p.64）とある。

（3）釋言無＝「無」は仏教で「空」と並んで多く用いられる。禅門では五祖法演以来、「趙州無字」の話頭が用いられており、朱熹が嫌った看話禅の大成者大慧宗杲もこの「無字」を多用した。ただ、ここで問題とされているのは「有」に対する「無」であり、恐らく、六祖慧能の「本来無一物」（『伝燈録』巻三・T51-223a）などを念頭に置いたものであろう。

（4）徳明＝廖徳明。字《あざな》は子晦、号は槎渓。南剣州（福建省）順昌の人。朱熹に受業して、乾道五年（一一六九）に進士となり、官は吏部左選郎官に至った。「朱子語録姓氏」の冒頭に名前が挙げられた弟子であり、「癸巳（乾道九年・一一七三）以後に聞く所なり（癸巳以後所聞）」（p.13）とあるように、朱熹四十四歳以後の語を残している。伝記については、『宋人伝記』第四冊（p.3305）、「朱門弟子師事年攷」（p.17）参照。

（野口善敬）

【29】

吾が儒教〔が説くところ〕では、心は虚であっても、理は実である。仏教の場合はひたすら空寂に帰着させてしまっている。〔潘柄〔が記録した。〕〕

＊

吾儒心雖虚而理則實。若釋氏則一向歸空寂去了。〔柄[1]〕

＊

吾が儒は、心は虚と雖も、理は則ち實なり。釋氏の若《ごと》きは則ち一向《ひたすら》に空寂に歸し去り了《お》わる。〔柄〕

＊

※この一段については、荒木見悟『朱子　王陽明』(p.312) に口語訳が載せられており、それを参考にした。

（1）柄＝【12】の注（4）参照。

（森　宏之）

【30】

仏教は虚（からっぽ）で、〔一方〕我が儒教は実（中味がある）である。〔また〕仏教は二つに〔分けようと〕するが、我が儒教は一つに〔まとめて理解〕する。〔さらに〕仏教は「事」と「理」とを大切なものではないと考えて、相手にしようとしない。〔甘節〔が記録した。〕〕

＊

釋氏虚、吾儒實[1]。釋氏二、吾儒一[2]。釋氏以事[3]理爲不緊要而[校1]不理會。〔節[4]〕

〔校注〕（校1）而＝楠本本は「面」に作る。

＊

釋氏は虚、吾が儒は實なり。釋氏は二、吾が儒は一なり。釋氏は事理を以て緊要ならずと爲して理會せず。〔節〕

＊

（1）釋氏虚、吾儒實＝例えば「蓋し性中に有る所の道理とは、只是《ただ》仁義礼智、便是《すなわ》ち実理なるのみ。吾が儒は性を以て実と為し、釈氏は性を以て空と為す（蓋性中所有道理、只是仁義礼智、便是実理。吾儒以性為実、釈氏以性為空）」（『語類』巻四・p.64）とあるように、朱熹にとって儒教と仏教の相違は、「性」、つまり人間性の本質が、仁義礼智信といった実理を持ったものと見るか、またはそのような「実理」を欠いた空虚なものと見るかの相違である。

（2）釋氏二、吾儒一＝【34】参照。

（3）事理＝事は、相対・差別の現象のことで、理は絶対・平等の真理のこと。『中村』（p.567）参照。

（4）節＝【27】の注（9）に既出。

（廣田宗玄）

【31】

仏教はひたすら「空」を求め、〔我が儒教の〕聖人はひたすら「実」を求める。仏教が言うところの「敬以て内を直《なお》くする（「敬」によってその内心を正直にする）」というのは、ただ空っぽなだけで全く何一つないので、逆に「外を方にする（外行を方正にする）」ことができない。〔一方、我が儒教の〕聖人が言うところの「敬以て内を直《なお》くする」ことこそ、静かに落ち着いていて清らかで、あらゆる理が具わっているのであり、まさしく「義以て外を方にする（「義」によってその外行を方正にする）」ことができているのだ。

＊

釋氏只要空、聖人只要實。釋氏所謂「敬以直内」[1]、只是空豁豁地[2]、更無一物[3]、却不會[4]「方外」[5]。聖人所謂「敬以直内」、則湛然虚明、萬理具足[6]、方能「義以方外」[7]。

〔校注〕※本条は楠本本巻一二六には無し。

＊

釋氏は只だ空を要《もと》め、聖人は只だ實を要《もと》む。釋氏の所謂る「敬以て内を直《なお》くする」は、只是《ただ》空豁豁《かっかつ》地にして、更に一物無ければ、却って「外を方にする」を會せず。聖人の所謂る「敬以て内を直《なお》くする」は、則ち湛然として虚明にして、萬理具足し、方《まさ》に能く「義以て外を方にする」なり。

＊

（1）敬以直内＝末尾の「義以方外」とともに、『易』「坤卦・文言伝」に見える言葉。「直は其れ正なり、方は其れ義なり。君子は敬以て内を直《なお》くし、義以て外を方にす（直其正也、方其義也。君子敬以直内、義以方外）」（岩波文庫本㊤p.104）とある。「直とはその心の正しさ、方とはその行いの義《ただ》しさのことである。君子たる者は、敬によってその内心を正直にし、義によってその外行を方正にする」（同上・p.106）ということ。本田済『易』（p.71~72）も併せて参照。朱熹は、「もし実際に修行するなら、『敬以直内、義以方外』の八字だけは、一生これを使っても使いきれない（若実是把做工夫、只是『敬以直内、義以方外』八箇字、一生用之不窮）」（『語類』巻六九・p.1739）と述べており、彼にとっては非常に重要な句であったことが窺える。なお、朱熹の発言に、「釈氏の所謂る『敬以て内を直《なお》くする』は」云々とあるが、仏教側で「敬以直内、義以方外」の句が使用される例は見られるものの（『希叟紹曇禅師広録』巻四・Z122-258bなど）、「敬以直内」「義以方外」を解釈した事例については、少なくとも宋代以前の蔵経経典のうちに見いだすことは難しい。

（2）空豁豁地＝【10】の注（3）参照。

（3）無一物＝六祖慧能が壁に書いたとされる「菩提は本より樹無し、明鏡も亦た台に非ず。本来無一物、何れの処にか塵埃を惹かん（菩提本無樹、明鏡亦非台。本来無一物、何処惹塵埃）」（『六祖壇経』「行由」T48-349a、文学全集本・p.73）という偈頌が特に有名。「法身を覚し了《お》わらば一物無し、本源の自性天真の仏（法身覚了無一物、本源自性天真仏）」（『証道歌』T48-395c）など、様々なかたちで多用される禅語である。『禅学』に「生死・涅槃・迷悟・凡聖・去来・起滅等の相がなく、畢竟無相なること。自己の本来の姿をいう」（p.1200）とある。

（4）不會＝現代中国語で用いられている「不会」と同じく、「…できない」の意。『漢語』に「表示有可能実現」（第五冊・p.783、縮印本㊥p.3066）とある通り、「会」には「…できる」という意味があり、「不会」には「…できない」（第一冊・p.459、縮印本㊤p.195）という意味がある。「解」「不解」も同じ（『禅語』p.396）。この用法は禅録にも多く、例えば、『碧巌録』第四八則・本則著語には「一火の泥団を弄《ろう》する漢、茶を煎ずるを会《え》せず、別人を帯累《まきぞえに》す（一火弄泥団漢、不会煎茶、帯累別人）」（T48-183c、岩波文庫本㊥p.163）とある。

（5）方外＝仏教では一般的に「同じ道によらない処・人。また世俗を超えた立場。仏道。僧家のこと」（『禅学』p.1123）という意味で使用される場合が多いが、ここはそうした意味ではなく、あくまで「義以方外」（『易』

「坤卦・文言伝」）という文脈のうちで使用される「方外」のことであろう。ただし、この発言に関して言えば、朱熹は「方外」の語に仏教語としてのそれを意識していたと考えられ、皮肉が効いた表現になっている。

（6）湛然虚明、萬理具足＝「湛然」は「水が深く清らかな様子」（『中国語』p.3919）、「清澈貌」「安然貌」（『漢語』第五冊・p.1442、縮印本㊥p.3345）。「虚明」は「指内心清虚純洁」（『漢語』第八冊・p.820、縮印本㊥p.5073）。朱熹は心の状態について述べる際、しばしばこの表現を使用している。例えば、「心の全体は湛然虚明にして、万理具足し、一毫の私欲の間《へだ》て無し。其の流行該徧、動静を貫きて、妙用も又た焉《ここ》に在らざる無し（心之全体、湛然虚明、万理具足、無一毫私欲之間、其流行該徧、貫乎動静、而妙用又無不在焉）」（『語類』巻五・p.94）や「以前看得せし心は只《ただ》是虚蕩蕩地なるも、而今《いま》看得し来れば、湛然虚明にして、万理便ち裏面に在り（以前看得心只是虚蕩蕩地、而今看得来、湛然虚明、万理便在裏面）」（巻一一三・p.2743、汲古本・p.36）など。また、前半の「湛然虚明」については、例えば、朱熹に先行する禅僧大慧宗杲にも「山野《わたし》、因りて湛然を以て公の道号に名づく。水の湛然として動かざるが如くんば、則ち虚明にして自ら照らし、心力を労せざらん（山野因以湛然名公道号。如水之湛然不動、則虚明自照、不労心力）」（『大慧語録』巻二六・T47-924c、筑摩本・p.79）という用例が見られるように、儒仏を問わず広く使用された表現であった。

（7）義以方外＝注（1）参照。

（本多道隆）

【32】

質問した、「儒教と仏教との弁別は、『虚（からっぽ）』と『実（中身がある）』の二字だけで区別されるのではないですか」と。〔先生は〕言われた、「まだ〔そんなことを〕相手にする必要はない。自分自身のことが本当に分かっているならば、その偽りは自然に、とてもはっきりと区別され、弁別するまでもないのだ」と。〔鄭可学〔が記録した。〕〕

*

問、「儒釋之辨、莫只是『虚』『實』(1)兩字上分別」。曰、(校1)「未須理會。自家己分若知得真、則其僞自別、甚分明、有不待辨」。(2)(校2)〔可學〕

*

問う、「儒釋の辨、只是《ただ》『虚』『實』の兩字の上のみにて分別すること莫きや」と。曰く、「未だ理會を須《もち》いざれ。自家己分、若し知り得て真ならば、則ち其の僞り自《おのずか》ら別つこと甚だ分明にして、辨ずるを待たざること有り」と。〔可學〕

*

〔校注〕（校1）曰＝楠本本は「先生曰」に作る。　（校2）學＝正中書局本・和刻本は異体字の「斈」に作る。

*

（1）虚實＝「虚」という語は『老子』第一六章の「虚を至すこと極まり、静を守ること篤ければ、万物並び作《おこ》る（至虚極、守静篤、万物並作）」（岩波文庫本・p.74）を思い起こすし、虚・実の対比も『老子』第三章に「聖人の治むるや、其の心を虚しくして、其の腹を実《みた》す（聖人治、虚其心、実其腹）」（p.24）とあるように、道家的なイメージがある。もちろん、仏教でも多用されており、たとえば、大慧宗杲にも「此の法は実無く亦た虚無し（此法無実亦無虚）」（『大慧語録』巻一三・T47-864b）という語が見える。ここでは「空」と同義で用いられているのであろう。

（2）可學＝【18】の注（2）に既出。

（野口善敬）

【33】

質問した、「仏教では空寂を根本としているのですか」と。〔先生が答えて〕言われた、「仏教が説く空は、確かに誤りであるのだが、空の中に道理がありさえすればよいのだ。もしただ『私は空を悟った』と言うだけで、実なる道理があることを知らないならば、何の役に立とうか。たとえば、淵の清水が底まで透き通っていて、一見すれば水が全然ないかのようなものである。〔そこで、〕彼（＝仏教）は、『この淵は空《から》にすぎない』と言って、手で冷たいか温かいかを全く確認することなく、〔その淵の〕中に水があることにも気づかずにいる。仏教の見識とは、まさしくこのようなものなのだ。今の学ぶ者たちが『格物致知』を貴ぶのは、〔物事の道理を〕とことん見きわめようとしているからである。今の人は〔物事の道理の〕一つ二つだけをちょっとしか見ないから、究極の所に到ることができないのだ」と。〔鄭南升〔が記録した。〕〕

＊

問、「釋氏以空寂爲本」。曰、「釋氏說空、不是便(1)不是(校1)、但空裏面須有道理始得(2)。若只說道『我見箇空』(校2)、而不(校3)知(校4)有(校5)箇實底道理、却做甚用得。譬如一淵清水、清冷(3)徹底(4)。看來一如無水相似。(校6)它便道『此淵只是空底』(校7)、不曾將手去探是冷是温(校8)、不知道有水在裏面(校9)。佛氏之見正如此。今學者貴於『格物致知』(5)、便要見得到底。(校10)今人只是一斑兩點(校11)(6)、見得(校12)些子、所以不到極處也」。〔南升(校13)(7)〕

〔校注〕※本条の「釋氏説空」から「所以不到極處也」までは、若干の字句の異同があるものの、楠本本の巻一二六・第三四条、中華書局校点本の巻六七・第一六三条（p.1678）のなかに見える。　（校1）不是便不是＝楠本本は「便不是」に作る。　（校2）我見箇空＝楠本本は「我見个空底」に作る。　（校3）而＝楠本本は「而」の字を欠く。　（校4）不知有＝楠本本は「知」と「有」の間に「他」の字が入る。　（校5）箇＝楠本本は「个」に作る。　（校6）它＝楠本本は「他」に作る。　（校7）不曾＝楠本本は「都不曾」に作る。

（校8）探是冷是温＝楠本本は「探着是濕」に作る。　（校9）佛氏＝楠本本は「此佛氏」に作る。

（校10）今＝楠本本は「如今」に作る。　（校11）斑＝正中書局本・朝鮮整版・楠本本・和刻本は「班」に作る。

（校12）些＝楠本本は「此」に作る。　（校13）南升＝楠本本は記録者の名を欠く。

＊

問う、「釋氏は空寂を以て本と爲すか」と。曰く、「釋氏の空を説くは、是《ぜ》ならざるは便ち是《ぜ》ならざるも、但《た》だ空の裏面に須く道理有りて始めて得《よ》し。若《も》し只だ『我れ箇《こ》の空を見る』と説道《い》うのみにして、箇の實なる道理有るを知らざれば、却って甚《なん》の用をか做し得ん。譬えば一淵の清水の清冷にして底に徹るが如し。看來れば一も水無きが如く相い似たり。它《かれ》は便ち『此の淵只《た》是空なる底《もの》のみ』と道《い》いて、曾《かつ》て手を將《もっ》て去《ゆ》きて是れ冷ややかなるか是れ温かなるかを探らず、水の裏面に在る有るを知道《し》らず。佛氏の見は正《まさ》に此《か》くの如し。今の學者の格物致知を貴ぶは、便ち見得て到底せんことを要《ほっ》すればなり。今の人は只是《ただ》一斑兩點、些子を見得《う》るのみ。所以《ゆえ》に極處に到らざるなり」と。〔南升〕

＊

『朱子語類』巻百二十六

※この一段については、荒木見悟『朱子 王陽明』(p.312~313)に口語訳が載せられており、それを参考にした。

(1)便＝「…便…」で、「…であることは…だが」の意味。同じ語の間に置き、そのことの確認を表す。多く書面語に用いる。『中日』(p.180)参照。

(2)須…始得＝『禅語』は、訓読を「須らく…して始めて得《よ》し」とし、意味を「…でなければならない」(p.197)とする。近年の禅語録の訳注では、これに従っている場合が多い。「須是…始得(須是《すべから》く…して始めて得《よ》し)」、「須得…始得(須得《すべから》く…して始めて得《よ》し」も同じ(同上)。

(3)清冷＝〔二字で〕清らかで透き通っていること(『大漢和』巻七・p.79)。

(4)徹底＝「徹底」は、事物に対処するにあたっての徹底性を説く際に朱熹が多用する語であるが、ここは、文脈から判断して、単に「水が澄んでいて底が見えることを形容したもの(形容水清見底)」(『漢語』第三冊・p.1091、縮印本㊤p.1904)である。

(5)格物致知＝「格物」とは、物事に具わった道理を窮めること。「致知」とは、「格物」によって是非善悪を見分けられる天賦の知を明らかにすること。『大学』に説かれた八条目の中の二つ。八条目とは、「大学の道」として『大学』の冒頭に説かれた三綱領の一つである「明明徳(明徳を明らかにする)」を実現するための、次の様な八段階の方法である。「古の明徳を天下に明らかにせんと欲する者は、先ず其の国を治む。其の国を治めんと欲する者は、先ず其の家を斉《ととの》う。其の家を斉えんと欲する者は、先ず其の身を修む。其の身を修めんと欲する者は、先ず其の心を正す。其の心を正さんと欲する者は、先ず其の意を誠にす。其の意を誠にせんと欲する者は、先ず其の知を致す。知を致すは格物に在り(古之欲明明徳於天下者、先治其国。欲治其国者、先斉其家。欲斉其家者、先修其身。欲修其身者、先正其心。欲正其心者、先誠其意。欲誠其意者、先致其知。致知在格物)」。つまり「治国・平天下」をもたらすための最も基本となる実践項目が「格物・致知」ということになる。朱熹が自己修養の方法として、「居敬（心を覚醒した慎み深い状態にしておくこと）」と共に重視した「窮理（万物の道理を窮める）」の具体的方法である。【40】の注（３）、『中国思想』「致知格物」条（p.293）、『中国思想文化事典』「朱熹」条（東京大学出版会・p.379）参照。

（６）一斑兩點＝「一斑」とは、豹の皮の一つの斑文。見る所の狭いことをいう。一部分。『大漢和』巻一（p.52）参照。また「半点」で、「一小点の半分。少しばかり」（同・第二巻・p.546）の意味。『語類』巻六七に「今の人は、ただ少しのことを知り、少しのことを見ることができるだけだ。だから究極の所に至ることができない（今人只是知得一斑半点、見得些子。所以不到極処也）」（p.1768）とあり、「一斑両点」は「一斑半点」と同義であろう。従って、「一斑両点」は「少し」の意味。

（７）南升＝【17】の注（６）参照。

（森　宏之）

【34】

私（＝儒教）〔の方〕は心と理とが一つだとするが、彼（＝仏教）〔の方〕は心と理が二つ〔に分かれている〕としている。このようだと固執しているわけではなく、見解の相違なのである。彼（＝仏教）は、心が空なるものだと〔理解〕して理など無いと考えるが、こちら（＝儒教）は、〔たとえ〕心は空であっても、万物の理がきちんと具わっていることを見て取っている。〔仏教のように〕心と理とが一つだと説くにしても、気質や物欲の偏りに細かく気を配らなければ、〔そのような〕物の見方は本物ではない。だから、このような弊害が生じるのだ。『大学』が「格物」を貴ぶ所以《ゆえん》である。〔潘植〔が記録した〕。ある記録に拠れば、「最近、ある種の学問があって、心と理とが一体だと説きながらも、気質や物欲の偏りに目を配らない。だから、〔心の〕発動が理に適わず、反対に仏教と同じ病弊があるのだ。よく考えねばならない」とある。〕

*

吾以心與理爲一、[1] 彼以心與理爲二。亦非固欲如此、乃是見處不同。彼[校1]見得心空而無理、此見得心雖空而萬理咸備也。[校2] 雖說心與理一、不察[校3]乎氣[校4][2]稟物欲之私、是見得不真、故有此病。『大學』所（謂）〔以〕[校5]貴格物也。[3]〔植。[校6][4]或[校7]錄云、「近世一種學問、雖說心與理一、而不察乎氣稟物欲之私、故其發亦不合理、却與釋氏同病。不可不察」。[5]〕

〔校注〕（校1）彼＝楠本本は「彼」の前に「使」の一字が入る。（校2）也＝楠本本は「巳」に作る。

（校3）察＝楠本本は「察」の字を欠く。（校4）氣＝楠本本は「氣」の前に「貴」の一字が入る。

（校5）（謂）〔以〕＝正中書局本・朝鮮整版・楠本本は「以」に作り、和刻本は「謂」に作る。ここでは「以」を取る。（校6）植＝楠本本は「柄」に作り、細注を欠く。（校7）或＝正中書局本・朝鮮整版・和刻本は「或」の前に「〇」が入る。

*

吾は心と理とを以て一と爲し、彼は心と理とを以て二と爲す。亦た固く此《か》くの如くなることを欲するに非ず、乃是《すなわ》ち見處同じからず。彼は心空にして理無きことを見得《みえ》、此れは心、空なりと雖も、萬理咸く備わることを見得《みう》るなり。心と理と一なりと説くと雖も、氣稟《きひん》・物欲の私《かたよ》りを察せざれば、是れ見得《みう》ること真ならず、故に此の病有り。『大學』の、格物を貴ぶ所以《ゆえん》なり。〔植。或る録に云う、「近世、一種の學問、心と理と一なりと説くと雖も、氣稟物欲の私りを察せず、故に其の發するも、亦た理に合わず、却って釋氏と病を同じうす。察せざる可からず」と。」

＊

※この一段については、朱子学大系第六巻『朱子語類』（p.376~377）に口語訳が載せられており、それを参考にした。

（1）吾以心與理爲一＝既に程伊川にも、「理と心とは一なるも、人、会して一と為す能わざるは、己有れば則ち自私を喜び、私なれば則ち万殊なればなり。宜なり、其の一にし難きこと（理与心一、而人不能会為一者、有己則喜自私、私則万殊、宜其難一也）」（『程子粋言』巻二・p.1254）という発言がある。

（2）氣稟＝人それぞれに異なった天与の気質のこと。『漢語』に「謂受之于気」（第六冊・p.1034、縮印本㊥p.3819）とある。また、『中庸』第一章「天の命ずる之を性と謂い、性に率う之を道と謂い、道を修むる之を教と謂う（天命之謂性、率性之謂道、修道之謂教）」の朱注に、「修は之を品節するなり。性と道とは同じきなりと雖も、而も気稟或いは異なる。故に過・不及の差無きこと能わず（修、品節之也。性道雖同、而気稟或異。故不能無過不及之差）」（『四書章句集注』p.17、古典選本・p.170）とある。

（3）大學所以貴格物也＝『大学』の「格物」については、【33】の注（5）、【40】の注（3）参照。

（4）植＝『語類』の巻頭に付録されている「朱子語録姓氏」に拠れば、「潘植。字《あざな》は立之。癸丑（紹熙四年・一一九三）に聞く所なり（潘植。字立之。癸丑所聞）」（p.17）とある。『宋人伝記』には、「潘植。字《あざな》は立之、福州懐安の人なり。世々儒を業とす。植、家学を承け、朱熹の、道を武夷に講ずるを聞き、弟の柄と往きて之に従う。文に工みにして、尤も史学を嗜む。上下数千年に貫穿出入するも、未だ嘗て射策決科せず。家に居りて兄弟怡怡として、日々濂・洛の諸書を以て相い磨礱するのみ。卒年五十九（潘植。字立之、福州懐安人。世業儒、植承家学、聞朱熹講道武夷、与弟柄往従之。工文、尤嗜史学、上下数千年、貫穿出入、未嘗射策決科。居家、兄弟怡怡、日以濂洛諸書相磨礱而已。卒年五十九）」（第五冊・p.3630）とある。「朱門弟子師事年攷」（p.203）も併せて参照。ちなみに、楠本本は、この条の記録者を「潘植」ではなく「潘柄」であるとする。「潘柄」については、【12】の注（4）、「朱門弟子師事年攷」（p.204）参照。

（5）或録云…不可不察＝陸象山（一一三九〜一一九二）の思想に対する朱熹の批判。『陸九淵集』巻一の「与曽宅之」という書簡に、「此の心と此の理は、実に二有るを容《ゆる》さず（此心此理、実不容有二）」（中華書局校点本・p.5）とある。朱熹は、陸象山の学問を禅であると断じ、その行動を無定見で粗暴だと強く批判した。

（廣田宗玄）

【35】

儒者は理を生ずることも滅することもないとみなし、仏教は神識を生ずることも滅することもないとみなす。楊亀山は言っている、「儒教と仏教との違いは、その差はきわめて微細だ」と。〔しかし〕私がこれらを見比べると、〔その違いは〕本当に氷と炭火のよう〔に極端〕だ。［李方子〔が記録した。〕］

＊

儒者以理爲不生不滅[1]、釋氏以神識[2]爲不生不滅[3]。龜山[4]云、「儒釋之辨、其差眇忽[校1][5]」。以某觀之、真似冰炭[6]。［方子[7]］

＊

〔校注〕※本条は楠本本巻一二六には無し。

（校1）眇＝朝鮮整版は「抄」に作る。

儒者は理を以て不生不滅と爲し、釋氏は神識を以て不生不滅と爲す。龜山云う、「儒釋の辨は、其の差、眇忽《びょうこつ》なり」と。某《それがし》を以て之を觀れば、真に冰炭に似たり。〔方子〕

*

（1）儒者以理爲不生不滅＝「不生不滅」については、『中村』に「生ずることも滅することもないこと。常住であること」（p.1163）とあり、『岩波』に「諸法の空性を表現する言葉。般若経などに多く見られる。生は存在の成、滅は存在の壊と理解できる」（p.863）とある。『岩波』が指摘する通り、般若系経典で多用され、特に『般若波羅蜜多心経』の「是諸法空相、不生不滅、不垢不浄、不増不減」（T8-848c）という一節は有名である。いわば存在を支える秩序の原理ともいうべき「理」の普遍性について、仏教の表現を借りて表現したものであろう。

（2）神識＝過去世・現在世・未来世の三世を輪廻する主体としての霊魂のこと。中村禎里『中国における妊娠・胎発生論の歴史』付論「仏教経典における妊娠・胎発生論」（思文閣出版・二〇〇六・p.186~189）参照。例えば、『伝燈録』巻二九「誌公和尚十四科頌」条の「断除不二」に「文中に義を取る解《あた》わざれば、何れの時か真常を会するを得ん。死して無間地獄に入り、神識は枉《むな》しく災殃を受けん（不解文中取義、何時得会真常。死入無間地獄、神識枉受災殃）」（T51-451b）とある。朱熹も「神識」の語を使用するが、仏教的な意味合いを帯びたものではない。【102】の注（3）も併せて参照。

（3）釋氏以神識爲不生不滅＝「不生不滅」については、注（1）参照。「以神識為不生不滅」に類似する表現は、仏典や禅録に多く見られる。例えば、『伝燈録』巻一一「霊雲志勤」条には「因果が尽きようとしても、〔地獄・餓鬼・畜生の〕三悪道の〔境界にある〕苦しみは聊かも増したり減ったりしない。ただ根源にある神識だけが常に実存する（因果将尽、三悪道苦毛髪不添減。唯根蔕神識常存）」（T51-285b、禅研本④p.234）とある。

（4）龜山＝楊時（一〇五三～一一三五）の号。南剣将楽（福建省）の人。字《あざな》は中立。熙寧九年（一〇七六）の進士で、程明道・程伊川に師事した学者である。四十七年間にわたる地方官生活ののち、秘書郎から国子祭酒に昇ったが、蔡京ら新法党を非難したため、一時的に官をやめさせられた。のち南宋の初めに龍図閣直学士として復官。退官後は著述や講学に従事し、呂大臨・謝良佐・游酢とともに「程門の四先生」と称された。朱熹は、「程門の高弟の謝上蔡・游定夫・楊亀山といった人々は、結局、禅に入って行ってしまった（程門高弟如謝上蔡游定夫楊亀山輩、下梢皆入禅学去）」（『語類』巻一〇一・p.2556）などと述べており、朱熹の楊時に対する評価はやや厳しい。『河南程氏粋言』（『二程粋言』）、『亀山集』がある。伝記の詳細については、『宋人伝記』第四冊（p.3113）などを参照。なお、楊時に関する専論に、荒木見悟「楊亀山小論」（『中国思想史の諸相』中国書店・一九八九）や、土田健次郎「楊時の位置」（『日本中国学会報』第三三集・一九八一）がある。

（5）儒釋之辨、其差眇忽＝『亀山集』巻一〇「語録 一」の「儒仏の深処、差《たが》う所は杪忽《びょうこつ》なるのみ。儒者の道を見ること分明なれば、則ち仏は其の下に在るなり。今ま学ぶの徒曰く、『儒者の道は其の下に在り』と。是れ吾が道の大なるを見ざるなり。仏者と為りては既に儒書を読まず、或いは之を読むも深く其の義を究めず。儒者と為りては又た自《みずか》ら小とするなり。然らば則ち道は何に由《よ》りてか明らかならん（儒仏深処所差杪忽耳。見儒者之道分明、則仏在其下矣。今学之徒曰、『儒者之道在其下』。是不見吾道之大也。為仏者既不読儒書、或読之而不深究其義。為儒者又自小也。然則道何由明哉）」（万暦十九年刊本・5a）が典拠。なお、本条のこの個所と関連する朱熹の発言としては、『語類』巻一〇一に「程門の諸子、当時に在りて親しく二程に見《まみ》ゆるも、釈氏に至りては、却って多く看破らず、是れ暁《さと》る可からず。『中庸』の説の中《うち》を観れば見《み》る可し。亀山の『吾が儒と釈氏とは、其の差は只だ杪忽《びょうこつ》の間に在るのみ』と云うが如き、某《それがし》謂《おも》えらく、『何ぞ杪忽《びょうこつ》に止まらんや。直《ただ》是源頭従《よ》り便ち同じからず』と（程門諸子、在当時、親見二程、至於釈氏、却多看不破、是不可暁。観『中庸』説中可見。如亀山云、『吾儒与釈氏、其差只在杪忽之間』。某謂、『何止杪忽。直是従源頭便不同』）」（p.2558）とある。

（6）冰炭＝『漢語』に「冰块和炭火。比喩性質相反、不能相容。或以喩矛盾冲突」（第二冊・p.392、縮印本㊤p.904）とあり、『中国語』に「性質が違ってそぐわないもののたとえ。水と油の仲」（p.200）とある。用例としては、『韓非子』「用人篇」の「争訟止、技長立、則彊弱不觳力、冰炭不合形、天下莫得相傷、治之至也」（岩波文庫本②p.205）など。

（7）方子＝『語類』の巻頭に付録されている「朱子語録姓氏」に拠れば、「李方子、字《あざな》は公晦、邵武（福建省）の人。戊申（淳熙十五年・一一八八）以後に聞く所なり（李方子、字公晦、邵武人。戊申以後所聞）」（p.13）とある。『宋人伝記』第二冊（p.947）、「朱門弟子師事年攷」（p.207）、陳栄捷『朱子門人』（p.74）参照。

（本多道隆）

【36】

儒者で道を見《さと》ったものは、〔礼節にかなった〕秩序ある節度が燦然とかがやいている。仏者もまた〔一定の〕物のかたちを持たない〔万物を包み込む〕天機《本性》があることを見《さと》っている。しかし、〔節度がなく〕ただおおざっぱにしているだけだ。〔楊方〔が記録した。〕〕

＊

儒者見道[1]、品節[2]燦然[校1]。佛氏亦見天機[3]有不器於物者[4][5]。然只是綽過去[校2][6]。［方］[校3][7]

〔校注〕※本条は楠本本巻一二六には無し。（校1）燦＝正中書局本・朝鮮整版・和刻本は「粲」に作る。（校2）綽＝正中書局本は「掉」に作る。（校3）方＝正中書局本は「坊」に作る。

＊

儒者の道を見るは、品節燦然たり。佛氏も亦た天機の、物に器ならざる者有るを見る。然れども只是《ただ》綽過し去るのみ。［方］

＊

（1）見道＝『漢語』に「洞徹真理。明白道理」（第一〇冊・p.318、縮印本㊦ p.6051）とある。「悟道」や「見性」と同様の表現。

（2）品節＝段階・等級に法った、ほど良い行い。『漢語』の①に「等級や層次に応じて節制を加えることを言う（謂按等級・層次而加以節制）」（第三冊・p.325、縮印本㊤ p.1580）とある。『礼記』「檀弓下篇」の「斯れを品節す、斯れを之れ礼と謂う（品節斯、斯之謂礼）」（新釈本㊤ p.151）に基づく。

（3）天機＝人間に具わった「霊性・霊機」の意。『荘子』「大宗師篇」に「其の耆欲の深き者は、其の天機も浅し（其耆欲深者、其天機浅）」、つまり「欲望の深い者は、その自然本来の心の発動がにぶっている」という文章があり、この場合の「天機」は「天すなわち自然の働きが発動するきっかけ。ここでは心に内在するそれで、人間の自然な本来性としての働きをさす」（以上、岩波文庫本『荘子』① p.175~176）とされる。『漢語』の①にも、「霊性と同じで、天賦の霊機を言う（謂猶霊性。謂天賦霊機）」（第二冊・p.1448、縮印本㊤ p.1351~1352）とある。

（4）不器於物＝四字成句としては古典に出典はないようである。「不器」は『論語』「為政篇」の有名な「君子は一つの器物の用だけにとどまらない（君子不器）」を意識したものであろう。『語類』巻一四〇には同じ「楊方」の記録した文章として、「天機の、物に器ならざる者有り、方に在りては方と為り、円に在りては円と為る（天機有不器於物者、在方為方、在円為円）」（p.3343）とあり、朱熹はこの四字を「水は方円の器に随う」の意だとしたと言う。

（5）佛氏亦見天機有不器於物者＝胡宏（一一〇六～六二）の『知言』巻一に見える次の文章を踏まえる。「釈氏は物を絶ち世を遁れ、身を沖寞に棲まわせ、天機の、物に器ならざる者有るを窺見して、遂に此れを以て自ら大とし、『万物は皆な我が心なり、物は覚悟せざるも我は覚悟す』と謂う。我れ独り物より高しと謂わんや。是《こ》こに於いて顛倒作用し、止まる所を知る莫し（釈氏絶物遁世、棲身沖寞、窺見天機有不器於物者、遂以此自大、謂万物皆我心、物不覚悟而我覚悟。謂我独高乎万物。於是顛倒作用、莫知所止）」（宝暦六年和刻本・5a~b）。朱熹はこ以外にも二個所、同様の文章を引用しており、巻一〇一には、典拠が『知言』であることを明示した次の様な問答がある。「問う、『「知言」に云う有り、「仏家は天機の、物に器ならざる者有るを窺見す」と。此の語、已《すで》に両截と作《な》ること莫きや』と。曰く『亦た甚《なん》の病も無し』と。[方録は『此の語、甚だ之を得たり』に作る。]（問、知言有云仏家窺見天機有不器於物者。此語莫已作両截。曰、亦無甚病。[方録作『此語甚得之』。]）」（p.2585）。

今一つの引用は、注（4）参照。

（6）綽過＝『語類』中に同じ語がここを含めて五個所見える。『近代漢語』「綽」条に、その一個所である「若し心麤にして、只だ皮膚上に従事して綽過し、此《か》くの如く権を行わば、便《すなわ》ち錯り了《お》われり（若心麤、只従事皮膚上綽過。如此行権、便就錯了）」（巻七六・p.1952）を典拠として、「約略（大略。あらまし。おおよそ）、粗率（粗末である。そそっかしく、おおざっぱである）」（p.301）の意だとする。『漢語』は『語類』の同じ個所を典拠として、「看（見る）。視線触及（視線が触れる）」（第九冊・p.888、縮印本㊦ p.5678）としている。今回は前者に拠った。

（7）方＝楊方。字《あざな》は子直、号は淡軒老叟。汀州（福建省）の人。「朱子語録姓氏」に「庚寅（大観四年・一一〇）見しを記す（甲寅記見）」（p.18）とある。伝記については、『宋人伝記』第四冊（p.3098）、「朱門弟子師事年攷」（p.117）参照。

（野口善敬）

【37】

質問した、「先生は仏教の説を空《空っぽ》であり、無理《理が無い》とされています。〔仏教の説を批判するのに〕空《空っぽ》だと言うのは、『無理《理が無い》』という二字が〔仏教の〕欠点をピタリと言い当てているのには及ばない〔のではないでしょうか〕」。〔先生は答えて〕言われた、「〔仏教には〕無理《理が無い》から、空《空っぽ》とみなすのだ。彼（＝仏教）が言う心や性は、ただ空《空っぽ》な物事にすぎず、〔具わるべき〕無理《理が無い》のだ」。〔甘節〔が記録した。〕〕

＊

問、[校1]「先生以釋氏之説爲空、爲無理。以空言、似不若『無理』二字切中其病」。曰、[校2]「惟其無理[1]、是以爲空。它之所謂心、所謂性者、只是箇[校3]空底物事、無理」。〔節[2]〕

〔校注〕（校1）問＝楠本本は「問」の前に「節」が入る。　（校2）曰＝楠本本は「曰」の前に「答」が入る。

（校3）箇＝楠本本は「个」に作る。

＊

問う、「先生は釋氏の説を以て空と爲し、理無しと爲す。空を以て言うは、『無理』の二字の切に其の病に中《あた》るに若《し》かざるに似たり」と。曰く、「惟《た》だ其れ理無ければ、是《ここ》を以て空と爲す。它の所謂る心、所謂る性は、只是《ただ》箇の空の物事のみにして、理無し」と。〔節〕

＊

（1）惟其＝【27】の注（4）参照。

（2）節＝【27】の注（9）既出。

（森　宏之）

【38】

先生が弟子たちに質問された、「仏教が『牛を牧《か》う』と言い、老子が『一を抱く』と言い、孟子が『放失した心を探し求める』と言うのは、皆な同じ〔ような〕ことなのに、どうして〔三教は〕同じではないのか」と。甘節が質問した、「この道理〔というもの〕が無いのではないでしょうか」と。〔先生は〕言われた、「道理が無いから、はなはだ有害なのだ」と。〔甘節〔が記録した。〕〕

＊

先生問衆人曰、「釋氏言『牧牛(1)』、老氏言『抱一(2)』、孟子言『求放心(3)』、皆一般、何縁不同」。節就問曰、「莫是無這理」。曰(校1)、「無理煞害事(4)」。〔節(5)〕

〔校注〕（校1）曰＝楠本本は「曰」の前に「答」の一字が入る。

＊

先生、衆人に問いて曰く、「釋氏は『牛を牧《か》う』と言い、老氏は『一を抱く』と言い、孟子は『放心を求む』と言うは、皆な一般《おなじ》なるも、何に縁りて同じからざるや」と。節、就《すなわ》ち問いて曰く、「是れ這の理無きこと莫からんや」と。曰く、「理無ければ、煞《はなは》だ事を害す」と。〔節〕

＊

（1）牧牛＝『中村』に「①十牛の一つ。②心（牛）を練る（牧畜）の意。修行すること」（p.1249）とある。仏教における「牧牛」の思想は、例えば『仏遺教経』（正式名『仏垂般涅槃略説教誡経』）に、「汝等比丘、已《すで》に能く戒に住すれば、当に五根を制し、放逸して五欲に入らしむること勿かるべし。譬えば牧牛の人の、杖を執りて之を視《みは》り、縦逸して人の苗稼を犯さしめざるが如し（汝等比丘、已能住戒、当制五根、勿令放逸入於五欲。譬如牧牛之人、執杖視之、不令縦逸犯人苗稼）」（T12-1111a）とあって、五根五欲の煩悩を制することを牛を飼い慣らすことに喩えている。また、禅家にあっては、馬祖道一（七〇九〜七八八）の問答に、「一日、厨中に在りて作務する次《おり》、祖問うて曰く、『什麼をか作す』と。曰く、『牧牛す』と。祖曰く、『作麼生か牧す』と。曰く、『一たび廻りて草に入り去らば、便ち鼻孔を把りて拽き来たる』と。祖曰く、『子《なんじ》は真に牧牛す』と。師便ち休す（一日在厨中作務次、祖問曰、作什麼。曰、牧牛。祖曰、作麼生牧。曰、一廻入草去、便把鼻孔拽来。祖曰、子真牧牛。師便休）」（『伝燈録』巻六「石鞏慧蔵」条・T51-248b）とあって、ここも同様に、煩悩の制御を「牧牛」に喩えている。これらを受けて、宋代に入る頃には『十牛図』と呼ばれる、十枚の図とそれに付された頌を通して、牧童が野牛に喩えられた「本来心」を捉えて飼い慣らしていく様を説いた作品が作られるようになる。最も有名なものは、廓庵師遠（生没年不詳）によるものであるが、それ以前、すでに太白山普明（蒋之奇？・一〇三一～一一〇四）、仏印了元（一〇三二～一〇九八）、清居皓昇（生没年不詳）、仏国惟白（生没年不詳）等による『牧牛図』が存在した。つまり、朱熹在世の頃には、いくつかの系統の『牧牛図』が存在していたということになる。柴山全慶『十牛図』（其中堂・一九六三）、柳田聖山他『十牛図』（《禅の語録16》所収・筑摩書房・一九七四）、上田閑照・柳田聖山『十牛図―自己の現象学』（《ちくま学芸文庫》筑摩書房・一九九二）が参考になる。

（2）抱一＝『老子』第一〇・二二・三九章に見える言葉。「一」は「道」のこと。「営魄に載り一を抱いて、能く離るること無からんや（載営魄抱一、能無離乎）」（岩波文庫本・p.45~46）。

（3）求放心＝『孟子』「告子上篇」に、「孟子曰く、『仁は人の心なり、義は人の路なり。其の路を舎《す》てて由らず、其の心を放ちて求むることを知らず。哀しいかな。人は雞犬の放つこと有れば則ち之を求むるを知るも、心を放つこと有るも求むるを知らず。学問の道は他無し、其の放心を求むるのみ』と（孟子曰、仁人心也、義人路也。舎其路而弗由、放其心而不知求。哀哉。人有雞犬放、則知求之、有放心而不知求。学問之道無他、求其放心而已矣）」（『四書章句集注』p.333~334、岩波文庫本㊦p.253）とある。人は往々にして、本心である仁義（礼智）を放失してしまう。孟子の言う学問とは、この放失した本心を取り戻そうと努めることである。

（4）害事＝『語類』に頻出する語。『近代漢語』に「①要緊。厳重。②敗事。有害于事」（p.714）とあり、『漢語』に「①有所妨礙的事。②妨事。礙事」（第三冊・p.1452、縮印本㊤p.2058）とある。ここは「害を与える」「有害だ」といった程度の意味であろう。同じような『語類』での用例に「看前人文字、未得其意、便容易立説、殊害事」（巻第一一・p.179、汲古本・p.161）がある。

（5）節＝【27】の注（9）既出。

（廣田宗玄）

【39】

仏教は、最初から一つの道理を見て取ってはいるが、空っぽで中身がない。だから、〔現実世界からの〕超脱を求めようとし、〔外物によってもたらされる〕累《煩い》を全て取り払ってこそ、〔心に汚《けが》れがない状態である〕無漏《むろ》であり、〔それを〕仏の境地であるとする。そのほかに〔地獄・餓鬼・畜生を輪廻する〕三悪道の者たちがいるが、〔それらは〕皆な〔畜生などの〕生きものや餓鬼〔といった迷妄の類〕である。単に〔はからいのある〕作為的な修行に〔自《みずか》らを〕委ねるだけの者は、〔それが、かえって累《煩い》を増すような修行であるために〕なおも菩薩の境地〔にとどまったまま〕であり、まだ仏となることができずにいるのである。我が儒教の場合は、即座にこの道理を見て取ると、それでもう中身があるのだ。だから一貫して、これ（＝仏教）と合致しないのだ。〔余大雅〔が記録した。〕〕

＊

釋氏合下[1]見得一箇[校1]道理、空虛不實。故要得超脱[2]、盡[校2]去物累[3]、方是無漏[4]、爲佛地位[5]。其他有惡趣[6]者、皆是衆生餓鬼[7]。只隨順有所修爲者、猶是菩薩地位[8]、未能作佛也。若吾儒、合下[1]見得箇[校1]道理便實了。故首尾與之不合。〔大雅[9]〕

〔校注〕（校1）箇＝楠本本は「个」に作る。　（校2）盡＝楠本本は「盞」に作る。

＊

釋氏は合下《はじめ》より一箇の道理を見得るも、空虛にして實ならず。故に超脱を得んと要し、盡く物累を去りて、方是《はじ》めて無漏《むろ》にして、佛地の位と爲す。其の他に惡趣《あくしゅ》なる者有り、皆な是れ衆生・餓鬼なり。只だ修爲する所有るに隨順するのみなる者は、猶お是れ菩薩地の位にして、未だ佛と作《な》る能わざるなり。吾が儒の若《ごと》きは、合下《そくざ》に箇の道理を見得れば便ち實となり了《お》わる。故に首尾、之と合わず。〔大雅〕

＊

（1）合下＝『漢語』に「①即時・当下。②当初・原先」（第三冊・p.144、縮印本㊤ p.1503）とある。①は「すぐに、即座に」という意味であり、②は「最初から、以前には」という意味である。『語類』には両方の用例が見られる。①の用例としては、「這般也有時候。旧日看『論語』、合下便有疑」（巻一一・p.186、汲古本・p.211）などがあり、②の用例としては、「公合下認錯了、只管説箇容字、不是如此」（巻一六・p.337）などがある。文脈から考えて、初めの「合下」は②の意味で、後のそれは①の意味で解釈を試みた。なお、禅録でも頻繁に見られる語であるが、『俗語解』に「『直下』と同じ」（p.92）とされている通り、恐らく①の用例が多い。

（2）超脱＝『漢語』に「①衆に抜きんでて俗っぽくない（高超脱俗）。②仏法の済度を受けて、苦難を脱する（謂受到仏法超度、脱離苦難）。③抜け出す。離脱する（解脱。擺脱）」（第九冊・p.1127、縮印本㊦ p.5780）とある。例えば、【97】に「要求清浄寂滅超脱世界、是求一身利便」（巻一二六・p.3032）とある。

（3）物累＝『漢語』に「外物給予人的拖累」（第六冊・p.254、縮印本㊥ p.3489）とあり、『中国語』にも「外物のために煩わされる」（p.3281）とある。もと『荘子』に見える語であり、「天道篇」には「故に天楽を知る者は、天怨無く、人非無く、物累無く、鬼責無し（故知天楽者、无天怨、无人非、无物累、无鬼責）」（岩波文庫本② p.150）とある。仏典や禅録での用例も多く、例えば、『伝燈録』巻二八「大達無業国師語」条には「霊光独照物累不拘、巍巍堂堂三界独歩」（T51-445a）とある。

（4）無漏＝『岩波』に「さまざまな心の汚《けが》れがない状態。『有漏』の対語。『漏』は心の汚れを総称する語で、広い意味での煩悩と同義」（p.996）とある。例えば、『伝心法要』に「汝毎日行住坐臥、一切言語、但莫著有為法。出言瞬目、尽同無漏」（T48-383b、筑摩本・p.77）とあり、『碧巌録』第八四則・頌評唱に「直待証無漏聖身、始可逆行順行」（T48-210a、岩波文庫本㊦ p.122、末木訳㊦ p.145）とある。

（5）佛地位＝「仏地」には「仏の位。さとりの位。情・智に関するあらゆる障害（煩悩障・所知障）から解放された階位。菩薩の究極の階位」（『中村』p.1192）という意味がある。例えば、『六祖壇経』「般若」に「悟無念法者、見諸仏境界。悟無念法者、至仏地位」（T48-351b、文学全集本・p.92）とある。

（6）惡趣＝『岩波』に「悪業《あくごう》を積んだ報いとして赴かなければならない苦しい生存のあり方をいう。『悪道』ともいう。ふつう、地獄・餓鬼・畜生・阿修羅・人・天の『六趣』（六道）のうち、阿修羅を除いた『五趣』（五道）中の地獄・餓鬼・畜生の三つ、あるいは阿修羅を含めた四つを、それぞれ『三悪趣』（三途とも）・『四悪趣』というが、無漏の浄土に対して、輪廻転生すること自体を煩悩に汚された苦の世界（穢土）と見て、人や天をも含めて悪趣と呼ぶこともある」（p.5）とある。ここでは、「悪趣」を「地獄・餓鬼・畜生」の「三悪趣」として解釈しておいた。なお、「趣」とは「衆生が煩悩によって業をつくり、その惑業に引かれておもむき住む所のこと」（『中村』p.635）である。例えば、『大慧語録』巻三〇に「若存心在上面、縱今生未了、亦種得種子深。臨命終時、亦不被業識所牽、墮諸悪趣。換却殼漏子転頭来、亦昧我底不得」（T47-942b、筑摩本・p.232）とある。

（7）衆生餓鬼＝「衆生」は多義的な語であるが、例えば、『岩波』には「仏教では一般に六道輪廻する生きものをさして『衆生』や『有情』（新訳）と訳した」（p.502）とある。「餓鬼」については、『中村』に「六道の一つの餓鬼道に住む者。悪業の報いとして餓鬼道に堕ちた亡者。飢渇に苦しむ者。福徳のない者が陥り、常に飢え・渇き・苦しみに悩まされて、たまたま食物を得ても、これを食べようとすると、炎が発してできないといわれる」（p.162）とある。野口善敬編著『開甘露門の世界—お盆と彼岸の供養』（禅文化研究所・二〇〇八）の解説（p.15~32）などに詳しい。

（8）菩薩地位＝「菩薩」とは「さとりの成就を欲する人」「さとりの完成に努力する人」「上に向かっては菩提を求め、下に向かっては衆生を教化しようとする人」（『中村』p.1219）のこと。「菩薩位」に「菩薩の境地」（同・p.1220）という意味がある。『法華玄義』巻四下に「菩薩地の位とは、空従《よ》り仮に入り、道・観双流《並行》す。深く二諦を観じ、進んで習気《じっけ》・色心の無知を断じ、法眼・道種智を得て、神通に遊戯《ゆげ》し、仏国土を浄《きよ》め、衆生を成就す。仏の十力・四無所畏を学び、習気《じっけ》を断じて将に尽くさんとするなり。斉しく此れを小樹の位と名づくるなり（菩薩地位者、従空入仮、道観双流。深観二諦、進断習気色心無知、得法眼道種智、遊戯神通、浄仏国土、成就衆生。学仏十力四無所畏、断習気将尽也。斉此名小樹位也）」（T33-730a）とある

（9）大雅＝【1】の注（15）参照。

（本多道隆）

【40】

仏教の言葉を取り上げて言われた、「〔禅僧の歌に〕『千もの語言、一万もの解説は、ただ君がずっと〔真理に〕昧《くら》くないようにさせたいだけなのだ』〔とあるが〕、この説はとても良い」と。質問した、「程子は、『仏教の言葉は理に近い。だから害となることが最もひどいのだ』と言っています。いわゆる『理に近い』とは、このような個所を指すのですか」と。〔先生は〕言われた、「そうだ。彼《仏教》はただこの僅かばかりの〔心の〕光明を守れるだけで、全く〔心に具わった〕道理が分かっていない。だから〔実際に〕行動に移すと七転八倒するのだ。我が儒教の学は、〔心を覚醒した慎み深い状態に常に保つ〕居敬〔の工夫〕を根本とし、〔さらに万物の道理をすべて極めるという〕窮理〔の工夫〕を補充している。その同じでない本源がここにあるのだ」と。

＊

擧佛氏語曰、『千種言、萬般解、只要教君長不昧』。(1)此説極好」。問、「程子曰、『佛氏之言近理。所以爲害尤甚』。(2)所謂近理者、指此等處否」。曰、「然。它只是守得這些子光明、全不識道理。所以用處七顛八倒。吾儒之學、則居敬爲本、而窮理以充之。(3)其本原不同處在此」。

〔校注〕※本条は楠本本巻一二六には無し。

＊

佛氏の語を擧して曰く、『千種の言、萬般の解、只だ君をして長く昧《くら》からざらしめんと要《ほっ》するのみ』と。此の説極めて好《よ》し」と。問う、「程子曰く、『佛氏の言は理に近し。所以《ゆえ》に害を爲すこと尤も甚だし』と。所謂る『理に近し』とは、此れ等の處を指すや」と。曰く、「然り。它は只《ただ》是這の些子の光明を守り得るのみにして、全く道理を識《し》らず。所以《ゆえ》に用處七顛八倒す。吾が儒の學は、則ち居敬を本と爲して、窮理以て之を充たす。其の本原同じからざる處、此こに在り」と。

＊

（1）千種言、萬般解、只要教君長不昧＝石頭希遷（七〇〇～七九〇）の「草庵歌」（『伝燈録』巻三〇・T51-461c）の一節。「草庵歌」については、『禅学』（p.712）参照。

（2）程子曰、佛氏之言近理。所以爲害尤甚＝程明道の言葉。『二程集』巻一三に「仏老［一に『老』の字を『氏』の字に作る］、其の言、理に近きこと、又た楊・墨の比に非ず。此れ害すること尤も甚だしき所以《ゆえん》なり（仏老［一作氏字］、其言近理、又非楊墨之比。此所以害尤甚）」（p.138）とある。

（3）吾儒之學、則居敬爲本、而窮理以充之＝「居敬」と「窮理」は、朱子学における自己修養の二つの柱。居敬による「涵養」と窮理による「窮索」について、朱熹は「二者、一を廃す可からざること、車の両輪の如く、鳥の両翼の如し（二者不可廃一、如車両輪、如鳥両翼）」（『語類』巻九・p.150）とも言っている。「居敬」は『論語』「雍也篇」の語で、原義は慎み深くすること。程伊川の「持敬」の説を受けた朱熹によれば、「只《た》是《だ》此の心を提《よび》撕《さま》し、他をして光明ならしむ（只是提撕此心、教他光明）」（『語類』巻一二・p.209、汲古本・p.100）ことだとする。心を常に覚醒した状態に保つことを言うのであり、「敬の字の工夫は、乃ち聖門の第一義にして、徹頭徹尾、頃刻も間断す可からず（敬字工夫、乃聖門第一義、徹頭徹尾、不可頃刻間断）」（同上・p.210）とされる。「窮理」は『易』「説卦伝」に「理を窮め性を尽くして以て命に至る（窮理尽性以至於命）」（岩波文庫本㊦p.287）とあるのに拠る。万物の道理を窮めること。『大学』の「致知」を重視した程伊川を受けて、具体的な方法としては『大学』の「格物補伝」に「格物致知」の工夫として説かれている。一つ一つの物事の道理を極めていくうちに、「一旦《ある日》豁然貫通せば、則ち衆物の表裏精粗、到らざる無くして、吾が心の全体大用、明らかならざる無し（一旦豁然貫通焉、則衆物之表裏精粗、無不到、而吾心之全体大用、無不明矣）」（『四書章句集注』p.7、古典選本・p.76）という状態になるとされる。『中国思想』「居敬窮理」条（p.78）、『中国思想文化事典』「朱熹」条（p.379~381）などを参照。

（野口善敬）

【41】

曾祖道が質問した、「儒教と仏教の相違点は、どこで区別するのですか」と。〔先生は〕言われた、「たとえば、

〔『中庸』で〕『天が命ずるのを性と謂う』と説いているのに、仏教は分からないで、性急に『〔性とは〕空なる覚《さと》りのことだ』と言う。わが儒家が説くのは実理である。〔だから〕彼ら（＝仏教）が誤っていることが分かる。彼ら（＝仏教）は、『〔絶対の境地では〕どんな塵《けがれ》も受けないし、〔かといって、様々な法《修行》を〕一法《ひとつ》として捨てない』と言うが、どんな塵《けがれ》も受けないのに、どうしてどんな法《修行》も捨てないのか。かの空を説明する段になると、さらに落ち着く場がない。たとえば、人の心においては、かならず、その中に、もともと父子《おやこ》・君臣・兄弟・夫婦・朋友〔の道〕がなければならないのに、仏教で修行して徹底して〔悟って〕いる者は、父子・君臣・兄弟・夫婦・朋友と〔いった道理と〕、全く関係をもたない。〔これに対して〕わが儒家で修養して徹底し〔て道理を体得し〕たものは、〔『孟子』にあるように〕『父子《おやこ》〔の間〕には親愛があり、君臣〔の間〕には礼儀があり、兄弟〔の間〕には順序があり、夫婦〔の間〕には区別があり、朋友〔の間〕には信義がある』のだ。わが儒家は誠実《まこと》という道理を体認しているだけであり、誠はあらゆる善の骨子なのである」と。

＊

[1]曹問何以分別儒釋差處。曰[校1]、「只如説『天命之謂性』[2]、釋氏便不識了、便遽[校2]説是空覺[3]。吾儒説底是實理[4]。看他便錯了[校3]。他云、『不染一塵、不捨一法』[5]。既不染一塵、却如何不捨一法。到了[校4]是説那空處、又無歸著[校5]。且如人心、須是其中自有父子君臣兄弟夫婦朋友。他做得徹到底[校6]、[校7]便與父子君臣兄弟夫婦朋友都不相親、吾儒做得到底、便『父子有親、君臣有義[校8]、兄弟有序、夫婦有別、朋友有信』[6]。吾儒只認得一箇[校9]誠實底道理。誠便是萬善骨子」[7][校10]。

〔校注〕（校1）曰＝楠本本は「先生曰」に作る。　（校2）遽＝正中書局本・朝鮮整版は「僂」に作る。

（校3）了＝正中書局本は「子」に作る。　（校4）便遽説…到了＝楠本本はこの四十二字を「他只」の二字に作る。　（校5）著＝正中書局本・楠本本・和刻本は「着」に作る。　（校6）底＝朝鮮整版はこの字を欠く。（校7）他做得徹到底＝楠本本は「道理是他便説道只是空覺吾偏説則是實理他云不染一塵不捨一法既不染塵却如何不捨法到了他做得不徹」の四十五字に作る。　（校8）義＝楠本本は「敬」に作る。　（校9）箇＝楠本本は「个」に作る。　（校10）骨子＝楠本本は「骨子」の下に記録者と思われる「辛」の一字が入る。ただし、『語類』の巻頭に付録されている「朱子語録姓氏」に該当する人物は見えない。

＊

曹問う、「何を以て儒釋の差《たが》う處を分別せんや」と。曰く、「只如《たと》えば『天の命ずるを之れ性と謂う』と説くは、釋氏は便ち識《し》らず了《お》わり、便ち遽《にわ》かに説《い》う、『是れ空覺なり』と。吾が儒の説く底《もの》は是れ實理なり。他《かれ》の便ち錯《あやま》り了《お》わるを看る。他《かれ》云う、『一塵に染まらず、一法を捨てず』と。既に一塵に染まらざるに、却って如何ぞ一法を捨てざる。是れ那《か》の空を説く處に到り了《お》わりては、又た歸著無し。且如《たと》えば人心は、須是《すべから》く其の中に自ら父子・君臣・兄弟・夫婦・朋友有るべし。他《かれ》の做し得て徹到する底《もの》は、便ち父子・君臣・兄弟・夫婦・朋友と、都《すべ》て相い親しからず。吾が儒の做し得て到る底《もの》は、便ち『父子に親《しん》有り、君臣に義有り、兄弟に序《じょ》有り、夫婦に別有り、朋友に信有り』。吾が儒は只だ一箇の誠實の道理を認得するのみ。誠は便是《すなわ》ち萬善の骨子なり」と。

＊

※この一段については、荒木見悟『朱子 王陽明』(p.313) に口語訳が載せられており、それを参考にした。

（1）曹＝諸本は、全て「曹」に作る。荒木見悟氏は「曹祖道」としているが、『語類』の巻頭に付録されている「朱子語録姓氏」では「曽祖道」と作っていることから、「曽祖道」の誤りであろう。曽祖道については、「朱子語録姓氏」に「字《あざな》は択之、寧都（江西省）の人。丁巳（慶元三年・一一九七）に聞く所なり（字択之、寧都人。

丁巳所聞）」（p.15）とあり、『宋人伝記』に「字《あざな》は宅之、一に字を択之とす。廬陵（江西省）の人。劉清の門人なり。嘗て陸九淵を師とし、後に又た朱熹の学を為《おさ》む（字宅之。一字択之。廬陵人。劉清之門人。嘗師陸九淵、後又為朱熹之学）」（第四冊・p.2829）とある。『学案』巻六九（p.70）も参照。

（2）天命之謂性＝『中庸』の冒頭の句（『四書章句集注』p.17、古典選本・p.167~170）。人間の本性は、天（根源的主宰者）が命じて人々に割り付けて与えたものであるということ。「を之れ」とつづくのは、「天命」という目的語を「謂う」という動詞の上に出して強調した（倒置法）ために付けた助字。岩波文庫本『中庸』の語注を参照（p.141~142）。

（3）空覺＝「空」という覚《さと》り。すべてのものに実体はなく空であると悟ること。「空」は、仏教の空の思想。【4】の注（10）、【28】の注（1）参照。仏典に見える「空覚」という言葉としては、『楞厳経』巻六の「空覚極円」（T19-128b）が有名だが、『楞厳経』の「覚」は「さとり」ではなく、六根の「覚知」の意であり、ここでは意味が通じない。詳細については、臨済宗妙心寺派教学研究委員会「『楞厳経』巻六 訳注」（『臨済宗妙心寺派教学研究紀要』第一一号・二〇一三）参照。

（4）實理＝「実」は「空」の反対で、実体として普遍的な理があるということ。【28】の注（2）参照。

（5）不染一塵、不捨一法＝『伝燈録』巻九「潙山霊祐」条に「要を以て之を言わば、則ち実際理地には一塵を受けず、万行門中には一法を捨てず（以要言之、則実際理地、不受一塵、万行門中、不捨一法）」（T51-265a、禅研本③p.246）とある。【42】の注（5）、【60】の注（12）も併せて参照。

（6）父子有親…朋友有信＝『孟子』「滕文公上篇」に「父子に親《しん》有り、君臣に義有り、夫婦に別《べつ》有り、長幼に序有り、朋友に信有らしむ（父子有親、君臣有義、夫婦有別、長幼有序、朋友有信）」（『四書章句集注』p.259、岩波文庫本㊤p.211）とある。

（7）誠實底道理、誠便萬善骨子＝「誠」は、宋学で重視された用語。もともと『中庸』に見えるが、朱熹は「誠」を天理の本然と断じて「太極」に当て、真実無妄の理体たる「誠＝太極」を全存在の根拠とした。そして、このような「誠」は、人倫の理法、自然の条理として、人間と自然の世界に露呈するとした。『中国思想』（p.389）参照。また、三浦氏は、「誠」について「物を物をしてあらしめている理、しばしば『実理』と呼ばれるもの」（『「朱子語類」抄』p.284）と簡潔に述べている。

（廣田宗玄）

【42】

仏教が〔道理に〕外れる理由について質問した。〔先生は答えて〕言われた、「〔仏教は〕のっけから間違っている。たとえば〔『中庸』に〕『天が命ずるのを性という』〔という語が〕あるが、仏教は〔その語を〕取り上げて空虚と見なして説明する。〔しかし〕我が儒教ではすべて実〔体〕として見る。もし、我々（＝儒教）〔の見方〕は、最初から最後まで小さなものから大きなものまで、すべて実〔体〕があり、彼ら（＝仏教）〔の見方〕は、最初から最後まで、小さなものから大きなものまで、すべて空〔虚〕としていることを見切り、このように〔儒教は実、仏教は空としていることを〕見破ったならば、どうして〔仏教がはじめから間違っている理由を〕解説してわからないことがあろうか。また、『絶対の境地では一つの塵《けがれ》も受けないし、〔かといって〕あらゆる修行を一つとして捨てない』といった言葉〔があるが〕、それは後世の仏教の悪知恵《わるぢえ》であり、またこの一語をつくり出して我が儒教の道理にすりよっているのである。まさしく〔『孟子』の〕言う『言い逃れの言葉は、その人が行き詰まっていることがわかる』である。

もし人としてこの世に生まれたならば、必ず切実なところを理解しなければならない。この上なく切実なところについて論ずるならば、〔それは自分自身の〕一個の心、〔自分自身の〕一個の身に過ぎない。もし自分が〔一身の〕主人となることができないならば、さらに何を理解しようか。しかし、その切実なところを知る方法を求めるならば、聖人の書物より適切なものはない。聖人の書物は、人を導くものなのである。もしこれを捨てて他に求めたとしても、〔人を導く〕別の手立てはない。〔『孟子』には〕『舜も人なら、自分も人だ。〔ところが〕舜は模範を天下に垂れて後世までも伝えることができたが、私は今なおつまらぬ村人にすぎないではないか』とあり、〔『礼記』には〕『高い山は人びとが仰ぎ、徳行は人びとがならう』とあるのは、ただ〔道（＝真理）を〕見ることができずにいるのを恐れているのだ。もし志を有する士ならば、ただ一本の大路を見て、前に向かって進んでいくだけで、〔その先に〕どんな苦しく険しい道があろうと問題にしない。孔子は言っている、『〔仁に志す人は〕道に向かって進み、我が身の老いゆくことも忘れ、年数が足りないということも気づかない。〔ひたすら仁に向かって進み、〕少しも怠らず、倒れて〔死んでしまって〕はじめて終わるのだ』と。自分自身が志を立て、前に向かって進んでいくならば、鬼神さえも道をゆずる。どうして古〔の聖人に自分が及んでいないこと〕を前もって気に掛けたり、心配したりする必要があろうか。このよう〔に気に掛けたり、心配したりする〕ならば〔何事も〕成就することなく終わるであろう」と。〔葉賀孫〔が記録した。〕〕

＊

問佛氏所以差。曰、「從劈初頭[1]便錯了。如『天命之謂性』[2]、他把做[校1]空虛說了。[3]吾儒見得都是實。若見得[4]到自家底從頭到尾小事大事都是實、他底從頭到尾都是空、恁地見得破、如[校2]何解說不通。又如『實際理地不受一塵、萬行叢中不捨一法』[5]等語、這是他後來桀黠底、又撰出這一話來倚傍吾儒道理。正[校3]所謂『遁辭知其所窮』[6]。且如人生一世間、須且理會切實處。論至切至實處、不過是一箇[校4]心、不過一箇[校5]身。若[校6]不自會做主[7]、更理會甚麼。然求[校7]所以識那切實處、則莫切於聖人之書。聖人之書、便是箇[校4]引導人底物事。若舍此而它求、則亦別無門路矣。『舜人也、我亦人也。舜爲法於天下、可傳於後世、我猶未免爲郷人也、是則可憂也。憂之如何。如舜而已矣』[8]。『高山仰止、景行行止』[9]。只怕不見得。若果是有志之士、只見一條大路、直[10]上行將去[11]、更不問著[校8]有甚艱難險阻。孔子曰、『向道而行、忘身之老也、不知年數之不足也、俛焉日有孜孜、斃而後已』[12]。自家立著[校8]志向前做將去[11]、鬼神也避道、豈可先自[13]計較[14]。先自[13]怕却[15]。如此終於無成」。

［賀孫[16]］

［校注］（校1）做＝楠本本は「做」の前に「這个便都」の四字が入る。（校2）如＝楠本本は「如」の前に「恁地」の二字が入る。（校3）正＝楠本本は「正」の前に「這」の一字が入る。（校4）箇＝楠本本は「个」に作る。（校5）一箇＝楠本本は「是一个」に作る。（校6）若＝楠本本は「若」の前に「這个」が入る。（校7）求＝楠本本は「本」に作る。（校8）著＝正中書局本・楠本本は「着」に作る。

＊

佛氏の差《たが》う所以《ゆえん》を問う。曰く、「劈初頭從《よ》り便ち錯《あやま》り了《お》わる。『天の命ずるを之れ性と謂う』が如き、他は把《と》りて空虛と做し說き了《お》わる。吾が儒は見《み》得《え》て都《す》是《べ》て實なり。若し自家の底《もの》は從頭到尾、小事大事都《す》是《べ》て實にして、他の底《もの》は從頭到尾都《す》是《べ》て空なるに見《み》得《え》て到り、恁地《かくのごと》く見《み》得《え》て破らば、如何ぞ解說して通ぜざる。又た『實際理地には一塵を受けず、萬行叢中には一法を捨てず』等の語の如きは、這《こ》是れ他の後《のち》來の桀黠の底《もの》にして、又た這の一話を撰出し來たりて吾が儒の道理に倚傍す。正《まさ》に所謂る『遁辭は其の窮まる所を知る』なり。且《た》如《と》えば人、一世間に生まるれば、須《すべか》且《ら》く切實の處を理會すべし。至って切、至って實なる處を論ずれば、是れ一箇の心に過ぎず、一箇の身に過ぎず。

若し自《みずか》ら會《よ》く主と做《な》らずんば、更に甚麼《なに》をか理會せん。然れども那《そ》の切實の處を識《し》る所以《ゆえん》を求むれば、則ち聖人の書より切なるは莫し。聖人の書は、便是《すなわ》ち箇の人を引導するの物事なり。若し此れを舍《す》てて它に求むれば、則ち亦た別に門路無し。『舜も人なり、我も亦た人なり。舜は法を天下に爲して、後世に傳う可きも、我れは猶お未だ郷人爲《た》るを免れざるなり、是れ則ち憂う可きなり。之を憂えば如何にすべき。舜の如くならんのみ』、『高山は仰止、景行は行止』とは、只だ見得せざるを怕るるのみ。若《も》し是れ志有るの士ならば、只だ一條の大路を見て、直上し行き將《も》ち去り、更に甚《なん》の艱難險阻有るかを問著せず。孔子曰く、『道に向かいて行き、身の老うるを忘るるなり。年數の足らざるを知らざるなり。俛焉として日に孜孜たる有り、斃《たお》れて後に已む』と。自家、志を立著し、前に做し將《も》ち去れば、鬼神も也《ま》た道を避く。豈に先自《さき》に計較す可きや、先自《さき》に怕却せんや。此《か》くの如くんば、成す無きに終わる」と。「賀孫」

＊

（1）劈初頭＝『語類』にはこの箇所にしか見られない語。「劈頭」で、『禅語』に「頭めがけて真っ正面から」（p.415）とあり、ここでもその意味であろう。

（2）天命之謂性＝【41】の注（2）参照。

（3）如天命之謂性、他把做空虚説了＝禅宗に於ける「天命之謂性」についての代表的な議論に、大慧宗杲と張九成の次の問答がある。

遂に子思の『中庸』の「天の命ずるを之れ性と謂い、性に率うを之れ道と謂い、道を修むるを之れ教と謂う」の三句を挙げて以て問う。慧曰く、「凡そ人は既に本命元辰の下落する処を知らざれば、又た好人を牽いて火坑に入らんと要《ほっ》す。如何ぞ聖賢、打頭の一著に於いて鑿破せざる」と。憲曰く、「吾が師、能く聖賢の為《ため》に鑿破するや」と。慧曰く、「天の命ずるを之れ性と謂うは、便是《すなわ》ち清浄法身なり。性に率うを之れ道と謂うは、便是《すなわ》ち円満報身なり。道を修むるを之れ教と謂うは、便是《すなわ》ち千百億化身なり」と。（遂挙子思『中庸』「天命之謂性、率性之謂道、修道之謂教」三句以問。慧曰、「凡人既不知本命元辰下落処、又要牽好人入火坑。如何聖賢於打頭一著不鑿破」。憲曰、「吾師能為聖賢鑿破否」。慧曰、「天命之謂性、便是清浄法身。率性之謂道、便是円満報身。修道之謂教、便是千百億」。）（『五燈会元』巻二〇「侍郎無垢居士張九成」条・Z138-402c）

（4）見得＝『禅語』に、『臨済録』の「与麼見得、勿嫌底法」を典拠として「見てとる」（p.106）とある。また、『中国語』に「あらわす。あきらかにする。（…のように）見える。＝顕得」（p.1490）とある。ちなみに、「見得」が「わかる」という意味となる場合は、否定文・疑問文・反語文にのみ用いる（同上）。

（5）實際理地不受一塵、萬行叢中不捨一法＝潙山霊祐の言葉として知られる言葉。『伝燈録』巻九の「潙山霊祐」条では「実際理地不受一塵、万行門中不捨一法」（T51-265a、禅研本③ p.246）と「叢中」が「門中」となり、『正法眼蔵』巻五では「実際理地不受一塵、仏事門中不捨一法」（Z118-60c）と「万行」が「仏事」となるなど、禅録の種類によって多少の字の異同がある。「実際理地」は、真実究竟の境地。一切差別の件を超絶した平等一如の世界。真如実相の境界。理は事の対で、真如の本体。地は境地・境涯（『禅学』p.450）。「万行」は、一切の善い行い。一切の修行（『中村』p.1285）。【60】の注（12）も併せて参照。

（6）遁辭知其所窮＝『孟子』「公孫丑上篇」に「『何をか言を知ると謂う』。曰く、『詖辭は其の蔽わるる所を知り、淫辞は其の陥る所を知り、邪辞は其の離るる所を知り、遁辞は其の窮まる所を知る。其の心に生ずれば、其の政に害あり、其の政に発すれば、其の事を害す。聖人復た起こるも、必ず吾が言に従わん』と（『何謂知言』。曰、

『詖辞知其所蔽、淫辞知其所陥、邪辞知其所離、遁辞知其所窮。生於其心、害於其政、発於其政、害於其事。聖人復起、必従吾言矣』)」(『四書章句集注』p.232~233、岩波文庫本㊤p.126)とある。

(7)做主＝「作主」に同じ。「作主」は、『臨済録』の「随処作主、立処皆真」(T47-498a、岩波文庫本・p.50)がよく知られるが、「①自分の考えで行う。自分の意思で決める。一存で決める。自分で責任を持ち決定する。自分の考えで決断する。采配をふるう。②公正に処理する」(『中国語』p.4182~4183)こと。また、三浦國雄『「朱子語類」抄』に「做主」に対する詳細な説明がある(p.144)。

(8)舜人也、我亦人也…如舜而已矣＝出典は、『孟子』「離婁下篇」の次の一段である。

孟子曰く、「君子の人に異なる所以《ゆえん》は、其の心を存するを以てなり。君子は仁を以て心を存し、礼を以て心を存す。仁者は人を愛し、礼有る者は人を敬す。人を愛する者は、人、恒《つね》に之を愛し、人を敬する者は、人、恒《つね》に之を敬う。此こに人有り、其の我を待つに横逆を以てすれば、則ち君子は必ず自ら反《かえり》みるなり。『我、必ず不仁ならん、必ず無礼ならん、此の物、奚宜《なんぞ》至るべけんや』と。其の自ら反《かえり》みて仁にして、自ら反《かえり》みて礼有るも、其の横逆、由《な》お是《か》くのごとくなれば、君子は必ず自ら反《かえ》りみる、『我、必ず不忠ならん』と。自ら反《かえり》みて忠なるも、其の横逆、由《な》お是《か》くのごとくなれば、君子曰く、『此れ亦た妄人なるのみ。此《か》くの如くんば、則ち禽獣と奚《なん》ぞ択ばん。禽獣に於いて又た何をか難ぜん』と。是の故に君子は終身の憂い有るも、一朝の患い無きなり。乃ち憂う所の若《ごと》きは則ち之有り。舜も人なり、我も亦た人なり。舜は法を天下に為して、後世に伝うべきも、我は由お未だ郷人為《た》るを免れざるなり。是れ則ち憂うべきなり。之を憂えば如何にすべき。舜の如くならんのみ。夫の君子の若《ごと》きは、患うる所は則ち亡し。仁に非ざれば為す無く、礼に非ざれば行う無きなり。如《も》し一朝の患い有るも、則ち君子は患えざるなり」と。(孟子曰、「君子所以異於人者、

以其存心也。君子以仁存心、以礼存心。仁者愛人、有礼者敬人。愛人者、人恒愛之、敬人者、人恒敬之。有人於此、其待我以横逆、則君子必自反也。『我必不仁也、必無礼也、此物奚宜至哉』。其自反而仁矣、自反而有礼矣、其横逆由是也、君子必自反也、『我必不忠』。自反而忠矣、其横逆由是也、君子曰、『此亦妄人也已矣。如此則与禽獣奚択哉。於禽獣又何難焉』。是故君子有終身之憂、無一朝之患也。乃若所憂則有之。舜人也、我亦人也。舜為法於天下、可伝於後世、我由未免為郷人也。是則可憂也。憂之如何。如舜而已矣。若夫君子所患則亡矣。非仁無為也、非礼無行也。如有一朝之患、則君子不患矣」。）（『四書章句集注』p.298、岩波文庫本㊦p.98）

（9）高山仰止、景行行止＝出典は、『礼記』「表記篇」の次の一段である。

子曰く、「中心、仁に安ずる者は、天下一人のみ。大雅に曰く、『徳輶《かろ》きこと毛の如し、民克《よ》く之を挙ぐること鮮《な》し。我が儀、之を図るに、惟だ仲山甫、之を挙ぐ。愛すれども之を助くること莫し』と。小雅に曰く、『高山は仰止、景行は行止』と。子曰く、『詩』の仁を好むこと此《か》くの如し。道に郷《むか》いて行き、中道にして廃む、身の老を忘るるなり、年数の足らざるを知らざるなり。俛焉として日に孳孳たる有り、斃《たお》れて后に已む」と。（子曰、「中心安仁者、天下一人而已矣。大雅曰、『徳輶如毛、民鮮克挙之。我儀図之、惟仲山甫挙之、愛莫助之』。小雅曰、『高山仰止、景行行止』。子曰、『詩』之好仁如此。郷道而行、中道而廃、忘身之老也、不知年数之不足、俛焉日有孳孳、斃而后已」。）（新釈本㊦p.815）

（10）直上＝前に向かってまっすぐ進む。『近代漢語』に「①正上方。②一直向前」（p.2396）、『漢語』に「向上。向前」（第一冊・p.854、縮印本㊤p.362）とあり、『中国語』に「前に進む」（p.3999）とある。用例としては、『語類』巻一一三に「敬義夾持し、直上して天徳に達す（敬義夾持直上達天徳）」（p.2742）とある。この語は『程子遺書』巻五（『二程集』p.78）からの引用である。

（11）将去＝『禅語』「～将去」条に「『～将来』を見よ」（p.214）とあり、「～将来」条に、小川環樹『唐詩概説』（p.214）を引き、「将は動詞のあとにつき、そえ字となり、動作の現実化を表す俗語的用法。寄将・移将・携将・取将・盛将・索将など。『鈿合金釵寄将去』（長恨歌）のごとく、将のあとに去・来がつく場合もある」（p.215）とある。

（12）孔子曰向道…斃而後已＝注（9）参照。

（13）先自＝『漢語』に「先已。本已」（第二冊・p.239、縮印本㊤p.840）、『近代漢語』に「先就。早已」（p.2003）とある。ここでは副詞の「先（先に。前もって）」に軽い助字の「自」が付いたものであろう。『禅語』「～自」条に「尚自・猶自・閑自・本自・但自・浪自などの『自』は、きわめて軽くついた助字」（p.179）とある。

（14）計較＝あれこれと妄念ではかり考えること。宋代の看話禅を説示する際に、避けるべき心のはたらきを示す語として多用された表現で、圜悟克勤の『碧巌録』では「爾《なんじ》の計較して道理を作す処無し（無爾計較作道理処）」（第一七則・本則評唱・T48-157b、岩波文庫本㊤p.232）など三十三個所見え、大慧宗杲の『大慧語録』には「思量計較」（巻二三「示徐提刑法語」T47-907c）、「分別計較」（巻二六「答陳少卿書」T47-923c）などといった形で四十個所見える。また、『禅語』（p.102）、『禅学』（p.266）などを参照。

（15）却＝動詞に付く助字。『中国語』に「動詞の後に用いる。…（2）動作・行為の観正・持続の働きを助ける。＝着・得」（p.2523）とある。

（16）賀孫＝【11】の注（9）参照。

（森　宏之）

【43】

そこで〔先生は〕仏教の学と我が儒学とで非常に似たところを取りあげられ〔て言われ〕た。「たとえば、『天地に先だつ物があり、〔それは〕無形であって本よりひっそりしている。森羅万象の主となって、時節とともに凋落しない』と言ったり、『払い落とされたのは他でもない〔自《みずか》らのものであり〕、四方八方〔に存在するもの〕は〔単なる心の〕対象などではない。山河も大地も完全に法王《ほとけ》のすがたを露《あら》わにしている』と言ったり、『もし人が心を把握したなら、大地に足をつける余地すらない』と言っているが、見てみなさい、これら〔の類の禅語〕は大した見識だ。昨今の取るに足りない小儒どもがどうして彼らの手から逃《のが》れられようか。彼らの言いなりになるのは当然だ。これは法眼禅師一派の宗旨がこうした類である。〔ところが〕今の禅僧たちは、皆なその〔法眼一派の〕説を否定し、〔これらについて〕『理屈の筋道があり、マンネリに陥っている。正しい知見を妨げている』と考えている。今の禅僧たちは、多く『麻三斤《まさんぎん》』『乾屎橛《かんしけつ》』を説き、これらを『マンネリに陥っておらず、理屈の筋道に落ちこんでいない』などと言う。妙喜（大慧宗杲）の説がこうした類である。しかしながら、〔妙喜は〕さらに一転してこのように説かない場合もある」と。［沈僩〔が記録した。〕］

＊

因舉佛氏之學與吾儒有甚相似處。「如云『有物先天地、無形本寂寥。能爲萬象主、不逐四時凋』(1)、又曰『撲(校1)落(校2)非它物、縱橫不是塵。山河及大地、全露法王身』(2)、又曰『若人識得心、大地無寸土』(3)、看他是甚麼(4)樣見識(5)。今區區小儒、怎生(6)出得他手。宜其爲他揮下(7)也。此是法眼禪師下一派宗旨如此(8)。今之禪家皆破其說、以爲『有理路(9)、落窠臼(10)。有礙正當知(11)見』。今之禪家多是『麻三斤(12)』『乾屎橛(13)』之說、謂之『不落窠臼、不墮理路』。妙喜之說、便是如此(14)。然又有翻轉不如此說時(15)」。［僩(16)］

〔校注〕（校1）撲＝底本は「樸」に作るが、正中書局本・朝鮮整版・楠本本・和刻本は「撲」に作る。底本の「樸」は「撲」の誤りであろう。「撲」に改めた。（校2）落＝和刻本は「地」に作る。

＊

因《ちな》みに佛氏の學と吾が儒とに甚だ相い似たる處有るを擧ぐ。『物有り、天地に先んじ、形無くして本より寂寥たり。能く萬象の主と爲りて、四時を逐《お》って凋《しぼ》まず』と云い、又た『撲落《ぼくらく》するは它物に非ず、縱横是れ塵ならず。山河及び大地、全く法王身を露《あら》わす』と曰い、又た『若し人、心を識得すれば、大地に寸土無し』と曰うが如き、看よ、他《それ》は是れ甚麼樣《なかなか》の見識なり。今の區區たる小儒、怎生《いか》んぞ他《かれ》の手を出で得ん。宜《むべ》なり、其の、他《かれ》の揮下と爲ること。此れは是れ法眼禪師下の一派の宗旨、此《か》くの如し。今の禪家は皆な其の説を破り、以爲《おもえら》く、『理路有り、窠臼《かきゅう》に落つ。正當の知見を礙《さまた》ぐること有り』と。今の禪家は多くは是れ『麻三斤《まさんぎん》』『乾屎橛《かんしけつ》』の説にして、之を『窠臼《かきゅう》に落ちず、理路に墮ちず』と謂う。妙喜の説は、便是《すなわ》ち此《か》くの如し。然れども又た翻轉して此《か》くの如く説かざる時有り」と。

〔僩〕

＊

（1）有物先天地…不逐四時凋＝梁の傅翕（傅大士・四九七〜五六九）の言葉。『善慧大士語録』巻三に「物有り、天地に先んじ、形無くして本より寂寥たり。能く万象の主と為りて、四時を逐って凋《しぼ》まず（有物先天地、無形本寂寥。能為万象主、不逐四時凋）」（Z120-13a）とある。傅翕は、婺州（浙江省）義烏県の人。善慧大士・叢林大士・東陽大士とも称される。達磨に会い、その指示に従って松山頂に棲んだ。昼は傭作、夜は行道していたが、大通二年（五二八）に無遮大法会を行い、同六年、書を梁の高祖に呈した。のち、武帝に召されて問答・講経を行う。

大同五年（五三九）には松山下に双林寺を創立した。太建元年示寂。世寿七十三。居士であったが、弥勒の応身といわれる。『禅学』（p.1079）参照。『伝燈録』巻二五には「有物先天地、無形本寂寥」をめぐる天台徳韶（法眼文益の法嗣・八九一～九七二）の問答がある（T51-409a）。

（2）樸落非它物…全露法王身＝興教洪寿（九四四～一〇二二）の言葉。覚範慧洪『林間録』巻上に「杭州興教の小寿禅師、初め天台韶国師に随う。普請するに、薪を堕《お》とすを聞きて悟る。偈を作りて曰く、『撲落《ぼくらく》するは他物に非ず、縦横是れ塵ならず。山河及び大地、全く法王身を露《あら》わす』と。国師は之に頷くのみ（杭州興教小寿禅師、初随天台韶国師。普請、聞堕薪而悟。作偈曰、『撲落非他物、縦横不是塵、山河及大地、全露法王身』。国師頷之而已）」（Z148-293b）とある。「樸落非他物」は「散り散りに払い落とされているものは、ほかならぬ自らのものだ」（『禅語』p.429）ということ。『碧巌録』第七八則・本則著語にも見え（T48-205a、岩波文庫本㊦p.65）、末木訳は「払い落とされたのは他人の物ではない」（㊦p.71）と訳し、「悟りの境地は各自が自得すべきものであるということ」（p.73）と解説する。興教洪寿は、天台徳韶の法嗣であり、法眼文益の孫弟子に当たる。その伝は『天聖広燈録』巻二七「興教洪寿」条（Z135-436c）に見える。また『禅学』（p.312）参照。

（3）若人識得心、大地無寸土＝出典不明。柳田聖山「仏教と朱子の周辺」では、長霊守卓（一〇六五～一一二三）の言葉とされるが、景祐三年（一〇三六）に完成した『天聖広燈録』巻一八に収録された楊億（九七四～一〇二〇）の書簡（「李維内翰に寄せて其の始末師承を叙す」）のなかに、「古徳亦云、若人識得心、大地無寸土」（Z135-390b）という引用を確認することができる。つまり、楊億の頃には、既にこの句は古徳の語として広く知られていたことが予想される。「大地無寸土」は「大地には足をつける地面もない。錐を立てるほどの安住の地も持たぬ透徹した無一物の境位」（『禅語』p.293）ということ。

（4）甚麼様＝「甚麼」は「什麼」に同じ（『禅語』p.234）。「怎麼様」と同じく、疑問詞の「甚麼」に様態を示す「様」が結合したもので、『中国語』「什麼様」条に「どの様な。いかなる」（p.2723）とあるように、もともとは疑問を示す。しかし、『禅語』「什麼生」条に「なかなかの、大した。普通の疑問詞としての用法とは別」（p.199）とあるように、この「甚麼様」も疑問詞ではなく形容詞で理解した方が良い場合がある。同じ『語類』に見られる、例えば、「且如『発憤忘食、楽以忘憂』、是甚麼様精神。甚麼様骨力」（巻三四・p.889）や「子路是甚麼様才気」（巻四一・p.1048）といった表現も、同じ用法であろう。

（5）他是甚麼様見識＝「有物先天地…」「撲落非它物…」「若人識得心…」といった禅の言葉、すなわち柳田聖山氏の表現を借りれば「悟りの境地を理論的に説いている」言葉（前掲「仏教と朱子の周辺」）を、朱熹は評価していたようである。一方で、朱熹が激しく批判しつづけた禅の言葉があった。後出する「麻三斤《まさんぎん》」「乾屎橛《かんしけつ》」など、彼によって「無頭話」（【80】）と呼ばれた言葉がそれである。語句や表現に即してそこに説かれている主旨をはっきりと理解できるものが前者であり、これに対し、理解・不理解の余地すらなく、意味や論理が完全に脱落しているものが後者である。後世にあっては、前者は「有義句」、後者は「無義句」などと称された。大慧宗杲をはじめとする禅僧たちが、理解・不理解の及ばない所謂る「無義句」を重視したのは、それに全身全霊を集中しつづけることで思考や判断を一旦放棄させ、その先に何ものにも執われない新たな自己のありかたを確立させることを目指したからにほかならない。だが、朱熹の目には、かかる類の言葉は単なる「呆守の法（ぼーっとしつづけるやりかた）」、あるいは「心を麻痺させる」ものとして全く否定的に映っていたのである（【81】）。このことについては、土田健次郎「朱子学と禅」（『思想』No.960・岩波書店・二〇〇四）、小川隆『「臨済録」禅の語録のことばと思想』第I部・第二章「宋代の禅―圜悟と大慧」（岩波書店・二〇〇八）、「鉄酸餡―問答から公案へ　公案から看話へ」（『臨済宗妙心寺派教学研究紀要』第八号・二〇一〇）、『語録の思想史―中国禅の研究』第二章・第五節「『碧巌録』における活句の説」（岩波書店・二〇一一）などに詳しい。なお、土田氏が既に指摘する通り、大慧は「趙州《じょうしゅう》狗子《くす》」の話頭（所謂る「無字」の話頭）を頻用したにも関わらず、朱熹の著作や語類のうちに、この話頭に関する言及が見当たらない（前掲「朱子学と禅」）。「趙州狗子」の話頭は、その性格からして明らかに「麻三斤」や「乾屎橛」と同じ「無義」の話頭であり、真っ先に朱熹の批判の対象となり得るはずであるが、それを槍玉に挙げない理由については明らかでない。

（6）怎生＝『禅語』に「『作麼生』に同じ」（p.233）とある。「作麼生」は「如何」の意（同「作麼生」条・p.263）。『中国語』には「怎様」に同じとあり、「怎様」条には「性質・状況・方式などを尋ねる」（p.3895）とある。例えば、『碧巌録』第二則・頌評唱に「畢竟怎生得平穏去」（T48-142a、岩波文庫本㊤p.62、末木訳㊤p.60）とあり、『語類』にも「聖人言語皆枝枝相対、葉葉相当、不知怎生排得恁地斉整」（巻一〇・p.172、汲古本・p.98）といった用例が見られる。

（7）揮下＝「揮」について、『漢語』に「⑤指揮」（第六冊・p.776、縮印本㊥p.3710）とあり、『中国語』に「⑤采配を振るう。号令を下す」（『中国語』p.1353）とある。ここでは、「揮下」を「指揮下」という意味で解釈を試みた。

（8）法眼禪師下一派宗旨如此＝「法眼禅師」とは、法眼文益（八八五～九五八）のこと。禅宗「五家」の一派である法眼宗の開祖。姓は魯氏。余杭（浙江省）の人。羅漢桂琛に参じ、「行脚の事、作麼生」の商量によって大悟した。ついで遊方して臨川（四川省）に至り、州の牧の請により崇寿院に住し、その後、金陵（江蘇省）の報恩禅院などに住した。周の顕徳五年に示寂。世寿七十四。法臘五十四。『禅学』（p.1229）参照。法眼宗の宗風については、『人天眼目』が、学人に対する接化が懇切丁寧な点を指摘している（巻四・T48-325a）。また、近年の研究では、『伝燈録』の成立に見られるように、先人の公案を拈弄し著語を付していく点、あるいは教学的なもの、浄土思想との融合といった点に、その特徴が見られるとされる。『禅学』（p.1128）参照。

（9）理路＝「①理論・道理。②思路・条理」（『漢語』第四冊・p.575、縮印本㊤p.2389）、「道理、理法の本筋」（『禅語』p.471）という意味。禅の語録に頻出する語の一つ。例えば、『碧巌録』第二四則・頌評唱に「〔雪竇の〕百の頌のなかでこの頌が一番筋道が通っていて、とりわけ見事だ（一百頌中、這一頌最具理路、就中極妙）」（T48-165b、岩波文庫本㊤p.318、末木訳㊤p.405）とあり、『大慧語録』巻二八に「〔話頭を〕取りあげつづけ、究めつづけて、理屈もなく味気もなく、心が悶え高ぶるのに気づく時こそ、本人の身命を放下するところだ（挙来挙去、看来看去、覚得没理路、没滋味、心頭熱悶時、便是当人放身命処也）」（T47-933c、筑摩本・p.156）とある。文脈次第でプラスの意味にもマイナスの意味にも訳し分けられる語である。「有理路、落窠臼」といった場合は、明らかにマイナスの意味あいである。

（10）窠臼＝『漢語』に「比喩旧有的現成格式。老套子」（第八冊・p.449、縮印本㊥p.4915）、『禅語』に「紋切り型、かたどおりの方式。旧套」（p.50）とある。『中国語』には「既定の格式。定型化したパターン・範囲・わく」とあって「落窠臼（マンネリに陥る）」（p.1717）という用例が見られる。禅の語録に頻出する語の一つであり、例えば、『碧巌録』第五一則・本則評唱に「明眼漢没窠臼、却物為上、逐物為下」（T48-186c、岩波文庫本㊥p.195、末木訳㊥p.250）とある。また、『語類』にも「自落窠臼」といった表現が見られる（巻一一六・p.2799、汲古本・p.370）。禅の語録に限らず、当時一般的に広く使われていた語なのであろう。

（11）正當＝発音の違いによって、「（ある時期・ある段階に）まさに在る。ちょうど当たっている」という意味と

「正当である。適切である。まともである」という意味とがある（『中国語』p.3974）。禅の語録では「正当恁麼時」といった表現が見られるが、これは前者の例である。本条に所謂る「正当」は後者の意味。例えば、『語類』巻一三に「問、『妻有七出、此却是正当道理、非権也』。曰、『然』」（p.234、汲古本・p.229）とある。

（12）麻三斤＝「僧が洞山に質問した、『仏とはどんなものですか』と。洞山が〔答えて〕言った『麻三斤《まさんぎん》だ』と（僧問洞山、『如何是仏』。洞山云、『麻三斤』）」（『伝燈録』巻二二「双泉山師寛」条・T51-386c）という、洞山守初（九一〇〜九九〇）に因《ちな》む話頭。『碧巌録』第一二則・本則（T48-152c、岩波文庫本㊤p.182、末木訳㊤p.223）、『無門関』第一八則（T48-295b、岩波文庫本・p.85）、洞山守初の語録として知られる『洞山初禅師語録』（『古尊宿語録』巻三八・Z118-323c）などにも見える。『禅の思想辞典』「麻三斤」条（東京書籍・p.452）、西口芳男氏の解説が参考になる。「麻三斤」をめぐっては、唐代の禅問答の問いと答えに意味ある対応があると追究してきた近代の禅学研究の見方と、意味ある対応を持たない「無義句」「無義語」「無理会話《むりえわ》」とする宋代禅に基づいた見方とがある。前者の見方に立つ解釈については、入矢義高「麻三斤」（『増補 自己と超越―禅・人・言葉』岩波現代文庫・二〇一二所収）に詳しい。後者は、洞山守初の「上堂」に「言は事を展《開示》すること無く、語は機に投《かな》わず。言を承くる者は喪し、句に滞る者は迷う（言無展事、語不投機。承言者喪、滞句者迷）（『古尊宿語録』巻三八・Z118-324d）と説かれ、「語中に語有るを名づけて死句と為し、語中に語無きを名づけて活句と為す（語中有語名為死句、語中無語名為活句）」（同・Z118-325b）と説かれていることによって、この「麻三斤」もまた、語中に語無き活句を吐露したものであるとする見方であり、これは、宋代禅の一貫した理解を踏まえている。朱熹が批判する「麻三斤」もまた、意味ある対応を持たない句としてのそれであった。小川隆『語録の思想史』第二章・第五節「『碧巌録』における活句の説」参照。

（13）乾屎橛＝『禅語』に「従来『クソ掻き箆』と解されたのは誤りで、棒状のまま乾燥したクソそのものをいう」(p.66) とある。『大慧語録』などにも数多く使用されているほか、『無門関』第二一則にも「雲門、因《ちな》みに僧問う、『如何なるか是れ仏』と。門云う、『乾屎橛《かんしけつ》』と（雲門、因僧問、『如何是仏』。門云、『乾屎橛』）」（T48-295c、岩波文庫本・p.93）とある。『雲門広録』巻上では「問う、『如何なるか是れ釈迦身』と。師云う、『乾屎橛』と（問、『如何是釈迦身』。師云、『乾屎橛』）」（T47-550b）となっている。また、「乾屎橛」については、臨済義玄の「上堂」に見える次の言及が特に有名である。

〔臨済が〕上堂して言った、「この肉体には無位の真人がいて、常にお前たちの顔から出たり入ったりしている。まだこれを見届けておらぬ者は、さあ見よ。さあ見よ」と。その時、一人の僧が進み出て質問した、「その無位の真人とは、いったい何者ですか」と。師は席を下りて、僧の胸ぐらをつかまえて言った、「さあ言え。さあ言え」と。その僧はもたついた。師（臨済）は僧を突き放して、「〔せっかくの〕無位の真人が、なんともカチカチの糞ではないか」と言うと、そのまま居間に帰ってしまった。（上堂云、「赤肉団上有一無位真人、常従汝等諸人面門出入。未証拠者看看」。時有僧出問、「如何是無位真人」。師下禅床、把住云、「道道」。其僧擬議。師托開云、「無位真人是什麼乾屎橛」。便帰方丈。）（T47-496c、岩波文庫本・p.20）

この一段の詳細や解釈については、入矢義高「乾屎橛」（『増補 自己と超越―禅・人・言葉』p.95~103）、小川隆『「臨済録」禅の語録のことばと思想』(p.178~181) 参照。ただし、「乾屎橛」に対しても、西口芳男氏が解説する同様の二つの見方があり、朱熹が批判する「乾屎橛」とは、「無義句」「無義語」「無理会話《むりえわ》」（朱熹は「無頭話」と呼ぶ）としてのそれと捉えておく必要がある。小川隆『語録の思想史』第二章・第五節「『碧巌録』における活句の説」参照。

(14) 妙喜之説、便是如此＝例えば、大慧宗杲が張提刑居士に宛てた書簡のなかには「法界の量《かさ》を消滅し、種々のきわだった表象を一挙にあらい落として、はじめて『庭前柏樹子』『麻三斤』『乾屎橛』『狗子無仏性』『一口吸尽西江水』『東山水上行』といった類〔の公案〕をよく参究しなさい。ふいに一句の下で悟ると、はじめてこれを法界無量回向と言うのだ（滅却法界量、種種殊勝、一時蕩尽了、方始好看庭前柏樹子、『麻三斤』『乾屎橛』『狗子無仏性』『一口吸尽西江水』『東山水上行』之類。忽然一句下透得、方始謂之法界無量回向）」（『大慧語録』巻二七・T47-928a、筑摩本・p.106）という教示が見られる。

(15) 然又有翻轉不如此説時＝朱熹が、具体的に大慧宗杲の如何なる教示を念頭に置いていたかは不明であるが、例えば、大慧が看話指示以外に「麻三斤」について言及した例としては、

進みて云う、「只如《たと》えば『僧、洞山に問う、「如何なるか是れ仏」。云う、「麻三斤《まさんぎん》」は、又た作麼生《いかん》」と。師云う、「大鵬、翅《つばさ》を展《の》ばせば十洲を蓋い、籬辺の物は空しく啾啾たり」と。乃ち云う、「昨日は晴れ、今日は雨なり。時分、相い応ぜず。三日後に看取せよ」と。（進云、「只如『僧問洞山、「如何是仏」。云、「麻三斤」』、又作麼生」。師云、「大鵬展翅蓋十洲、籬辺之物空啾啾」。乃云、「昨日晴、今日雨。時分不相応。三日後看取」。）（『大慧語録』巻一・T47-815a）

といったものがある。

(16) 僩＝【5】の注(22)参照。

（本多道隆）

【44】

仏者は「これ（＝心）を一つの所に〔集中して〕置くならば、できないことはない」と言って、ひたすら人にこのように工夫《努力》させている。もし、もっぱら心をこのように用いるならば、自然と〔真理に〕通じることができる〔と思っているのだ〕。だから禅を学ぶ者は、ただ一つの話頭を〔選び〕取って、「仏とは何か」〔という質問に〕、「麻《ま》三《さん》斤《ぎん》」〔と答えたという話頭〕の類を看ているのであり、その上、〔これらの話頭には〕こじつけて解釈できる道理など全く無いのである。繰り返し〔ただ一つの話頭を〕看て、工夫《努力》が行きついた時に、あたかも一個〔の自分自身〕が無くなってしまったかのようになると、それで禅の修行が終わった〔とする〕。荘子もまた〔次のように〕言っている、「心の動きを分散させないということは、〔つまり〕心を集中させることなのだ」と。〔道教も〕また専らこのように人に教えているのである。〔仏教にも道教にも〕彼らには全く道理が無く、ただ空寂《からっぽ》であるにすぎない。〔それに比べて〕儒者の学問には、たくさんの道理がある。もし〔その道理を〕見通すことができれば、それによって事物を見通すことができるし、過去と未来を見通すことができるのだ。〔輔広〔が記録した〕。黄士毅の記録に言う、「仏教は『これ（＝心）を一つの所に〔集中して〕置くならば、できないことはない』と言っている。これ以外、別に何の法《おしえ》が有ろうか。仏者には道理が無く、自分で大口を開いて〔適当なことを言って〕いるだけなのだ」と。〕

＊

佛者云、「置之一處、無事不辦」[1]。也只是教人如此做工夫、若是專一用心於此、則自會通達矣。故學禪者只是把一箇話頭去、看「如何是佛」、「麻三斤」[2]之類、又都無義理得穿鑿。看來看去[3]、工夫到時、恰[校1]似打[4]一箇失落一般、便是參學事畢[5]。莊子亦云、「用志不分、乃凝[校2]於神」[6]。也只是如此教人。但他都無義理、只是箇空寂。儒者之學則有許多義理、若看得透徹、則可以貫事物、可以洞古今。〔廣[7]。士毅[校3][8]録云、「釋氏云、『置之一處、無事不辦』。此外別有何法。只是釋氏沒道理、自[校4]呀將去」。[9]」

〔校注〕※本条は楠本本巻一二六には無し。　（校1）恰＝正中書局本は「拾」に作る。　（校2）凝＝和刻本は「疑」に作る。　（校3）士毅録＝正中書局本・朝鮮整版・和刻本は「士毅録」の上に「〇」が入る。　（校4）自＝正中書局本は「白」に作る。

＊

佛者云う、「之を一處に置かば、事として辨ぜざること無し」と。也《ま》た只《ただ》是人をして此《か》くの如く工夫を做さしむるのみ。若是《もし》專一に心を此《こ》こに用うれば、則ち自《おのずか》ら會《よ》く通達すとす。故に禪を學ぶ者、只《ただ》是一箇の話頭を把《と》り去り、「如何なるか是れ佛」、「麻三斤」の類を看、又た都《すべ》て義理の穿鑿することを得る無し。看來たり看去りて、工夫到る時、恰《あたか》も一箇を打して失落するが似《ごと》きに一般《おなじ》くして、便是《すなわ》ち參學の事畢《お》わる。莊子も亦た云う、「志を用いて分かたざるは、乃ち神を凝らす」と。也《ま》た只《ただ》是此《か》くの如く人に教う。但《た》だ他《かれ》には都《すべ》て義理無く、只《ただ》是箇の空寂なるのみ。儒者の學は則ち許多《おおく》の義理有り、若し看得て透徹せば、則ち以て事物を貫く可く、以て古今を洞《あき》らかにす可し。〔廣。士毅録に云う、「釋氏云う、『之を一處に置かば、事として辨ぜざる無し』と。此の外、別に何の法か有らん。只《ただ》是釋氏には道理沒《な》く、自ら呀《が》し將《も》ち去るのみ」と。〕

＊

（1）佛者云、置之一處、無事不辦＝全く同じ句は、仏典類に見られない。似た句としては、『遺教経』（具名『仏垂般涅槃略説教誡経』）に「制之一処、無事不辦」（T12-1111a）があり、恐らくこれが典拠であろう。『遺教経』では、この句に続いて「是の故に比丘、当に勤めて精進して其の心を折伏すべし（是故比丘、当勤精進折伏其心)」とあることから、「制之一処」の「之」が心を指すことがわかる。この『遺教経』の句は、東山法門の「守心説」の根拠とされて、『歴代法宝記』(T51-193a、筑摩本・p.260)や『楞伽師資記』「四祖道信」条(筑摩本・p.241)、五祖弘忍の作とされる『最上乗論(修心要論)』(T48-377c)、さらには、大珠慧海の『頓悟要門』(筑摩本・p.7~8)などにも引かれており(ただし、『最上乗論』と『頓悟要門』は「之」を「心」に作る)、初期禅宗の拠り所となった。また、その後の資料にも度々引用され、永明延寿の『宗鏡録』や『禅関策進』などにも見える。その他、李通玄の『華厳経合論』巻六「十地品第二十六」に「止之一処、無事不辦」(Z6-412c)とある。

(2) 如何是佛、麻三斤=【43】の注(12)参照。

(3) 看來看去=「~来~去」は、『禅学』に「動作の反復をあらわす」(p.465)とある。

(4) 打一箇=「打」は、『禅語』に「特定の語句を目的語としてとり、種々の動作をすることを表わす。金銀の器を作ることを『打金』、『打銀』といい、舟車を造ることを『打舟』、『打車』といい、魚をとることを『打魚』といい、水を汲むことを『打水』といい、めしを喰うことを『打飯』という、等々。また動詞(主として一字)の接頭語として用いられる。『打坐』『打睡』『打聴』『打成』の類。欧陽脩『帰田録』二参照」(p.281)とあるが、ここは、『漢語』の「⑰除去」や「⑱貶、退、滅」(第六冊・p.334、縮印本㊥ p.3512)という意味であると思われる。「打一箇」には、『禅関策進』「袁州雪巌欽禅師普説」条に「初め無字を看て、忽ち念の頭起の処に於いて、一箇を打して返観せば、這の一念、当下に氷冷し、直是《まこと》に澄澄湛湛として、動ぜず揺るがず、一日を過ごすこと弾指の頃の如く、都《すべ》て鐘鼓の声を聞かず(初看無字、忽於念頭起処、打一箇返観、這一念当下氷冷、直是澄澄湛湛、不動不揺、過一日如弾指頃、都不聞鐘鼓之声)」(T48-1100a、筑摩本・p.66)という用例があるが、ここの「打」は、『漢語』の「⑯振作」(第六冊・p.334、縮印本㊥ p.3512)という程の意味であろう。また「参学」は、参禅学道の略で、参禅して仏道を学ぶこと（『禅学』p.389）。

（5）故學禪者…便是參學事畢＝朱熹による看話禅の理解である。看話禅の大成者である大慧宗杲によれば、看話工夫の方法は以下の如きものである。

僧、雲門に問う、「如何なるか是れ仏」と。門云う、「乾屎橛」と。但《た》だ此の話を挙せ。忽然として伎倆尽くる時、便ち悟りなり。切に文字を尋ねて証を引き、胡乱に摶量註解することを忌む。縦《たと》然い註解し得て分明にして、説き得て下落有るも、尽く是れ鬼家の活計なり。疑情破れざれば、生死交加す。疑情若し破れれば、則ち生死の心絶す。生死の心絶ぜば、則ち仏見・法見亡ず。仏見・法見すら尚お亡ず、況《いわん》復や更に衆生煩悩の見起こらんや。但《た》だ迷悶の心を将《もっ》て、乾屎橛の上に移し来たり、一抵に抵住せば、生死を怖るるの心、迷悶の心、思量分別の心、聡明を作すの心、自然に行ぜざるなり。行ぜざるを覚得する時、空に落つるを怕るること莫かれ。忽然として抵住の処に向《お》いて消息を絶たば、平生を慶快にするに勝えず。消息の絶し了《お》わるを得れば、仏見・法見・衆生見、思量分別、聡明を作し、道理を説くこと、都《すべ》て相い妨げず。日用四威儀の中、但《た》だ常に蕩蕩地ならしめ、静処閙処、常に乾屎橛を以て提撕せよ。日往き月来たるに、水牯牛、自ら純熟せん。第一に外面に向《お》いて別に疑を起こすことを得ざれ。乾屎橛上に疑破れば、則ち恒河沙数の疑、一時に破るるなり。（僧問雲門、「如何是仏」。門云、「乾屎橛」。但挙此話。忽然伎倆尽時、便悟也。切忌尋文字引証、胡乱摶量註解。縦然註解得分明、説得有下落、尽是鬼家活計。疑情不破、生死交加。疑情若破、則生死心絶矣。生死心絶、則仏見法見亡矣。仏見法見尚亡、況復更起衆生煩悩見耶。但将迷悶底心、移来乾屎橛上、一抵抵住、怖生死底心、迷悶底心、思量分別底心、作聡明底心、自然不行也。覚得不行時、莫怕落空。忽然向抵住処絶消息、不勝慶快平生。得消息絶了、起仏見法見衆生見、思量分別、作聡明、説道理、都不相妨。日

用四威儀中、但常放教蕩蕩地、静処閙処、常以乾屎橛提撕。日往月来、水牯牛自純熟矣。第一不得向外面別起疑也。乾屎橛上疑破、則恒河沙数疑、一時破矣。）（『大慧語録』巻二八「答呂郎中」T47-930b~c、筑摩本・p.130）

（6）荘子亦云…乃凝於神＝『荘子』「達生篇」に見える（岩波文庫本③ p.40）。ただし、岩波文庫本では、「凝」を兪樾の説に拠って「疑」と改めている。ちなみに、「凝神（心）」は、「凝心入定」の形で、荷沢神会が北宗禅の観心主義を要約した言葉である。意味は、心を凝らして静寂ならしめるということ。荷沢神会『菩提達磨南宗定是非論』に「今ま同じからずと言うは、秀禅師の、人をして、心を凝らして定に入り、心を住めて浄を看、心を起こして外を照らし、心を摂めて内を証せしむるが為《ため》なり（今言不同者、為秀禅師教人、凝心入定、住心看浄、起心外照、摂心内証）（『神会和尚禅和録』中華書局校点本・p.29）」とある。ここでは、岩波文庫本の解釈には拠らず、「凝神」と取る。

（7）廣＝【7】の注（47）参照。

（8）士毅録＝黄士毅による『朱子語類』の版本の一つ、いわゆる「蜀類」（一二一九年刊刻）のこと。岡田武彦「朱子語類の成立とその版本」（正中書局本・p.27~28）参照。

（9）自呀將去＝「呀」は、『漢語』に「①空曠貌、敞開貌。②張口、張開（①広々としたさま、開けたさま。②口を開ける。ものを言う。開く）」（第三冊・p.206、縮印本㊤ p.1530）とある。ここはこれらを踏まえて「大口を開く」と訳した。「~将去」については、【42】の注（11）参照。

（廣田宗玄）

【45】

仏教や道教の書物には、一句一句〔ごとで〕は、我々〔儒教の書物〕のものと同じく、極めて優れた〔内容の〕ものがある。しかし〔仏教・道教の書物の文章を〕引用して擬《なぞら》えてはならない。〔そうすれば〕人としてやるべきことをひどく誤ることになる。〔季文・楊道夫〔が記録した。〕〕

＊

釋・老之書極有高妙者[1]、句句[2]與自家箇同[校1]。但不可將來[3]比方[4]。煞[5]誤人事[6]。〔季文[7][校2]・道夫[8]〕

〔校注〕（校1）箇＝楠本本は「个」に作る。（校2）季文・道夫＝楠本本は筆録者名を両名共に欠く。正中書局本・朝鮮整版・和刻本は「季文」「道夫」の間に「○」が入る。

＊

釋・老の書は極めて高妙なる者有りて、句句、自家の箇《もの》と同じきなり。但《た》だ將《も》ち來たりて比方《たと》う可からず。煞《はなは》だ人事を誤る。〔季文・道夫〕

＊

（1）高妙＝【8】の注（3）参照。

（2）句句＝「句句字字」（『語類』巻一四・p.249）という用例にも明らかなように、「一句一句。一言一言」（『中国語』p.1656）の意。『語類』での用例は「孔子言語句句是自然、孟子言語句句是事実」（巻一九・p.444）など数多い。

（3）將來＝動詞の用法としては、『中国語』に「①持って来る。持参する。②用いる。それを用い（て）。それによって」(p.1506)とある。『語類』の似た用例として、「句句将来比対」(巻一八・p.421)がある。

(4)比方＝『漢語』に「①比擬。②類似、相似。③比較、対照」(第五冊・p.261、縮印本㊥ p.2845)とあるが、ここは①の「なぞらえる」の意。『中国語』にも「たとえ。比喩。例える。なぞらえる」(『中国語』p.155)とある。

(5)煞＝『禅語』に「はなはだ、なかなかに。『殺』と同じ。唐代では『煞』の方が一般的に用いられた」(p.160)とあり、『近代漢語』の「殺」の⑧に「很。十分」(p.1621)とある。『語類』や禅語録に多用されている。

(6)人事＝「礼者、天理之節文、人事之儀則」(『語類』巻六・p.101)などとあるように、「天理」の対義語。もとは「人の行い(人之所為)」もしくは「人間社会の事柄(指人世間事)」の意であるが(『漢語』第一冊・p.1041、縮印本㊤ p.441)、ここでは「事の道理。義理人情。人としてやるべきこと。他人に対する情義」(『中国語』p.2552)といった意味であろう。

(7)季文＝不詳。『語類』の巻頭に付録されている「朱子語録姓氏」にも「季文」という名の人物は掲載されていない。

(8)道夫＝楊道夫(生没年不詳)のこと。字《あざな》は仲思。『語類』の巻頭に付録されている「朱子語録姓氏」には「仲愚」とあるが(p.14)、恐らく、字形の近似による誤写であろう。建寧府浦城県(福建省)の人。楊驤・楊与立の従兄弟にあたる。『学案』巻六九(p.2317)に伝がある。「朱門弟子師事年攷」(p.124)参照。

(森　宏之)

【46】

先生は、鍾山の書院に遊ばれた際、〔書院が所蔵する〕書籍のなかに仏教の書物があるのを見て、そこで〔それを〕手に取ってご覧になった。亡父が〔先生に〕質問した、「その〔仏教の書物の〕なかに得るものはありますか」と。〔先生が〕言われた、「幸いにも得るものはありません。我が儒教〔の教え〕は広大かつ詳しく細やかであり、一部始終を完備していますから、それ（＝仏教の書物）に求める必要はありません」と。［李季札〔が記録した。〕］

*

先生游(1)(校1)鍾山書院、見書籍中有釋氏書、因而掲看。先君(2)問、「其中有所得否」。曰、「幸然(3)無所得。吾儒廣大精微、本末備具、不必它求」。［季札(4)］

*

先生、鍾山の書院に游び、書籍の中に釋氏の書有るを見て、因りて掲看す。先君問う、「其の中に得る所有りや」と。曰く、「幸然《さいわい》に得る所無し。吾が儒は廣大精微にして、本末備《つぶさ》に具われば、必ずしも它《それ》に求めず」と。［季札］

*

〔校注〕（校1）游＝正中書局本・朝鮮整版・楠本本・和刻本は「遊」に作る。

*

（1）先生游鍾山書院…不必它求＝「鍾山書院」は、記録者李季札の父である李繒（次注参照）が構えた私塾。「鍾山」については不明であるが、恐らく徽州婺源（江西省）辺りにあった山の名前であろう。朱熹に「跋李参仲行状」（『朱子文集』巻八三・26b）があり、李繒との交流の様子が窺える。朱熹は、福建路南剣州尤渓県（福建省）の生まれであるが、本籍地は徽州婺源であった。この跋文には「中年（四十〜五十歳）の時、〔婺源に〕二度目の帰郷をして、李公と再会した（中年復帰、而再見公）」と記されており、さらに別離後については、李繒が死去するまで書簡を通しての親交が続いたとも記されている。なお、両者が再会したとき、李繒は既に鍾山に住んでいたという。朱熹が李繒と直接顔を合わせたのは、二十歳のときの一度目の帰郷の際と、二度目の帰郷の際との二回だけである。一度目はほとんど交流を持たなかったようであるから、「先君問う」云々というこのやりとりは、二度目に婺源へ帰郷した際の出来事であろう。『朱子大全劄疑輯補』によると、「中年」とは、朱熹四十七歳の時（淳熙三年・一一七六）のことである（第四冊・p.656・中文出版社）。

（2）先君＝「亡父」（『中国語』p.3337）。李季札の父李繒（一一一七〜一一九三）のこと。『学案』は、李季札を「参仲繒之子」と記している（巻六九・p.64）。李繒、字《あざな》は参仲、婺源（江西省）の人。室を鍾山に構えて世に「鍾山先生」と称された。その行状については、程洵「鍾山先生李公繒行状」（『新安文献志』巻八七・黄山書社校点本・p.3479）に詳しい。『宋人伝記』第二冊（p.928）参照。

（3）幸然＝『漢語』に「猶幸虧。有幸」（第二冊・p.1090、縮印本㊤p.1200）とあり、『中国語』に「①さいわいにも」とある。ここでは、和刻本に従って解釈したが、『漢語』「幸」条の⑯には「本来。原来」（第二冊・p.1088、縮印本㊤p.1199）とあり、『中国語』「幸然」条の②にも「もともと」（p.3479）とあって、こちらの意味で解釈する可能性も考えられなくはない。その場合、「幸然《もともと》得る所無し」という訓《よ》みになり、「もともと〔仏教の書物から〕得るものなどありません」という訳になろう。

（4）季札＝『語類』の巻頭に付録されている「朱子語録姓氏」に拠れば、「李季札、字《あざな》は季子、婺源（江西省）の人。丙申（淳熙三年・一一七六）・乙卯（慶元元年・一一九五）に聞く所なり（李季札、字季子、婺源人。丙申乙卯所聞）」（p.14）とある。『宋人伝記』第二冊（p.997）、「朱門弟子師事年攷」（p.186）、陳栄捷『朱子門人』

（p.78）参照。

（本多道隆）

【47】

「仏教〔を学ぶ〕者は、学ぶに当たって純粋で専一だ」という意見について、〔先生が〕言われた、「私がいつも言っていることだが、我ら儒教の側では、このよう（＝純粋で専一）な状態を得がたい。彼等《仏者》がやっている工夫《修行》を見てみるに、朝から晩まで、まったく一念も別のところに逸《そ》れることがない。〔儒教を〕学ぶ者たちは、いつも毎日、たくさん無駄な念慮《思い》〔を起こしているから〕、どうして彼らのようであることができようか。〔とはいえ〕ただ惜しいことには、彼らの学問は、学問〔とすべきものを学んでいるの〕ではなく、工夫《修行》を〔間違った方向に〕曲げてしまっているのだ。我が儒教の側の者は〔学ぶべきものを学んでおり〕、とても立派に工夫《修行》ができている。〔だが〕今の〔儒教を〕学ぶ者には二つの弊害がある。〔一つには〕高尚さを好むこと、〔二つには〕結果を急ぐことだ。これはすべて志向《こころざし》が優れた者が、そう〔いう弊害に陥りやすいの〕である。一つ目は、〔聡明であるがゆえに〕学ぶ者が〔見栄えに振り回されて〕その〔正しい〕中身を見失ってしまう〔ことになる〕原因であり、二つ目は、学ぶ者〔が結果を急ぐあまり、次々に目移りして、その志向《こころざし》〕が多岐にわたり、ごたごたとして、落ち着くことが無いまま終わってしまう〔ことになる〕原因なのだ」と。〔葉賀孫〔が記録した〕。以下、仏教の工夫《修行》について論ずる。〕

＊

釋氏

言釋氏之徒爲學精專。(1)曰、「便是某常說、吾儒這邊難得如此。看他下工夫、直是(2)自日至夜、無一念走作別處去。(3)學(校1)者一時一日之間、(4)(校2)是多少閑(校3)(5)雜念慮、如何得似他。只惜他所學非所學、枉了工夫。若吾儒邊(6)人、下得這工夫、是甚次第。[7] 如今學者有二病、好高、[8] 欲速。這都是志向好底如此。一則是所以學者失其旨。二則是所學者多端、所以紛紛擾擾、[9] 終於無所歸止」。〔賀孫。[10] [校4] 以下論釋氏工夫。〕

〔校注〕（校1）學者＝楠本本は「學者」の前に「如今」の二字あり。（校2）間＝朝鮮整版は「問」に作る。

（校3）閑＝朝鮮整版は「閒」に作る。（校4）以下＝正中書局本・朝鮮整版・楠本本・和刻本は「以上」の前に「〇」が入る。

＊

「釋氏の徒は、學を爲すこと精専なり」と言う。曰く、「便是《すなわ》ち 某《それがし》、常に説《い》う、吾が儒の這邊には、此《か》くの如きを得難し。他《かれ》の工夫を下すを看るに、直是《まった》く日《ひる》自り夜に至るまで、一念の別處に走作し去ること無し。學ぶ者は一時一日の間、是れ多少の閑雜の念慮あれば、如何が他《かれ》の似《ごと》くなることを得ん。只だ惜しむらくは、他《かれ》の學ぶ所は學ぶ所に非ず、工夫を枉げ了《お》わるなり。吾が儒邊の人の若《ごと》きは、這の工夫を下し得ること、是れ甚だ次第《りっぱ》なり。如今《いま》の學者に二病有り。高きを好み、速やかならんことを欲す。這《こ》れ都《すべ》て是れ志向好《よ》き底《もの》、此《か》くの如し。一は則是《すなわ》ち學ぶ者の其の旨を失する所以《ゆえん》なり。二は則是《すなわ》ち學ぶ所の者の多端にして、紛紛擾擾として、歸止すること無きに終わる所以《ゆえん》なり」と。〔賀孫。以下、釋氏の工夫を論ず。〕

＊

（1）精専＝『漢語』に「純粋専一」（第九冊・p.223、縮印本㊦ p.5397）とある。『語類』での用例に「大人一日或看百板、不恬精専」（巻一〇・p.165、汲古本・p.44）がある。

（2）直是＝『中国語』に「①まったく。まことに。②（方）しきりに。＝直見。③（白）たしかに。まちがいなく」（p.4000）とあり、ここは①の意味。『語類』での用例に「通鑑則一処説便休、直是無法、有記性人方看得」（巻一一・p.196、汲古本・p.289）がある。

（3）走作別處去＝「走作」は『漢語』に「①生事、起釁。②越規、放逸。③猶言移位（①騒動を起こす。争いを始める。②規則を外れる。気ままである。③位置を変えることをいう）」（第九冊・p.1070、縮印本㊦ p.5755）とあり、『「朱子語類」抄』に「『走作』は朱子のよく使う語。『国語辞典』（商務印書館）は、やはり『語類』から用例を引いて、『範囲を軼出（はみ出る）するを謂う』と定義している」（p.96）とある。ここはこれらを踏まえて「別のところに逸《そ》れる」と訳した。『語類』での用例に「日間常読書、則此心不走作」（巻一一・p.176、汲古本・p.135）がある。「～去」は、『禅語』に「①或る動作を進行させる意思を表わす助字。…しに行く。②論理的な帰結を表わす。…という結果を導くことになる」（p.88）とある。ここは①の意味。

（4）一時一日＝何時も毎日。単なる「一時」「一日」ではなく、『舒州龍門仏眼和尚語録』「読霊源十二時歌」の「一日日、一時時、龍門老、心自知」（『古尊宿語録』巻三〇・Z118-274d）や、『雪峰慧空禅師語録』「解夏小参」の「時光易失。刹那刹那、念念念念、一時一時、一日一日直至九十日為一夏」（Z120-142a）に見える「一日日、一時時」「一時一時、一日一日」と同じく、短時間の積み重ねを示すものであろう。

（5）閑雑＝関係のない。無用な。無駄なこと。（『中国語』p.3346、『大漢和』巻一一・p.725）。『漢語』「閒雑」条に「一定範囲以外的、不相干的（人）」（第一二冊・p.93、縮印本㊦ p.7156）とある。『語類』では、「静坐無閑雑思慮、則養得来便条暢」（巻一二・p.216、汲古本・p.144）、「若見得道理分暁、自無閑雑思慮」（巻一一五・p.2779、汲古本・p.253）、「静坐息閑雑思量、則養得来便条暢」（巻一二〇・p.2885）のように、ここの「念慮」や、それに類似した「思慮」「思量」の修飾語として用いられている。

（6）儒邊＝儒教の側にいる人。儒教を学ぶ人。『禅語』「…辺」条に「『…家』というのに同じで、…の側、…の次元、…の立場、という意。『西辺』『東辺』『父辺』『仏辺』『功勲辺』」（p.417）とある。

（7）是甚次第＝和刻本は「是れ甚《なん》の次第《しだい》ならん」と訓点を入れるが、「是れ甚だ次第《りっぱ》なり」と訓《よ》む。「是甚次第」という表現は『語類』の中に多く見られ、「なんと素晴らしいことか」「たいへん立派だ」といった称賛の言辞である。「次第」は「順序」「糸口」「結果」など名詞として使用される場合が多いが、「是甚次第」の場合は、名詞ではなく形容詞であり、「りっぱで整然としているさま」（『中国語』p.502）を意味する。例えば『語類』巻一三〇にも「温公可謂知仁勇。他那活国救世処、是甚次第、其規模稍大」（p.3103）とある。

（8）好高＝「高」については、三浦國雄氏の定義によれば、負の意味（『「朱子語類」抄』p.460）。【2】の注（7）参照。また、垣内景子氏は、「境地を議論することとともに朱熹が比較的自分に近い立場の人間の経書解釈においてもっとも強く警戒したのが、『過高』『好高』である。『高きに過ぎる』『高きを好む』とは、本来朱熹が仏教を批判する際に多用する表現である。『高』とは高尚そうに聞こえる、地に足のついていない抽象的な議論を指す」（『「心」と「理」をめぐる朱熹思想構造の研究』p.145）とする。朱熹の、高尚さを好む者に対する批判については、おそらく、朱熹が次の個所で張栻について述べていることも関わりがあろう。

敬夫（張栻）は高明にして、他《かれ》は将に謂《おも》えり、「人は都《すべ》て他の似《ごと》し」と。纔《わず》かに一たび説く時、便ち更に人の暁会すると否とを問わず、且《しばら》く他箇《それ》を説き尽くさんと要《ほっ》す。故に他の門人、敏なる底《もの》は秖だ他の説話を学び得るも、資質の逮《およ》ばざるものの若《ごと》きは、旧に依りて著摸すること無し。（敬夫高明、他将謂、「人都似他」。纔一説時、便更不問人暁会与否、且要説尽他箇。故他門人、敏底秖学得他説話、若資質不逮、依旧無著摸。）（『語類』巻一〇三・p.2605）

ここで、朱熹は畏友たる張栻の人となりを「高明」としたうえで、その門人のうち、機敏な者は彼の話が分かるが、資質の劣る者は相変わらず手がかりさえ得られないと批判している。

（9）紛紛擾擾＝ごたごたと入り乱れること。『漢語』の「紛擾」条に「動乱する。混乱する。騒ぎ乱れ入り乱れる（動乱、混乱、紛乱騒擾）」（第九冊・p.767、縮印本㊦ p.5627）とある。『語類』巻九五にも「今人私欲万端、紛紛擾擾」（p.2441）とある。

（10）賀孫＝【11】の注（9）参照。

（廣田宗玄）

【48】

仏教の〔修行法である〕入定と、道教の〔修行法である〕数息〔について〕質問した。〔先生は〕言われた、「彼ら（＝仏教・道教）はただ静寂であろうとするだけなので、事物に接触しても〔道理に〕外れることはない。孟子も夜気を存養しようとはしたが、〔それは〕きっと昼間の行為〔が夜気を存養することによって芽生えた良心を消滅させてしまうこと〕を理解していた〔からである〕」と。〔質問して〕言った、「〔では〕どうして吾が儒教は彼ら〔仏教・道教〕のそのような〔修行の〕やりかたを見習おうとしないのですか」と。〔答えて〕言われた、「彼らは眼を開けば、もとどおりの誤りに依りかかってしまい、それに固執するだけだ。吾が儒教の〔言う〕『礼に外れている』を聞いたり言ったり行動したりしてはならない』、『まだ見たり聞いたりしていない時に〔礼に外れはしないかと〕恐れる』、『「敬」によってその内心を正直にし、「義」によってその外行を方正にする』〔という工夫〕によって、すべて〔の悪行〕を外面で防ぐのには及ばないのだ」と。〔質問者は〕言った、「仏教はただ『見てはならない、聞いてはならない〔の工夫がある〕』だけであって、その『礼に外れていれば』〔という部分〕の工夫が無い〔のですね〕」と。〔先生は〕言われた、「その通りだ」と。そこで季通（蔡元定）が言った、「世の中のことは、人が行うことが必要なのに、ただその〔仏教や道教の〕ように坐りこんでいるだけで何になるというのでしょうか。日月は回《めぐ》るものであるし、天地は活動するものなのです」と。〔先生は〕言われた。「彼ら（＝仏教・道教）が行動もせず活動もしないのは、そもそも正しいことではない。私たちはここにいても行動し、ここにいても活動しているが、ただ行動し活動していても、〔道理に〕外れる場合がある。今、〔もし〕妄りに喜んだり怒ったりしたならば、〔道理に〕外れることになるではないか。彼ら（＝仏教・道教）は〔行動し活動する際に道理に外れるのではないかと心配し〕過ぎるのであり、〔逆に〕今の〔世間の〕人は〔道理に外れるのではないかと心配することが〕足りないのである」と。〔黄榦〔が記録した。〕〕

＊

問釋氏入定[1]、道家數息[2]。曰、「他只要靜、則應接事物不差。孟子便也要存[校1]夜氣[3]、然而須是理會[4]『旦晝之所爲』[5]」。曰[校2]、「他開眼便依舊失了、只是硬把捉。不如[校3]吾儒『非禮勿視聽言動』[校4][6]『戒愼[校5]恐懼乎不睹不聞』[7]『敬以直內、義以方外』[8]、都一切就外面攔截」。曰[校2]、「釋氏只是『勿視、勿聽』、無那『非禮』工夫」。曰、「然」。季通[校6][9]因曰、「世上事便要人做、只管似它[校7]坐定[10]做甚。日月便要行、天地便要運」。曰[校2]、「他不行不運、固不是。吾輩是在這裏行、是在這裏運、只是運行[11]又有差處[校8]。如今胡喜胡怒[12]、豈不是差。他是過之[校9]、今人又不及[校10][13]」。〔榦[14]〕

〔校注〕（校1）存＝楠本本は「在」に作る。　（校2）曰＝楠本本は「曰」の前に「先生」の二字が入る。

（校3）如＝楠本本は「知」に作る。　（校4）言＝楠本本は「真」に作る。　（校5）愼＝正中書局本・楠本本・和刻本は「謹」に作る。（校6）季＝楠本本は「季」の前に「蔡」の一字が入る。（校7）似＝楠本本は「倣」に作る。（校8）在這裏行…又有差處＝楠本本は「行是運只是人運行得差」に作る。（校9）過＝楠本本は「過」の前に「是」の一字が入る。（校10）不＝楠本本は「不」の前に「是」の一字が入る。

＊

釋氏の入定、道家の數息を問う。曰く「他《かれ》は只だ靜を要《ほっ》するのみなれば、則ち事物に應接して差《たが》わず。孟子も便ち也《ま》た夜氣を存せんと要《ほっ》するも、然れども須是《かなら》ず『旦晝の爲す所』を理會す」と。曰く、「吾が儒は何ぞ他《かれ》の恁地《かくのごと》きを倣わざる」と。曰く、「他《かれ》は眼を開けば便ち舊失に依り了《お》わり、只是《ただ》硬く把捉するのみ。吾が儒の『禮に非ざれば視聽言動する勿かれ』、『睹ざる聞かざるに戒愼恐懼す』、『敬以て內を直くし、義以て外を方にす』の、都《すべ》て一切、外面に就いて攔截するに如《し》かず」と。曰く、「釋氏は只是《ただ》『視る勿かれ、聽く勿かれ』のみにして、那《そ》の『禮に非ざる』の工夫無し」と。曰く、「然り」と。季通因りて曰く、「世上の事は便ち人の做さんことを要《ほっ》するに、只管《ひたすら》它《かれ》の似《ごと》く坐定して甚《なに》をか做す。日月は便ち行わるることを要《ほっ》し、天地は便ち運ることを要《ほっ》す」と。曰く、「他《かれ》の行わず運らざるは、固《もと》より是《ぜ》ならず。吾輩是れ這裏に在りて行い、是れ這裏に在りて運るも、只是《ただ》運行して又た差《たが》う處有り。如今《いま》、胡《みだ》りに喜び胡《みだ》りに怒れば、豈に是れ差《たが》うにあらざらんや。他《かれ》は是れ之に過ぎ、今人は又た及ばず」と。［幹］

＊

（1）入定＝「坐禅入定」（『円悟語録』巻一六・T47-790b）や「安坐入定」（『伝燈録』巻二一・T51-211c）などといった成句として用いられることがあるように、坐禅をして禅定に入る意。すなわち馳せ散じた心を集め、安定不動の精神状態に入ること。『仏光』第一冊（p.261）参照。

（2）数息＝『漢語』に「静修方法之一。数鼻息的出入、使心恬静専一」（第五冊・p.509、縮印本㊥p.2950）とある。

ちなみに、朱熹は、静坐する時、何かよるべきものはあるかと問われた際、「よるべきものはない。もしあったならば、道教で呼吸の出入を数えたり、鼻端の白きを見るのと同じである（不須得倚靠。若然、又是道家数出入息、目視鼻端白一般）」（『語類』巻一二〇・p.2885）と述べている。朱熹の呼吸論については、三浦國雄『朱子と気と身体』第五章「呼吸論」（平凡社・一九九七）参照。

（3）夜氣＝汚れぬ静かな心。精気の回復したときの精神状態。夜間には、昼間の邪念妄想が影を潜め、精神が自然と清らかになり、和平を保つようになる。孟子はこれを夜気と称して、その存要を修養法の一つとした。この説は、宋代の儒学に至って更に深まりを見せ、李延平（李侗）などが最も力を注いだ。『大漢和』巻三（p.352）参照。『孟子』「告子上篇」に次のようにある。

牛山の木嘗て美なりき。其の大国に郊たるを以て、斧斤、之を伐る、以て美と為すべけんや。是れ其の日夜の息う所、雨露の潤す所、萌蘖の生ずる無きに非ざるも、牛羊又た従いて之を牧す、是の以《ゆえ》に彼の如く濯濯たるなり。人、其の濯濯たるを見て、以て未だ嘗て材有らずと為さんも、此れ豈に山の性ならんや。人に存する者と雖も、豈に仁義の心無からんや。其の、其の良心を放つ所以《ゆえん》の者も、亦た猶お斧斤の木に於けるがごときなり。旦旦に之を伐らば、以て美と為す可けんや。其の日夜の息う所の、平旦の気あるも、其の好悪、人と相い近き者幾ど希《まれ》なるは、則ち其の旦昼の為す所、有《ま》た之を梏し亡わしむればなり。之を梏すことを反覆すれば、則ち其の夜気以て存するに足らず。夜気以て存するに足らざれば、則ち其の禽獣に違うこと遠からざるなり。人、其の禽獣のごときを見て、以て未だ嘗て才有らずと為さんも、是れ豈に人の情ならんや。故に苟《いやしく》も其の養いを得れば、物として長ぜざる無く、苟も其の養いを失えば、物として消えざる無し。孔子の、「操《と》れば則ち存し、舎《す》つれば則ち亡ぶ。出入に時無く、其の郷を知る莫し」と曰うは、惟れ心の謂《い》い

か。（牛山之木嘗美矣。以其郊於大国也、斧斤伐之、可以為美乎。是其日夜之所息、雨露之所潤、非無萌蘖之生焉、牛羊又従而牧之、是以若彼濯濯也。人見其濯濯也、以為未嘗有材焉、此豈山之性也哉。雖存乎人者、豈無仁義之心哉。其所以放其良心者、亦猶斧斤之於木也。旦旦而伐之、可以為美乎。其日夜之所息、平旦之気、其好悪与人相近也者幾希、則其旦昼之所為、有梏亡之矣。梏之反覆、則其夜気不足以存。夜気不足以存、則其違禽獣不遠矣。人見其禽獣也、而以為未嘗有才焉者、是豈人之情也哉。故苟得其養、無物不長、苟失其養、無物不消。孔子曰「操則存、舎則亡。出入無時、莫知其郷」、惟心之謂与。）（『四書章句集注』**p.330~331**、岩波文庫本㊦**p.241**）

（4）理會＝わかる、理解するの意（『中国語』**p.1870**）。【14】の注（4）参照。他条にも多出しており、『語類』で頻用される語だが、禅録も多用され、宋代以降、特に大慧宗杲が好んで用いた語である。一般的に良い意味で用いられる語であるが、禅録の中では、知解と同様、分別心のはたらきに近い意味で使われることもある。たとえば『大慧語録』に次の様な例が見える。「道《い》うこと莫かれ、爾《なんじ》ら諸人、理会し得ずと。妙喜《わたし》も也《ま》た自《もとよ》り理会し得ず。我が此の門中には、理会し得るも、理会し得ざるも無し。蚊子の、鉄牛に上るがごとく、爾《なんじ》の嘴を下す処無し。（莫道爾諸人理会不得。妙喜也自理会不得。我此門中、無理会得、理会不得。蚊子上鉄牛、無爾下嘴処。）」（巻一六・**T47-881c**）、「只管《ひたすら》目前の光影を弄して、禅を理会し、道を理会し、心を理会し、性を理会し、奇特を理会し玄妙を理会するは、大いに棒を掉して月を打するが似《ごと》く、枉げて心神を費やすなり。（只管弄目前光影、理会禅理会道、理会心理会性、理会奇特理会玄妙、大似掉棒打月。枉費心神。）」（巻一六・**T47-880b**）、「更に甚麼《なん》の閑工夫有ってか、得を理会し、失を理会し、静を理会し、鬧を理会し、多を理会し、少を理会し、忘懐を理会し、管帯を理会す。（更有甚麼閑工夫、理会得理会失、理会静理会鬧、理会多理会少、理会忘懐理会管

帯。）」（巻二七・T47-926b）

（5）旦晝之所爲＝注（3）参照。

（6）非禮勿視聴言動＝『論語』「顔淵篇」に「顔淵、仁を問う。子曰く、『己に克ち礼に復るを仁と為す。一日、己に克ち礼に復れば、天下、仁に帰す。仁を為すこと己に由る。而して人に由らんや』と。顔淵曰く、『請う、其の目を問わん』と。子曰く、『礼に非ざれば視ること勿かれ、礼に非ざれば聴くこと勿かれ、礼に非ざれば言うこと勿かれ、礼に非ざれば動くこと勿かれ』と。顔淵曰く、『回、不敏なりと雖も、請う、斯の語を事とせん』と（顔淵問仁。子曰、『克己復礼為仁。一日克己復礼、天下帰仁焉。為仁由己。而由人乎哉』。顔淵曰、『請問其目』。子曰、『非礼勿視、非礼勿聴、非礼勿言、非礼勿動』。顔淵曰、『回雖不敏、請事斯語矣』）」（『四書章句集注』p.131~132、岩波文庫本・p.156）とある。

（7）戒慎恐懼乎不睹不聞＝『中庸章句』第一章に「天の命ずるを之れ性と謂い、性に率うを之れ道と謂い、道を修むるを之れ教と謂う。道なる者は、須臾も離る可からざるなり。離る可きは道に非ざるなり。是の故に君子は其の睹ざる所を戒慎し、其の聞かざる所を恐懼す。隠れたるより見《あら》わるるは莫く、微かなるより顕らかなるは莫し。故に君子は其の独りを慎しむなり（天命之謂性、率性之謂道、修道之謂教。道也者、不可須臾離也。可離非道也。是故君子戒慎乎其所不睹、恐懼乎其所不聞。莫見乎隠、莫顕乎微。故君子慎其独也）」（『四書章句集注』p.17、古典選本・p.167~175）とある。

（8）敬以直内、義以方外＝【31】の注（1）参照。

（9）季通＝蔡元定（一一三五～一一九八）のこと。季通は字《あざな》。謚は文節。西山先生とよばれた。建州建陽（福建省）の人。天文地理の理法に通じていた父、発より二程の語録、張載の『正蒙』、邵雍の『皇極経世書』を授けられて実学を深め、精密な学を成した。のちに朱熹に師事したが、朱熹はその学問の深さに驚き、老友として処遇し、ともに講学した。博学多識で、とくに天文・地理・楽律・暦数・戦陣の学説に通じ、術数の学に詳しかった。朱熹の「四書」注釈、『詩集伝』『通鑑綱目』等の著述の際には参訂にあずかり、『周易本義』中の河図洛書・先天図の意味推究に協力し、『易学啓蒙』の成立には、あずかるところ大きかった。著に『律呂新書』『皇極経世』『洪範解』『八陣図説』などがある。「朱門弟子師事年攷」(p.23)、『中国思想』(p.148) 参照。

(10) 坐定＝『漢語』の①に「猶入座。坐下」(第二冊・p.1046、縮印本㊤ p.1181) とあるように、一般的には「着席する」「腰を下ろす」という意味である。『語類』の用例も、「先生坐定して問う…(先生坐定、問…)」(巻一一四・p.2764)、「先生を拝し訖《お》わりて坐定す。先生云う…(拝先生訖、坐定。先生云…)」(巻一一八・p.2853)、「先生、『文鑑』を読むに方《あ》たりて、学者至る。坐定し、学者に語《つ》げて曰く…(先生方読『文鑑』、而学者至。坐定、語学者曰…)」(巻一二一・p.2954) など、単に「着席する」の意味で用いられている。ただ、ここでは、入定・数息の修行でじっと静坐していることを指しており、坐り込むというニュアンスであろう。

(11) 運行＝すぐ前の「日月便要行、天地便要運」を受けているから、当然、「日月天地」の「運行」を指す。典拠としては『易』「繋辞上伝」に、「(日月運行、一寒一暑)」とある。辞書的には、『漢語』の②に「猶活動」(第一〇冊・p.1094、縮印本㊦ p.6380) とある。

(12) 胡＝副詞「胡」は、『語類』中では、動詞あるいは動詞相当句を修飾して連用修飾語となり、意のままに乱れることを表す。「胡」は胡人(異民族)のことを指し、胡人が漢人の規範を守らないことから、転じて「意のままに乱れる」という意味となった。宋代から使われ、『語類』のそれは、比較的早い使用例である。唐賢清『《朱子語類》副詞研究』(湖南人民出版社・二〇〇四・p.100) 参照。

（13）他是過之、今人又不及＝『中庸章句』第四章に「道の行われざるや、我之を知れり。知者は之に過ぎ、愚者は及ばざるなり。道の明らかならざるや、我之を知れり。賢者は之に過ぎ、不肖者は及ばざるなり（道之不行也、我知之矣。知者過之、愚者不及也。道之不明也、我知之矣。賢者過之、不肖者不及也）」（『四書章句集注』p.19、古典選本・p.184~186）とあるのを踏まえる。

（14）榦＝黄榦（一一五二～一二二一）のこと。字《あざな》は直卿、号は勉斎、諡は文粛。福州閩県の人。はじめ劉清之にまみえ、その推挙で朱熹に就学した。竹林精舎では代わりに講席につくよう望まれ、また娘を妻として与えられ、臨終には深衣や著書を授けられ、後事を託された。その学説は概して朱熹の説を守るもので、他人との問答にも師説を以て懇切に答えている。『聖賢道統伝授総叙説』などでは、天人相与の自然観を基調に説き起こし、道統の末尾に朱熹を位置づけ、朱子学を聖賢の学として鼓吹した。また、彼はあらゆる事象を体と用との相関でとらえるという対思考のパターンをとる。本体論では、二（すなわち陰陽）が道の本体（復楊志仁書）と説き、太極など、二以前の一なるものをあまり問題にしない。著に『勉斎先生黄文粛公文集』などがある。『宋史』巻四三〇、『学案』巻六三（p.2020）に伝が、また『文集』附録に林羽「行実」がある。『中国思想』（p.109）、「朱子語録姓氏」（p.15）、「朱門弟子師事年攷」（p.30）参照。

（森　宏之）

【49】

質問した、「昔、いつも自分自身に『主人公よ、惺惺著《せいせいじゃく》（しゃんと目を覚ましていろよ）』と呼びかけていた禅僧がいました。〔先生の〕『大学或問』のなかでも、謝氏（謝上蔡）の『常惺惺の法（常に〔心を〕目覚めさせておくやり方〕』という語を取りあげておいでです。いったい〔両者は〕同じなのでしょうか、〔それとも〕異なるのでしょうか」と。〔先生が〕言われた、「謝氏の説は立場が広く、〔自己の〕身心や〔世間の〕事物について残らず努力を費やす。禅僧のような見方だと、この主人公を見さえすればそれでおしまいだ。行動して〔たとえ、その結果が〕理に適わなくても、全くお構いなしである。たとえば、父と子〔の関係〕は先天的なものである。父が他人に辱めを受ければ、子は必ず真っ先に〔父を〕助け守らなければならないのに、彼ら〔禅僧たち〕はそうではない。もし子に父を助け守ろうという心が生じたなら、愛執〔の念〕に心が引きずられてしまい、〔それは、とりもなおさず〕主人公をくらましてしまうことだ〔とみなされる〕。このような『惺惺』など、何の道理を備えていようか。以前、『四家録』に目を通した際に、この〔種の〕話があった。このうえなく可笑しく、〔そのばかばかしさときたら〕驚きものだ。もし父母が人に殺されても、心を動かさず思念を生じなければ、そこではじめて『初発心《しょほっしん》の菩薩（初めて〔悟りを求める〕心を発《おこ》した修行者）』と名づけるなどと説いている。彼が『主人公よ、惺惺著《せいせいじゃく》（しゃんと目を覚ましていろよ）』と呼びかけるわけは、まさにこのようであろうとするからである。〔両者にあっては、確かに〕『惺惺』という字は同じであるが、〔その〕振る舞いや努力〔の仕方〕は異なっている。どうして〔両者を〕同列に論じることなどできようか」と。〔郭友仁〔が記録した。〕〕

＊

問[校1]、「昔有一禪僧、毎自喚曰、『主人翁、惺惺著』[校2][1]。『大學或問』[2][校3]亦取謝氏[3]『常惺惺法』之語[4]。不知是同是異」。曰[校4]、「謝氏之説地歩闊[5]、於身心事物上皆有工夫[6]。若如禪者所見、只看得箇[校5]主人翁便了。其動而不中理者、都不管矣。且如[7]父子天性也[8]。父被他人無禮、子須當[校6]去救、他却不然。子若有救之心、便是被愛牽動了心[校7]、便是[校8]昏了主人翁處。若如此『惺惺』、成甚道理[9]。向[校9]曾覽『四家録』[10]、有些説話。極好笑[11]、亦可駭[校10]。説若父母爲人所殺、無[校11]一舉心動念[12][13]、方始名爲

『初發心菩薩[14]』。他所以叫『主人翁、惺惺著[校2]』、正要如此。『惺惺』字則同、所作工夫則異。豈可同日而語[15]。［友仁[16]］

〔校注〕（校1）問＝楠本本は「問」の前に「又」の字あり。（校2）著＝正中書局本・楠本本・和刻本は「着」に作る。（校3）或問＝楠本本は「或問」の後に「之中」の二字あり。（校4）曰＝楠本本は「先生曰」に作る。（校5）箇＝楠本本は「个」に作る。（校6）須＝楠本本・和刻本は「湏」に作る。（校7）心＝楠本本は「他」に作る。（校8）便是＝楠本本は「便是」の前に「必」の字あり。（校9）向＝楠本本は「向日」に作る。（校10）説＝楠本本は「説」の前に「大率是」の三字あり。（校11）無＝楠本本は「無」の後に「人」の字あり。

＊

問う、「昔、一禪僧有り、毎《つね》に自《みずか》ら喚《よ》びて曰く、『主人翁、惺惺著《せいせいじゃく》』と。『大學或問』も亦た謝氏の『常惺惺の法』の語を取れり。知らず、是れ同じきか是れ異なるかを」と。曰く、「謝氏の説は地歩闊《ひろ》く、身心事物の上に於いて皆な工夫有り。禪者の見る所の若如《ごと》きは、只だ箇の主人翁を看得るのみにして便ち了《お》わる。其の動きて理に中《あ》たらざる者も、都《すべ》て管せざるなり。且如《たと》えば父子は天性なり。父、他人に無禮を被れば、子は須く當に去《ゆ》きて救うべきなるも、他《かれ》は却って然らず。子に若し之を救うの心有らば、便《すなわ》ち愛に心を牽動し了《お》わられ、便《すなわ》ち主人翁を昏《くら》まし了《お》わる處なり。此《か》くの若如《ごと》き『惺惺』は、甚《なん》の道理をか成さん。向《さき》に曾《かつ》て『四家録』を覽《み》るに、些《こ》の説話有り。極めて笑う好《べ》く、亦た駭《おどろ》く可し。若し父母の人に殺さるるも、一も心を擧《こ》し念を動かすこと無くんば、方《はじ》めて名づけて『初發心《しょほっしん》の菩薩』と爲すと説く。他《かれ》の『主人翁、惺惺著《せいせいじゃく》』と叫《よ》ぶ所以《ゆえん》は、正《まさ》に此《か》くの如くならんと要《ほっ》すればなり。『惺惺』の字は則ち同じきも、所作工夫は則ち異なり。豈に同日にして語る可けんや」と。［友仁］

※この一段については、朱子学大系第六巻『朱子語類』(p.377~378)に口語訳が載せられており、それを参考にした。

*

(1)昔有一禪僧…惺惺著＝『宗門統要集』巻九「瑞巌師彦」条(禅学典籍叢刊本・p.210)や『碧巌録』第三八則・本則評唱(T48-176a、岩波文庫本㊥p.78、末木訳㊥p.94)などに見え、のちに『無門関』に収められた(T48-294b、岩波文庫本・p.63~65)。『碧巌録』第三八則では、風穴延沼(八九六~九七三)に因《ちな》んだ話のなかに確認することができる。

風穴は後にまた、「瑞巌はいつも自分に『主人公』と呼びかけ、自分で『はい』と答え、また『しゃんと目を覚ましていろよ。今後、人に騙されることのないようにな』と言った」という話を見て、「一人遊びだ。何も難しいことはない」と言った。(穴後又見、「瑞巖常自喚『主人公』、自云『喏』、復云『惺惺著。他後莫受人瞞却』」。穴云、「自拈自弄、有什麼難」。)

(2)大學或問＝朱熹撰『大学或問』二巻。『中庸或問』二巻、『論語或問』二十巻、『孟子或問』十四巻を併せて「四書或問」という。朱熹は、諸家の説を集め、その善なるものを採用し、自己の思索を加えて『四書章句集注』を撰述したが、『四書章句集注』ではその結論を示すにとどめ、諸説を去取し自説を定立した理由を、この『四書或問』に明示した。『或問』の名称は、「或るひと問う」として問題を提起し、これに答える形式を採っていることに起因する。『大学』『中庸』の「或問」と「章句」は、淳熙元年(一一七四)から翌年(一一七五)頃よりその稿本があり、同十六年(一一八九)、両者ともに完成した。『中国思想』「四書或問」条(p.170)参照。

(3)謝氏＝謝良佐(?~一一二〇)のこと。北宋の思想家。字《あざな》は顕道、上蔡先生と称された。寿春上蔡(安徽省)の人。元豊八年(一〇八五)の進士。はじめ地方官を歴任し、徽宗即位の初年には朝廷に召されて入対したが、徽宗と意見があわず、再び地方に転出した。晩年、舌禍により官位を剝奪されたといわれているが、真偽のほどは定かでない。北宋末、蔡京らによって行われた旧法党に対する大規模な弾圧事件に連座して不遇の生涯を終えたというのが真相のようである。二程（明道・伊川）に師事し、游酢・呂大臨・楊時とともに「程門の四先生」と称された。はじめは科挙受験のための記誦の学に意を用いて博覧強記ぶりを発揮していたが、後に、外的価値の追求よりも、克己の功夫による意識主体の改革の方に意を注いだ。『上蔡語録』『論語解』がある。『中国思想』（p.181）、『宋人伝記』第五冊（p.4116）参照。

（4）大學或問亦取謝氏常惺惺法之語＝『大学或問』の「敬」（心を集中させてその状態を保つありかた）に関する
　次の件《くだ》りを踏まえた発言である。

　曰く、「然らば則ち所謂る『敬』とは、又た若何《いか》にして力を用いんや」と。曰く、「程子、此こに於いて、嘗て『主一無適』を以て之を言い、嘗て『整斉厳粛』を以て之を言う。其の門人に至って、謝氏の説は、則ち又た所謂る『常惺惺法』なる者有り、尹氏の説は、則ち又た所謂る『其の心収斂して一物を容《い》れざる』者有り。是の数説を観れば、以て其の力を用いるの方を見るに足れり」と。（曰、「然則所謂『敬』者、又若何而用力耶」。曰、「程子於此、嘗以『主一無適』言之矣、嘗以『整斉厳粛』言之矣。至其門人、謝氏之説、則又有所謂『常惺惺法』者焉、尹氏之説、則又有所謂『其心収斂不容一物』者焉。観是数説、足以見其用力之方矣」。）（『四書或問』p.2）

　また、『大学或問』で引用されている謝良佐の言葉は、『上蔡語録』巻中の「『敬』は是れ常惺惺の法なり。『心斎』は是れ事事に其の理を放下すれば同じからず（『敬』是常惺惺法。『心斎』是事事放下其理不同）」（『朱子遺書』p.418）に基づく。

（5）地歩＝『漢語』に「①地段。位置。②猶地位。③回旋的余地。④程度。境地」（第二冊・p.1023、縮印本㊤p.1171）とある。『中国語』によると「①事情。境地。状態。主に悪い状態　②足がかり。地位　③到達した程度　④（言行の）余地」（p.686）という意味があり、さらに、方言として「土地」、口語として「所。場所。位置。場面」（同上）という意味がある。ここに所謂る「地歩」とは、「立場」「境地」といった程度の意味であろう。例えば、『語類』巻一五に「若講論文字、応接事物、各各体験、漸漸推広、地歩自然寛闊」（p.284）とある。

（6）工夫＝『漢語』に「①作事所費的精力和時間。②指化費時間和精力後所獲得的某方面的造詣本領。③猶工作。④時間。時光。⑤理学家称積功累行、涵蓄存養心性為工夫。⑥役夫。役徒」（第二冊・p.952、縮印本㊤p.1142）とあり、『禅語』に「①修行者が目的の成就のために払うさまざまな努力。②時間、ひま」（p.96）とある。三浦國雄氏は、この語について『勉強』と訳した工夫という言葉は『功夫』とも表記し、当時の俗語で、時間と労力をつかう、手間ひまかける意。邦語の実践、修業、努力などの意を含む。そういう意味での『功夫』はすでに北斉・顔子推『顔氏家訓』の雑芸篇に使われているが、朱子関係の文献にふんだんにみえ、朱子学が単に思弁哲学でなく、実践のそれであることを示す語のひとつ」（『「朱子語類」抄』p.37）、「宋学では、その本来の『性』の輝きを百パーセント発揮させるための努力・修行・実践をすべて『工夫』と呼んでいるが、その具体的な方法が『居敬』と『窮理』であった」（p.88）と解説する。

（7）且如＝『禅語』に「たとえば…という場合。『只如』と似たいい方」（p.188）とある。用例としては、『宛陵録』の「且如瞥起一念便是境。若無一念、便是境忘、心自滅、無復可追尋」（T48-386a、筑摩本・p.132）など。

（8）父子天性也＝『孝経』「聖治章」に「父子の道は天性なり（父子之道天性也）」（講談社学術文庫本・p.67）とある。「天性」とは「天から受け継いだ生まれつきの性質」（同・p.69）のこと。

（9）成甚道理＝「甚」は『漢語』に「①何。什麼。②怎麼。為什麼」（第一冊・p.572、縮印本㊤ p.243）とある。『語類』には「成甚道理」「有甚道理」といった表現が見られる。「何の道理を備えていようか」「何の道理があるものか」という意味であり、「道理などあったものではない」ということ。例えば、巻一三九に「或問、『蘇子由之文、比東坡稍近理否』。曰、『亦有甚道理。但其説利害処、東坡文字較明白、子由文字不甚分暁。要之、学術只一般』」（p.3312）とある。

（10）四家録＝『四家語録』のこと。馬祖道一・百丈懐海・黄檗希運・臨済義玄の四家の語録を集める。宋初に臨済宗黄龍派の人々によって編纂されたといわれる。現存する刊本は明代の静山居士解寧の重刻によるもので、一心正伝が万暦三十五年（一六〇七）に書いた「読四家語録引」と唐鶴徴が書いた序とが付されている。慶安元年（一六四八）に覆刻された和刻本には、宋の元豊八年（一〇八五）に楊傑が撰した序文が収録されており、かつて黄龍慧南がその本を校閲したことを伝えている。禅学叢書『四家語録』（中文出版社・一九八三）は、この和刻本を影印したものである。『禅学』（p.424）参照。禅学叢書本の「出版説明」も参考になる。

（11）好笑＝『中国語』に「〔形〕おかしい。こっけいな」（p.1225）とある。「噴飯ものだ」「馬鹿げている」といったニュアンスを含む。『語類』に多く見られる表現であり、「当時議論、自是一般好笑」（巻一三一・p.3139）、「然皆足以惑衆、真好笑也」（巻一三九・p.3319）といった用例がある。

（12）舉心動念＝仏典や禅録などに見られる表現で、例えば、『伝心法要』に「挙心動念、即乖法体、即為著相」（T48-380a、筑摩本・p.6）とあり、『大慧語録』巻二六に「仏法在日用処、行住坐臥処、喫茶喫飯処、語言相問処、所作所為処。挙心動念、又却不是也」（T47-923c、筑摩本・p.70）とある。

（13）父母爲人所殺、無一舉心動念＝「父母の人に殺さるるも、一も心を挙《こ》し念を動かすこと無し」という表現を、

『四家語録』をはじめとする禅録のうちに、そのままのかたちで確認することはできないが、『百丈広録』巻三に見える①の件《くだ》りや、『臨済録』「示衆」に見える②③の件りが、朱熹の念頭にあったのかもしれない。

①無明を父と為し、貪愛を母と為す。自己は是れ病にして、還って自己は是れ薬なり。自己は是れ刀にして、還って自己の無明貪愛の父母を殺す。故に云う、「父を殺し母を害す」と。(無明為父、貪愛為母。自己是病、還自己是薬。自己是刀、還殺自己無明貪愛父母。故云、「殺父害母」。)(『四家語録』中文出版本・p.24、続蔵本所収の『百丈広録』に無し)

②道流、你《なんじ》、如法に見解せんと欲得《ほっ》すれば、但《た》だ人惑を受くること莫かれ。裏に向《お》いても外に向《お》いても、逢著すれば便ち殺せ。仏に逢うては仏を殺し、祖に逢うては祖を殺し、羅漢に逢うては羅漢を殺し、父母に逢うては父母を殺し、親眷に逢うては親眷を殺して、始めて解脱を得、物の与《ため》に拘われず、透脱自在とならん(道流、你欲得如法見解、但莫受人惑。向裏向外、逢著便殺。逢仏殺仏、逢祖殺祖、逢羅漢殺羅漢、逢父母殺父母、逢親眷殺親眷、始得解脱、不与物拘、透脱自在。)(T47-500b、岩波文庫本・p.96、『四家語録』中文出版本・p.65)

③問う、「如何なるか是れ五無間《ごむげん》の業《ごう》」と。師云う、「父を殺し母を害し、仏身血を出だし、和合僧を破し、経像を焚焼する等、此れは是れ五無間の業なり」と。云う、「如何なるか是れ父」。師云う、「無明は是れ父。你《なんじ》が一念心、起滅の処を求むるに得ず。響の空に応ずるが如く、随処に無事なるを、名づけて父を殺すと為す」と。云う、「如何なるか是れ母」と。師云う、「貪愛を母と為す。你《なんじ》が一念心、欲界の中に入って、其の貪愛を求むるに、唯だ諸法の空相なるを見て、処処無著なるを、名づけて母を害すと為す」と。…[以下略]…(問、「如何是五無間業」。師云、「殺父害母、出仏身血、破和合僧、焚焼経像等、此是五無間業」。

云、「如何是父」。師云、「無明是父。你一念心、求起滅処不得。如響応空、随処無事、名為殺父」。云、「如何是母」。師云、「貪愛為母。你一念心、入欲界中、求其貪愛、唯見諸法空相、処処無著、名為害母」。…［以下略］…）（T47-502b、岩波文庫本・p.134、『四家語録』中文出版本・p.68）

ただし、以上の例では、父母を「殺す」当事者は、「人」すなわち他人ではなく、自分自身である。また、朱熹本人は自覚していたであろうが、『百丈広録』や『臨済録』は、もとより実際に仏や父母を「殺す」と言っているわけではない。これらは、無明・貪愛を断ちきることや、自己の内外に如何なる価値も定立しないことを喩えるための禅家独自の言い回しである。なお、『四家語録』とは直接関係ないが、『碧巌録』第四則・頌評唱（T48-144c、岩波文庫本㊤p.90、末木訳㊤p.98）など、禅録にしばしば見える「人を殺しても瞬きしない（殺人不眨眼）」という表現も、朱熹の脳裏にあったのであろう。

（14）説若父母爲人所殺…名爲初發心菩薩＝「初発心」とは「初めて悟りを求める心を起こすことの意」（『中村』p.680）であり、「菩薩」とは「悟りの成就を欲する人。悟りの完成に努力する人。悟りを求めて修行する者」（同・p.1219）のこと。「若し父母の人に殺さるるも、一も心を挙《こ》し念を動かすこと無くんば、方始《はじ》めて名づけて『初発心《しょほっしん》の菩薩』と為す」という表現も、『四家語録』をはじめとする禅録のうちに、そのままのかたちで確認することはできないが、『百丈広録』巻三に「是非・好醜、是理・非理、諸もろの知解の情尽きて、繫縛《けばく》する能わず、処処に自在なるを、名づけて初発心《しょほっしん》の菩薩と為し、便ち仏地に登る（是非好醜、是理非理、諸知解情尽、不能繫縛、処処自在、名為初発心菩薩、便登仏地）」（Z119-411a、『四家語録』中文出版本・p.27~28）という件《くだ》りがある。したがって、この一文は、前注で取り上げた『百丈広録』『臨済録』の件りと、『百丈広録』巻三に見えるここの件りとを踏まえて、朱熹自身によってなされた発言とみなし得る。

(15) 同日而語＝「不可同日而語」「不得同日而語」といったかたちで表現されることが多く、その意味は、日本語の「同日の論ではない」（差が大きくて同じ扱いはできない）という慣用表現と同じである。仏典のうちにも確認することができ、例えば、『出三蔵記集』巻九に「匹夫衆経以比興、固不得同日而語」（T55-61c）とある。また、『語類』でも、「若学成、八面受敵、与慕渉猟者不可同日而語」（巻一〇・p.174、汲古本・p.117）、「豈可与子路同日而語」（巻二九・p.755）といった用例を確認することができる。

(16) 友仁＝『語類』の巻頭に付録されている「朱子語録姓氏」に拠れば、「郭友仁、字《あざな》は徳元、山陽（江蘇省）の人、臨安（浙江省）に寓す。戊午（一一九八）に聞く所なり（郭友仁、字徳元、山陽人、寓臨安。戊午所聞）」（p.15）とある。「朱門弟子師事年攷」（p.90）、陳栄捷『朱子門人』（p.139）参照。

（本多道隆）

【50】

仏教には「流注《るちゅう》の想」〔という考え〕が有るように、水〔や意識〕はもとより流れ去るものであるが、少しでも漏れ出てしまうと、すぐに〔水や意識の流れは〕停滞してしまう。〔龔蓋卿〔が記録した。〕〕

＊

佛家有「流注想」[1]。水本流將去、有些滲漏處[2]、便留滯[3]。〔蓋卿[4][5]〕

＊

〔校注〕※本条は楠本本巻一二六には無し。

佛家に「流注《るちゅう》の想」有り。水、本《も》と流れ將《も》ち去るも、些《いささ》か滲漏する處有らば、便ち留滯す。〔蓋卿〕

＊

（1）流注想＝水が流れ注ぐように意想が間断なく続くさま。『禅学』「流注」条（p.1300）参照。経典の典拠としては、『達磨多羅禅経』巻上に「将に微妙の境に入らんとせば、流注の想に随うこと勿かれ（将入微妙境、勿随流注想）」（T15-308a）とある。『語類』巻七二（p.1838）に、「釈氏所謂『流注想』」とペアで「荀子所謂『偸則自行』」と二個所記載があり、朱熹が「流注想」と同じ意味で「偸則自行」を捉えていたことが分かる。『荀子』に見える「偸則自行」は、「解蔽篇」に「心は、臥すれば則ち夢み、偸《おこた》れば則ち自行《放縦》し、之を使わば則ち謀る。故に心は未だ嘗て動かずんばあらざるなり（心、臥則夢、偸則自行、使之則謀。故心未嘗不動也）」（岩波文庫本㊦p.145）という形で見えており、「ぼんやりしていると〔心は〕勝手に走り回る」の意。最後の部分に「心は動かないことが無い」とあるように、「流注想」同様、心が間断なく動くさまを示したもの。また、朱熹のいう「流注想」については、『語類』巻二一（p.484）などにも説明が見られる。禅門においても、この心や意想の「流注」への対処が述べられている。例えば『碧巌録』第八〇則・本則評唱には、「又た『楞伽経』に云う、『相生は執礙《しつげ》、想生は妄想、流注生《るちゅうしょう》は則ち妄を逐《お》って流転《るてん》す』と。若し無功用の地に到るも、猶お流注相の中に在り。須是《すべから》く第三の流注生相を出得《ぬけだ》して、方《はじ》めて快活自在なるべし（又楞伽経云、相生執礙、想生妄想、流注生則逐妄流転。若到無功用地、猶在流注相中。須是出得第三流注生相、方始快活自在）」（T48-206c~207a、岩波文庫本㊦p.85、末木訳㊦p.98~99）とあり、「無功用」に到った後にも、執拗に残って「流注」する微細な煩悩を断じてこそ、初めて本当の悟りに到ることができるとされている。

（2）滲漏處＝「滲漏」は、文字通り「①水滲透滴漏（水が滲み出してポタポタと滴り漏れる）」（『漢語』第六冊・

p.115、縮印本㊥p.3430）という意。仏教語としては、『中村』に「一応のさとりを得た人の心になお残っている執着やこだわり。また微細な煩悩・妄想をいう。桶や堤などの微細な穴、すき間から、水がしみこんだり漏ったりすることにたとえた語。」（p.800）とあるが、今回は取らない。「…処」は、「…の場合、…の時。また、…という在り方、…という境地・世界」（『禅語』p.208）。【26】の注（1）参照。

（3）留滞＝停滞する。留まる。『漢語』の①に「停留、羈留」（第七冊・p.1332、縮印本㊥p.4831）とある。

（4）蓋卿＝『語類』の巻頭に付録されている「朱子語録姓氏」に拠れば、「龔蓋卿。字《あざな》は夢錫、常寧（湖南省）の人。甲寅（紹熙五年・一一九四）に聞く所なり（龔蓋卿。字夢錫、常寧人。甲寅所聞）」（p.14）とある。『宋人伝記』には「字《あざな》は夢錫、常寧の人。明経を以て擢第《てきだい》し、朱熹に師事して、義理の学を明らむ。諫垣《かんえん》に入りて右正言と為り、直道を以て君に事《つか》う（字夢錫、常寧人。以明経擢第、師事朱熹、明義理之学。入諫垣為右正言、以直道事君）」（第五冊・p.4497）とある。「朱門弟子師事年攷」（p.260）参照。

（5）佛家有流注想…便留滞。蓋卿＝『語類』巻九六（p.2462）に、ここと同じ龔蓋卿の筆録になる一段があるが、その末尾に全く同じ文章が載せられており、この部分の意味合いを明確に示している。

李徳之、問う、「［程］明道、因みに橋を修めて長梁を尋ぬ。後に林木の佳き者を見る毎に、必ず計度の心を起こす。因りて学者に語《つ》ぐらく、『心には一事も有る可からず』と。某窃かに謂《おも》えらく、凡そ事は須く思いて後に通ずべし。安くんぞ『心には一事も有る可からず』と謂う可けんや」と。曰く、「事、如何が思わざらん。但だ事過ぐれば則ち心に留めずして、可なり。明道の肚裏に一条の梁有り。知らず、今人、幾条の梁柱の、肚裏に在る有らんや。仏家に『流注の想』有り。水、本《も》と流れ将《も》ち去るも、些《いささ》か滲漏する処有らば、便ち留滞す」と。［蓋卿］（李徳之問、「明道因修橋尋長梁。後毎見林木之佳者、必起計度之心。因語学者、『心不可有一

事』。某竊謂、凡事須思而後通。安可謂『心不可有一事』。曰、「事如何不思。但事過則不留於心、可也。明道肚裏有一条梁。不知今人有幾条梁柱在肚裏。仏家有『流注想』。水本流将去、有些滲漏処、便留滯」。［蓋卿］

（廣田宗玄）

【51】

僧侶のうちでも優れた人は悟りを得ると、深山に分け入り、粗衣粗食に甘んじ、数十年にわたって〔さらにそれを守り〕育てる。その彼が〔山から〕出て来るということになると、〔その姿は〕なんとも立派だ。自《おの》ずと光り輝いていて、〔見識が〕ずば抜けて〔堂々として〕いる。世間の人たちは、だから、両手を組んで胸に当てがって〔敬意をはらい、為す術《すべ》もなく〕、彼が自《みずか》ら動作するのを見ているよりほかないのだ。［楊方〔が記録した。〕］

＊

僧家(1)尊宿(2)得道、便入深山中、草衣木食(3)、養數十年。(4)及其出來、是甚次第。(5)自然光明俊偉。(6)世上人所以只得(7)叉手(8)看他(校1)自動。(9)［方］

〔校注〕※本条は楠本本巻一二六には無し。　（校1）自＝正中書局本は「曰」に作る。

＊

僧家の尊宿は道を得れば、便ち深山の中に入り、草衣木食し、養うこと數十年なり。其の出で來たるに及びては、是れ甚だ次第《りっぱ》なり。自然に光明にして俊偉なり。世上の人は所以《ゆえ》に只《ただ》得叉手して他《かれ》の自《みずか》ら動くを看るのみ。［方］

＊

（１）僧家＝『漢語』に「①僧人。和尚。②指僧院」（第一冊・p.1684、縮印本㊤ p.713）とある。「僧侶」という意味と、僧の住所である「寺院」という意味との二つがある。ここは前者の意味。例えば、『語類』巻一一に「潙山作一書戒僧家整斉」（p.187）とある。

（２）尊宿＝『漢語』に「①指年老而有名望的高僧。②対前輩有重望者的敬称」（第二冊・p.1285、縮印本㊤ p.1282）とある。ここは①の意味。『中村』にも「尊は敬語、宿は長老。修行の経歴が長くて、力量もすぐれている老僧のこと。徳高く年配の高僧に対する敬称」（p.892）とあり、『禅学』にも「宗門における有道有徳の人の称」（p.778）とある。用例として、『碧巌録』第三三則・本則評唱に「資福乃潙山仰山下尊宿、尋常愛以境致接人」（T48-172b、岩波文庫本㊥ p.35、末木訳㊥ p.34）とある。

（３）草衣木食＝山中での難行苦行、もしくは非常に質素な生活ぶりを表現したものであろう。「木食」については、『岩波』に「肉類および五穀を食べず、もっぱら木の実・草の根などを食べて修行すること」（p.1003）とある。例えば、『伝心法要』に「若不会此意、縦你学得多知、勤苦修行、草衣木食、不識自心、尽名邪行」（T48-383b、筑摩本・p.77）とある。

（４）僧家尊宿…養數十年＝所謂る「聖胎長養」ということが念頭に置かれているのであろう。「聖胎」とは、もともと「仏種子を蔵している神聖なる肉身」、「長養」とは「増長養成すること」を意味する（『禅学』p.566）。一般的に「学人が身体を自重して弁道修行に精進する」ということであるが、禅門では、「大事を了畢した者の悟後の修行」のことをいう（同上）。また、『禅学』「長養聖胎」条には「仏としての素質を守り育てること」（p.868）とある。冒頭の「僧家の尊宿は道を得れば」という句との関わりを考慮するなら、ここは「悟後の修行」の意味あいが強いであろう。例えば、『碧巌録』第二五則・本則評唱にも「古人は悟りを得た後、茅葺き小屋や洞穴に住み、足の折れた釜で野草の根を煮て食べて暮らした（古人既得道之後、茅茨石室中、折脚鐺児内、煮野菜根、喫過日）」（T48-165c、岩波文庫本㊤p.323、末木訳㊤p.410）とある。

（5）是甚次第＝【47】の注（7）参照。

（6）光明俊偉＝「光明」には「明るい」「希望がある」「（気持ちが）淡泊である、率直である」（『中国語』p.1153）などの意味があるが、ここに所謂る「光明」とは、内面から放たれる神々しさを捉えた表現であろう。『語類』の用例としては、巻一四の「這个道理在心裏光明照徹、無一毫不明」（p.260）など。【60】の注（9）も併せて参照。「俊偉」については、『中国語』に「①見識が群を抜いている。②容姿美しく堂々としている」（p.1682）とある。本条に所謂る「俊偉」は、①と②の両方の意味を含むのであろうが、訳出にあたっては、①に重点を置いて解釈を試みた。『語類』に「明道所見甚俊偉、故説得較快、初看時便好、子細看亦好」（巻九三・p.2359）、「如東萊便是如何云云、不似他見得恁地直抜俊偉」（巻一二四・p.2981）の用例がある。

（7）只得＝『漢語』に「只好。只能。不得不」（第三冊・p.47、縮印本㊤p.1462）とあり、『中国語』に「やむなく。いたし方なく。（…する）しかない。（…せ）ざるを得ない。＝『只好』『不得不』」『只好』より『只得』の方が硬い」（p.4005）とある。例えば、『語類』巻一一にも「経書に解釈できないところがあれば、そのままにしておくよりほかはない（経書有不可解処、只得闕）」（p.193、汲古本・p.268）とある。

（8）叉手＝『中国語』に「手を組む。腕を組む。旧時の礼。左手で右手の親指をにぎり、ほかの四指はのばしたまま胸にあてる礼のしかた。丁寧なあいさつ。＝拱手」（p.317）とある。本来は敬礼の一法であった。「叉手」は、現在の禅宗でも行われている日常作法の一つであるが、これは、もともと中国一般の俗礼であったものが取り入れられたことによるものとされる。江戸期の学僧無著道忠は、「叉手」について解説するにあたって、『洪武正韻』に云う」として、『叉』は手を互いに交差すること。いま俗に『拱手《きょうしゅ》』と呼んだり、『叉手』という（叉手相錯也。今俗呼拱手、曰叉手）」（『禅林象器箋』第十類「礼則門」）という個所を引用し、また、「合掌はインドの作法であり、叉手はもともと中国の古い作法で世俗の礼である（合掌西竺法、叉手本中華古法、為俗礼）」（同上）とも述べている。無著道忠が「中華の古法」と指摘する通り、『礼記』にも既に「先生に道に遭わば、趨《はし》りて進み、正しく立ちて手を拱《きょう》す（遭先生於道、趨而進、正立拱手）」（『礼記』「曲礼上篇」新釈本㊤ p.21）といった記録が見られる。

（9）方＝【36】の注（7）参照。

（本多道隆）

【52】

徐子融に「枯れた草木には性が有るのか、性が無いのか」という論説があった。先生は言われた、「性は理〔そのもの〕にほかならない。物があれば〔それに対応する〕理がある。子融の誤りは心を性としていることである。まさしく仏教〔の見解〕に似ているが、ただ仏教はこの心を極めて精細に磨いている。〔その心の磨き様は、あたかも〕ある物事《もの》から、皮を一枚剝ぎおわったなら、更に一枚皮を剝いで〔いき〕、〔次々に剝いで〕かんぜんに剝ぎ尽くし、もう剝ぐものがなくなってしまったようなものである。だから、この心を大事に磨き上げて〔心の〕精光《かがやき》を得ると、彼らはそれを性だと考えるのであるが、それ（＝仏教が性とするもの）が、まさしく聖人のいう心であることが〔仏教には〕全くわかっていない。だから上蔡（謝良佐）は、『仏教のいう性が、まさしく聖人のいう心であり、仏教のいう心が、まさしく聖人のいう意である』と述べたのである。心はただ理を包み込んでいるだけである。仏教はもともとこの理を少しもわかったためしがなく、知覚運動が性だと考えている。視たり、聴いたり、言ったり、振る舞いに出したりする場合、聖人は、視る時には視る〔時の正しい〕理があり、聴く時には聴く〔時の正しい〕理があり、言う時には言う〔時の正しい〕理があり、動く時には動く〔時の正しい〕理があり、思う時には思う〔時の正しい〕理があるとする。箕子が、「〔視る時に大切なのは、すべてを見て取る〕明〔るさであり〕、〔聴く時に大切なのは、すべてを聞き取る〕聡〔さであり〕、〔言う時に大切なのは〕従《従順》〔さであり〕、〔物腰で大切なのは〕恭《つつま》〔しさであり〕、〔考える時に大切なのは、考え及ばぬことのない〕睿《かしこ》〔さである〕」と言うのは、このことなのである。仏教は、その視たり、聴いたり、言ったり、思ったり、動いたりできるものを性とするだけで、視て明るくても明るくなくてもよしとし、聴いて聡くても聡くなくてもよしとし、言葉が従《従順》であっても従《従順》でなくてもよしとし、思いが睿《かしこ》くても睿《かしこ》くなくてもよしとする。彼らは〔そんなことは〕まったく気にせず、どんなふうにしてやろうとも、彼らはすべて性だとしてしまう。彼らは他人がこの『理』の字に言及することを最も恐れ、〔そのために〕すべて〔理そのものを〕取り除こうとする。これはまさしく告子の『もって生まれたままのものが人の〔本〕性である』という説〔と同じ〕である」と。僩《わたし》は〔質問して〕言った、「禅家〔の中〕には、さらに『眉をつりあげたり瞬きしたりする』〔といった日常の動作〕や知覚運動を、狐憑きの所行だとして、ひどく叱責する者がいるのは、どうしてですか」と。〔先生は〕言われた、「それこそ〔禅家も〕ただ狐憑きの所行をやっているにすぎない。ただ彼らは〔心を〕十分に精細に磨いて〔心が〕光り輝いており、この〔告子の論の〕ように粗雑でないというだけのことなのだ」と。僩《わたし》は〔また〕質問した。「彼らは、『すべて万物は〔いずれは〕破壊されてしまう〔のであり不変の実体は存在しない〕が、ただ法身だけは永遠に滅することはない』と言っています。〔彼らが〕いうところの『法身』が、とりもなおさずそれ

（＝光り輝いている心）にほかならないのですか」と。〔先生は〕言われた。「そうだ。いったい、おまえがどうやってこの物事を保持し続けられるだろうか。天地が〔全部〕破壊されるのに、どうやっておまえに保持されてこの物事が永遠に滅されずにすもうか」と。〔わたしは、さらに〕質問した。「彼らは大抵、空を本体だとしようとして、『天地万物は皆な空に帰結し、この空はそれら〔のもの〕の本体である』と言っているのでしょう〔か〕」と。〔先生は〕言われた。「彼らも〔本当は〕空を本体としようとしているのではないのだ。彼らは、『物事の中味はもともと空であり、一物も〔その中に〕置くことができない』と言っているだけなのだ」と。〔沈僩〔が記録した〕。以下、仏教が誤って心を性と考えていることについて論じている。〕

*

徐子融[1]有「枯槁有性無性」之論[2]。先生曰、「性只是理[3]。有是物斯有是理[4]。子融錯處是認心爲性。正[校1]與佛氏相似。只[5]是佛氏磨擦[6]得這心極精細。如一塊物事、剝了一重皮、又剝一重皮、至剝到極盡無可剝處。所以磨弄[7]得這心精光[8]、它便認做性、殊不[9]知此正聖人之所謂心。故上蔡[10]云、『佛氏所謂性、正聖人所謂心。佛氏所謂心、正聖人所謂意』[11]。心只是該[12]得[校2]這理。佛氏元不曾識得這理一節、便認知覺運動做性[13]。如視聽言貌[14]、聖人則視有視之理、聽有聽之理、言有言之理、動有動之理、思有思之理。如箕子[15]所謂『明、聰、從、恭、睿』[16]是也。佛氏則只認那能視、能聽、能言、能思、能動底、便是性。視明也得[17]、不明也得。聽聰也得、不聰也得。言從也得、不從也得。思睿也得、不睿也得。它都不管[18]、橫來豎來[19]、它都認做性。它最怕人說這『理』[校3]字、都要除掉了[20]。此正告子『生之謂性』[21]之說也」。僩問、「禪家又有以[校4]揚眉瞬[22]目知覺運動爲弄精魂、而訶斥之者[23]、何也」。曰、「便只是弄精魂[24]。只是他磨擦得來[25]精細、有光彩[26]、不如此[校5]粗[27]糙爾」。僩[校6]問、「彼言、一切萬物皆有破壞、惟有法身[28]常住不滅[29]。所謂『法身』、便只是這箇」。曰、「然。不知你如何占得[30]這物事住。天地破壞、又如何被你占得這物事常不滅」。問、「彼大概欲以空爲體、言天地萬物皆歸於空、這空便是他體」。曰、

「他也不是欲以空爲體。它只是説這物事裏面本空、著一物不得」。〔僴。[31]以下[校7]論釋氏誤認心、性。〕

〔校注〕（校1）正＝楠本本は「義」に作る。　（校2）心只是該得＝楠本本は「心」の字が無く、二行割りで「只是該得」の四字のみ有り。　（校3）它＝楠本本はこの上に「所以」の二字有り。　（校4）又＝楠本本に無し。　（校5）粗＝正中書局本・楠本本・和刻本は「麄」に、朝鮮整版は「麤」に作る。　（校6）僴＝楠本本に無し。　（校7）以下＝正中書局本・楠本本・朝鮮整版・和刻本は「以下」の上に「○」が入り、楠本本は空画が入る。

＊

徐子融に「枯槁に性有りや性無しや」の論有り。先生曰く、「性は只《ただ》是理のみ。是の物有らば斯ち是の理有り。子融の錯《あやま》る處は是れ心を認めて性と爲す。正《まさ》に佛氏と相い似たり。只《ただ》是佛氏は這の心を磨擦し得て極めて精細なり。一塊の物事の、一重の皮を剝き了《お》わりて、又た一重の皮を剝き、剝き到りて極め盡くし、剝く可き無き處に至るが如し。所以《ゆえ》に這の心を磨弄して精光を得れば、它は便ち認めて性と做す。殊に知らず、此れ正《まさ》に聖人の所謂る心なることを。故に上蔡云う、『佛氏の所謂る性は、正《まさ》に聖人の所謂る心なり。佛氏の所謂る心は、正《まさ》に聖人の所謂る意なり』と。心は只《ただ》是這の理を該ね得たり。佛氏は元より曾《かつ》て這の理の一節を識得せず、便ち知覺運動を認めて性と做す。視聽言貌の如き、聖人は則ち視るに視るの理有り、聽くに聽くの理有り、言うに言うの理有り、動くに動くの理有り、思うに思うの理有り。箕子の所謂る『明、聽、従、恭、睿』の如き是れなり。佛氏は則ち只だ那《か》の能く視《み》、能く聽き、能く言い、能く思い、能く動く底《もの》を認めて、便是《すなわ》ち性なりとす。視ること明なるも也《ま》た得《え》、明ならざるも也《ま》た得《う》。聽くこと聽なるも也《ま》た得《え》、聽ならざるも也《ま》た得《う》。言うこと従なるも也《ま》た得《え》、従ならざるも也《ま》た得《う》。思うこと睿なるも也《ま》た得《え》、睿ならざるも也《ま》た得《う》。它は都《すべ》て管せず、橫來豎來、它は都《すべ》て認めて性と做す。它は最も人の這の『理』の字を説くことを怕れ、都《すべ》て除掉し了《お》わらんと要《ほっ》す。此れ正《まさ》に告子の『生を之れ性と謂う』の説なり」と。僴問う、「禪家に又た揚眉瞬目・知覺運動を以て精魂を弄すと爲して、之れを訶斥する者有るは、何ぞや」と。曰く、「便ち只是《ただ》精魂を弄するのみ。只是《ただ》他は磨擦し得來ること精細にして、光彩有り、此《か》くの如く粗糙ならざるのみ」と。僴問う、「彼言う、『一切萬物には皆な破壞有るも、惟だ法身有りて常住不滅なり』と。所謂る『法身』とは、便ち只是《ただ》這箇《これ》なりや」と。曰く、「然り。知らず、你《なんじ》、如何にして這の物事を占め得て住せんや。天地破壞するに、又た如何が你《なんじ》に這の物事を占め得られて常に滅せざらん」と。問う、「彼は大概、空を以て體と爲さんと欲して、言う、『天地萬物は皆な空に歸す、這の空は便是《すなわ》ち他《そ》の體なり』と」と。曰く、「他《かれ》も也《ま》た是れ空を以て體と爲さんと欲するにあらず。它は只是《ただ》這の物事の裏面、本《も》と空にして、一物を著《つ》け得ずと説くのみ」と。〔僴。以下、釋氏の誤って心を認めて性とするを論ず。〕

*

（1）徐子融＝徐昭然（生没年不詳）のこと。字《あざな》は子融。余大雅・陳文蔚と同郷の信州鉛山県（江西省）の人。『学案』巻六九に略伝がある。「朱門弟子師事年攷」（p.96）参照。

（2）枯槁有性無性之論＝不詳。「枯槁」は、「枯れた草木（枯萎的草木）」（『漢語』第八冊・p.898、縮印本㊤p.2526）のこと。『老子』第七六章に「人の生くるや柔弱、其の死するや堅強。万物草木の生くるや柔脆、其の死するや枯槁（人之生也柔弱、其死也堅強。万物草木之生也柔脆、其死也枯槁）」（岩波文庫本・p.340）とあるように、万物草木における死の状態を指す。

（3）性只是理＝同じ語が、『朱子文集』巻三九「答徐元聘」（27a）、巻四四「答江功徳〔亥十一月五日〕」（45a）、巻四五「答廖子晦」（21a）、巻五五「答潘謙之〔柄〕」（1a）、巻五九「答陳衛道〔鞏〕」（30a）や、『語類』巻四

(p.66・p.67)、巻五(p.85)、巻二〇(p.464)、巻五九(p.1387)、巻六〇(p.1431)、巻九九(p.2536)、巻一一七(p.2816)にも見える。

(4) 有是物斯有是理=『二程粋言』巻一に、

或るひと問う、「誠なる者は意を専らにするの謂《いい》か」と。子曰く、「誠なる者は実理なり。意を専らにするは、何ぞ以て之を尽くすに足らんや」と。呂大臨曰く、「信なるかな。実に是の理有り、故に実に是の物有り。実に是の物有り、故に実に是の用有り。実に是の用有り、故に実に是の心有り。実に是の心有り、故に実に是の事有り。故に曰く、『誠なる者は実理なり』と」と。(或問、「誠者専意之謂乎」。子曰、「誠者実理也。専意何足以尽之」。呂大臨曰、「信哉。実有是理、故実有是物。実有是物、故実有是用。実有是用、故実有是心。実有是心、故実有是事。故曰、『誠者実理也』」。)(p.1169)

とあり、『中庸章句』第二五章に「天下の物は皆な実理の為る所なり。故に必ず是の理を得て然る後に是の物有り。得る所の理尽くれば、則ち是の物も亦た尽きて有る無し(天下之物、皆実理之所為。故必得是理、然後有是物。所得之理既尽、則是物亦尽而無有矣)」(『四書章句集注』p.34)とあり、『中庸或問』の「第二十五章之説」にも「凡そ物の理に生ずる者は、必ず是の理有りて方《はじ》めて是の物有り。未だ其の理無くして徒《いたずら》に実ならざる物有る者有らざるなり(故凡物之生於理者、必有是理方有是物。未有無其理而徒有不実之物者也)」(『四書或問』p.94~95、和刻本・46b)とある。

(5) 只是=一般には限定を示す場合が多いが、ここは前後のつながりから見て文章の軽い転換を示したものであろう。『漢語』の④に「表示軽微的転折。不過、但是」(第三冊・p.47、縮印本㊤p.1462)とあり、『中国語』に「副詞」ではなく「接続詞」として「①しかし。だが。=但是。語調はやや軽い」(p.4006)とある。

（6）磨擦＝しっかりと磨く。『漢語』は、『語類』のこの個所を典拠の一つとして、「②琢磨。反復研究」（第七冊・p.1108、縮印本㊥p.4536）の意としている。また、『近代漢語』に「②研究比勘」（p.1303）とある。

（7）磨弄＝『漢語』に「①撫摩（手で撫でる）。把玩（手にとって賞玩する）。磨、通「摩」。②磨折。戯弄（たわむれる）」（第七冊・p.1102、縮印本㊥p.4534、『近代漢語』p.1304）とあるが、意味が通りづらい。前注の「摩擦」と同様、良い意味で用いられている動詞であり、今回は「大切に磨く」という意に解した。

（8）精光＝一般的に「光輝」「光彩」の意であるが（『漢語』第九冊・p.217、縮印本㊦p.5394）、ここでは心の輝きの意。『楞厳経』巻九に「此の心を以て研究澄徹し、精光乱れざれば、忽ち夜合に於いて、暗室の内に在るも種種の物を見ること白昼に殊ならず、而も暗室の物も亦た除滅せず。此れを心細密澄にして、其の見の視る所洞幽すと名づく。暫く是くの如くなるを得るも、聖証と為すに非ず。聖心を作さざれば、善境界と名づく。若し聖解を作さば、即ち群邪を受く（以此心研究澄徹精光不乱、忽於夜合、在暗室内見種種物不殊白昼、而暗室物亦不除滅。此名心細密澄、其見所視洞幽。暫得如是、非為聖証。不作聖心、名善境界。若作聖解、即受群邪）」（T19-148a）とあり、宋の首楞大師可度の『楞厳経箋』巻九に「精光は智光なり（精光智光也）」（Z89-145d）とある。

（9）殊不知＝『漢語』に「猶言『竟不知』」（第五冊・p.158、縮印本㊥p.2801）とあり、『漢辞海』の「殊」の②に「まったく。少しも。《「不」や「未」「無」など否定の語の前に置いて強調する意》」（p.768）とある。

（10）上蔡＝謝良佐（?～一一二〇）のこと。【49】の注（3）参照。

（11）佛氏所謂性…正聖人所謂意＝『上蔡語録』に「仏の性を論ずること、儒の心を論ずるが如し。仏の心を論ずること、儒の意を論ずるが如し。天の理に循うは、便是《すなわ》ち性にして、些《いささ》かも私意を容《い》るる可からず。纔《わず》かに意有れば、便ち天と一と為る能わず（仏之論性、如儒之論心。仏之論心、如儒之論意。循天之理、便是性、不可容些私意。纔有意、便不能与天為一）」（和刻本・巻中・11b）とある。謝良佐のこの語は、儒仏の間における心性論の相異を、極めて簡明に表現している。謝良佐の在世時の儒学界は、心・性・意などの定義について、未だ必ずしも明確な定説が確立しておらず、そのため儒仏の間の思想的界分が、とかく混乱しがちな傾向にあったが、謝良佐の右の語は、その混乱の発生因由を端的に言い当てた点で、後学に大きく裨益することとなった。朱熹は、謝良佐のこの語を「剖析すること極めて精なり（剖析極精）」（『朱子文集』巻四三「答李伯諫〔甲申〕」12b）と讃えている。荒木見悟『上蔡語録』解題」（《和刻影印 近世漢籍叢刊８》『上蔡語録』中文出版）参照。

（12）該＝『漢語』に「①具備。充足。②包容。包括。③広博。④寛大」（第一一冊・p199、縮印本㊦p.6590）とある。ここは②の意であろう。

（13）佛氏元不曾識得這理一節、便認知覺運動做性＝達磨の弟子である波羅提が異見王に説いた「性は作用に在り（性在作用）」の説を踏まえたもの。波羅提の偈にその内容が敷衍されており、「胎に在りては身と為り、世に処しては人と名づけ、眼に在りては見ると曰い、耳に在りては聞くと曰い、鼻に在りては香を辨じ、口に在りては談論し、手に在りては執捉し、足に在りては運奔す（在胎為身、処世名人、在眼曰見、在耳曰聞、在鼻辨香、在口談論、在手執捉、在足運奔）」（『伝燈録』巻三「菩提達磨」条・T51-218b）とあるのがよく知られている。【53】の注（4）、【54】の注（1）、【58】の注（2）、【60】の注（4）も併せて参照。

（14）視聴言貌＝この四字は注（16）に見えるように『尚書』「洪範」を踏まえており、「貌」は孔安国の伝に拠れば「容儀」とある。『漢語』の「容儀」条の①には「容貌挙止（容貌と立ち居振る舞い）」（第三冊・p.1495、縮印本㊤p.2076）とあり、ここは「視聴言動」と同意であろうから、「貌」は「ふるまい。挙止」（『大漢和』巻一〇・

p.685）の意となろう。

（15）箕子＝『尚書』の「洪範」を周の武王に伝えたとされる古の賢者。殷の人で、名は胥余。子爵として箕に封じられたことから箕子と呼ばれる。悪名高い殷の紂王の親戚とされるが（『史記』「宋世家」）、その紂王を諫めて聞き入れられなかったため、髪を振り乱し狂人のふりをして奴僕となり、後に紂王を討った周の武王から大法を問われて、「洪範」を伝えたとされる。『尚書』（全釈本・p.246）参照。

（16）明、聰、従、恭、睿＝『尚書』「洪範」に基づく語。「洪範」は、もともと禹王が天から授けられた大法で、九箇条から成るが、その第二箇条に「〔自分の身において〕敬んで五つの事を用いる（敬用五事）」とある。さらに「洪範」では、その「五つの事」を説明しており、そこに「明、聡、従、恭、睿」の五つについて次のように示されている（丸カッコの中は孔安国の伝、その他は蔡沈の解に拠った）。

二番目に五つの事とは、一つには貌（容儀）、二つには言（詞章《ことば》）、三つには視（正を観る）、四つには聴（是非を察す）、五つには思（心慮の行う所）である。貌〔の徳〕は恭敬《つつま》しさであり、言〔の徳〕は従順さであり、視〔の徳〕は〔すべてを見て取る〕明らかさであり、聴〔の徳〕は〔すべてを聞き取る〕聡さであり、思〔の徳〕は〔微細なことにまで通ずる〕睿《かしこ》さである。恭敬《つつま》しさは厳粛さをもたらし、従順さは乂《条理》をもたらし、明らかさは晢《智》をもたらし、聡さは謀《てだて》をもたらし、睿《かしこ》さは〔すべてに通じる〕聖をもたらす。

（二、五事。一曰貌、二曰言、三曰視、四曰聴、五曰思。貌曰恭、言曰従、視曰明、聴曰聡、思曰睿。恭作粛、従作乂、明作哲、聡作謀、睿作聖。）（漢文大系本・巻七・p.3~4、全釈本p.246~247）

（17）也得＝『漢語』に「①許可することを示す（表示許可）。②十分であることを示す（表示足够）」（第一冊・p.767、縮印本㊤p.325）とあり、ここは①の用法。また『禅語』に、「得」は「宜しい、それでよい、という意。

この場合には、得られるとか、できるとかいう意味はない」(p.350) とある。

(18) 不管＝気にしない。『漢語』の①に「顧みない、考慮しない(不顧、不考慮)」(第一冊・p.463、縮印本㊤p.197) とあり、『中国語』に「かまわない。関係・関心をもたない」(p.241) とある。「管」は「気にする」(『禅語』p.70) の意。

(19) 横來竪來＝同一の用例は他に見えないようで、似たものとして「横来竪去」という語が『大慧語録』巻三(T47-821b)・巻一五(876b)、『禅林僧宝伝』巻三〇(Z137-281c) などの禅録に見える。「横〜竪〜」の形式としては「横説竪説」があり、「好き放題にまくし立てる」(『禅語』p.38) の意とされるから、「横来竪来」は「好き勝手な方向からやってくる」といった意味となろう。

(20) 除掉＝『中国語』に「取り除く」(p.457) とある。ここの「掉」は「抛開(投げ捨てる)、丢下(捨てる)」(『漢語』第六冊・p.663、縮印本㊥p.3662) の意。『漢語』の「除掉」条は「除了(〜を除いて)」(第一一冊・p.989、縮印本㊦p.6925) とするが取らない。

(21) 告子生之謂性之説＝『孟子』「告子上篇」に「告子曰く、『生を之れ性と謂う』と。孟子曰く、『生を之れ性と謂うは、猶お白を之れ白と謂うがごときか』と。曰く、『然り』と。『羽の白きを白しとするは、猶お雪の白きを白しとするがごとく、雪の白きを白しとするは、猶お玉の白きを白しとするがごときか』と。曰く、『然り』と。『然れば則ち犬の性は猶お牛の性のごとく、牛の性は猶お人の性のごときか』と(告子曰、『生之謂性』。孟子曰、『生之謂性也、猶白之謂白与』。曰、『然』。『白羽之白也、猶白雪之白、白雪之白、猶白玉之白歟』。曰、『然』。『然則犬之性猶牛之性、牛之性猶人之性歟』)」(『四書章句集注』p.326、岩波文庫本㊦p.222) とある。

(22) 揚眉瞬目＝眉を動かしたり、まばたきをすること。薬山惟儼の悟道因縁における馬祖道一の発言が有名。入矢義高編『馬祖の語録』（禅文化研究所・p.107）、及び語注（p.110）を参照。

（23）禅家又有以揚眉瞬目知覺運動爲弄精魂、而訶斥之者＝禅録に全くそのままの典拠は見当たらないようだが、似たものとして次に引く洞山守初（九一〇～九九〇）の示衆がある。

楚山の北畔、漢水の南江に、法鼓を撃して禅徒を会し、宗風を挙して祖意を明らむ。若し揚眉瞬目、挙指竪払、罄欬咳嗽を以てすれば、是れ厨中の鉢を拭うの帛《ふきん》なり。甚麼《なん》の「会するや」とか道《い》わん。是れ衲僧の破草鞋なり。這の瞎漢、這の漆桶、是れ箇の精魂を弄するの鬼なり。（楚山北畔、漢水南江、撃法鼓而会禅徒、挙宗風而明祖意。若以揚眉瞬目、挙指竪払、罄欬咳嗽、是厨中拭鉢帛。道甚麼「会也無」。是衲僧破草鞋。這瞎漢、這漆桶、是箇弄精魂鬼。）（『聯燈会要』巻二六・Z136-433a） cf.『正法眼蔵』巻一（Z118-10a）、『洞山初禅師語録』（Z118-323b）

（24）弄精魂＝『俗語解』に『捏怪』（＝「奇怪を捏造する」の義・p.59）と同じ。精は、妖精、ばけものなり」（p.42）とあり、『禅語』に「物の怪に憑かれたように振る舞う。狐つきをやらかす」（p.490）とする。これに対し、『漢語』は「猶弄精神」とし、「弄精神」条には「傷神（精神を損耗する。心を痛める）。費心思（心をつかう。配慮する）」（第二冊・p.1314、縮印本㊤p.1295）とあり、『中国語』も「神経や頭を消耗する」（p.2247）とする。さらに『近代漢語』「弄精神」条の③に『語類』巻六三を典拠として「白費心思（ムダに心を費やす）」（p.1378）とある。今回は、一応、禅録寄りの解釈を用いた。

（25）磨擦得來＝「磨擦」は注（6）参照。「動詞」＋「得来」は、『中国語』に「①動作の結果が話者の方へ近づくことができるという意を添える。②経験・習得が十分で、あるいは慣習上、慣れていてできるという意を添える」（p.665）とある。ここでは②の用法。

（26）光彩＝綺麗な輝き。『漢語』に「①光輝、光芒。②光輝和色彩。③光亮而華麗」（第二冊・p.229、縮印本㊤p.835）とある。朱熹の用例は多くないが、ここ以外に例えば『語類』巻九五に「神は即是《すなわ》ち心の至妙なる処なり。気裏に滾在して説けば、又た只《ただ》是気なるのみ。然れども神は又た是れ気の精妙なる処なり。…神は便ち心裏に在り。裏面に凝在するを精と為し、光彩を発出するを神と為す。精は陰に属し、神は陽に属す（神即是心之至妙処。滾在気裏説、又只是気。然神又是気之精妙処。…神便在心裏、凝在裏面為精、発出光彩為神。精属陰、神属陽）」（p.2422）とあり、光彩は気に属する神が発するものとされている。

（27）粗糙＝『漢語』の①に「①きめがあらい（粗劣、毛糙）」（第九冊・p.209、縮印本㊦ p.5391）とある。朱熹の資料中では、ここ以外に『語類』巻五二に「孟施舎・北宮黝は便ち粗糙、曽子は便ち細膩なるのみ（孟施舎・北宮黝便粗糙、曽子便細膩爾）」（p.1255）という用例があり、細膩（きめこまやか）の対義語として用いられている。

（28）法身＝真理としての仏そのものの本体。『中村』（p.1253~1254）などを参照。朱熹は『語類』巻一二五で「仏氏の所謂る三身は、法身とは、釈迦の本性なり。報身とは、釈迦の徳業なり。肉身とは、釈迦の真身にして、実有の人なり（仏氏所謂三身、法身者、釈迦之本性也。報身者、釈迦之徳業也。肉身者、釈迦之真身、而実有之人也）」（p.3005、汲古本・p.244）と言い、また巻一二六の後段でも「釈氏説く、『法身は便是《すなわ》ち本性、報身は是れ其の徳業、化身は是れ其の肉身」と（釈氏説、法身便是本性、報身是其徳業、化身是其肉身）」（【92】参照）と述べている。

（29）彼言…惟有法身常住不滅＝典拠が存するような書きぶりであるが、そのままの典拠は未詳。前半は「諸行無常」を示したもので、後半は『遺教経』の「如来法身、常在而不滅也」（T12-1112b）などを踏まえたものであろう。

（30）占＝『漢語』の⑥に「具有」（第一冊・p.989、縮印本㊤ p.419）とある。朱熹の用例としては、例えば、『語類』巻一三に「聖賢勧人做底、必是人有欠闕処、戒人莫為底、必是自家占得一分在其間」（p.236、汲古本・p.244）とある。

（31）倜＝【5】の注（22）参照。

（野口善敬）

【53】

質問した、「儒教では『性を知る』と説き、仏教でもまた『性を知る』と言いますが、違いはあるのでしょうか」と。先生は笑って言われた、「まあ良い質問だ。君の考えだとどうであろうか。ためしに言ってみなさい」と。〔答えて〕言う、「友仁《わたし》や仏教の考えに拠りますと、この性というものは、心が発動すれば意となり、目では見る〔という作用〕になり、耳では聞く〔という作用〕になり、口では話す〔という作用〕になり、手ではつかまえる〔という作用〕になり、足では歩いたり走ったりする〔という作用〕になります。いわゆる『性を知る』とは、これを知るだけ〔のことではない〕でしょう〔か〕」と。〔先生は〕言われた、「一応、君の考えに沿って説明しよう。もしこのように考えるならば、〔性というものは〕目盛りのない計量器や目盛りのない定規〔のように規範がないもの〕にすぎない。儒教の場合は、心が発動すれば意となるとは言っても、誠であってこそ初めて良いのであり、目で見る〔という作用になる〕とは言っても、〔見方が正しく〕明白であってこそ良いのであり、耳で聞く〔という作用になる〕とは言っても、〔聞いている内容が正しいかどうか〕はっきりしていてこそ良いのであり、口で話し、さらには手や足〔でつかまえたり歩いたり〕といった類でも、礼に従って行為してこそ良いのである。〔『詩経』に〕『天がもろもろの民を生み、万物には則《のり》が備わった』とある。君の考えや仏教の説に至っては、ただ物があるだけで、〔そこに〕則《のり》がない。だから儒教とは違いがあるのだ。ましてや、孟子が言っている『性を知る』とは、〔『大学』の〕『物格（物事の道理に到達する）』の意味なのだから、なおさら〔性と則《のり》とが切り離せないのは、間違いないこと〕だ」と。〔郭友仁〔が記録した。〕〕

*

問、「聖門説『知性』、佛氏亦言『知性』[1]。有以異乎[校1]」。先生笑曰、「也問得好[2]。據公所見如何。試説看」。曰[校2]、「據友仁[3]所見及佛氏之説者、此一性、在心所發爲意、在目爲見、在耳爲聞、在口爲議論、在手能持、在足運奔[4]。所謂『知性』者、知此而已」。曰[校3]、「且據公所見而言。若如此見得、只是箇[校4]無星之秤[校5]、無寸之尺[5]。若在[校6]聖門則在心所發爲意、須是誠[6]始得。在目雖見、須是明始得。在耳雖聞、須是聰始得。在口談論及在手在足之類、須是[校7]動之以禮始得[7]。『天生[校8]烝民、有物有則』[8]。如公[校9]所見及佛氏之説、只[校10]有物無則了。所以與聖門有差。況孟子所説『知性』[9]者、乃是『物格』[10]之謂」。〔友仁[11]〕

〔校注〕（校1）乎＝楠本本は「乎」の下に「幸望先生開發蒙昧」の八字が入る。（校2）曰＝楠本本は「友仁曰」に作る。（校3）曰＝楠本本は「先生曰」に作る。（校4）箇＝楠本本は「个」に作る。（校5）秤＝底本は「稱」と作るも、正中書局本・朝鮮整版・楠本本・和刻本に拠って改める。（校6）在＝楠本本は「此」に作る。（校7）是＝正中書局・朝鮮整版は「皆」に作り、楠本本は「是皆」に作る。（校8）天生＝楠本本は「天生」の前に「夫」が入る。（校9）如公＝楠本本は「如公」の前に「若」が入る。（校10）只＝楠本本は「只」の前に「亦」が入る。

＊

問う、「聖門は『性を知る』と説き、佛氏も亦た『性を知る』と言う。以て異なること有りや」と。先生笑いて曰く、「也《ま》た問い得て好《よ》し。公の見る所に據らば如何。試みに説き看よ」と。曰く、「友仁の見る所、及び佛氏の説に據らば、此の一性、心の發する所に在りては意と爲り、目に在りては見と爲り、耳に在りては聞と爲り、口に在りては議論と爲り、手に在りては能く持ち、足に在りては運奔す。所謂る『性を知る』とは、此れを知るのみ」と。曰く、「且《しばら》く公の見る所に據りて言わん。若し此《か》くの如く見得れば、只是《ただ》箇の無星の秤《しょう》、無寸の尺なり。若し聖門に在りては、則ち心の發する所に在りては意と爲るも、須是《すべから》く誠にして始めて得《よ》し。目に在りては見ると雖も、須是《すべから》く明にして始めて得《よ》し。耳に在りては聞くと雖も、須是《すべから》く聰にして始めて得《よ》し。口に在りては談論し、及び手に在り足に在るの類、須是《すべから》く之を動かすに禮を以てして始めて得《よ》し。『天の、烝民《じょうみん》を生ずる、物有らば則《のり》有り』と。公の見る所、及び佛氏の説の如きは、只だ物有りて則《のり》無く了《お》わる。所以《ゆえ》に聖門と差《ちが》い有り。況や孟子の説く所の『性を知る』とは、乃是《すなわ》ち『物格』の謂いなるをや」と。[友仁]

＊

※この一段については、荒木見悟『朱子 王陽明』(p.313~314) に口語訳が載せられており、それを参考にした。

(1) 聖門説知性、佛氏亦言知性＝儒教側の「知性」の典拠としては、下文で言及される『孟子』「尽心上篇」の冒頭にある「其の心を尽くす者は、其の性を知るなり。其の性を知らば、則ち天を知らん (尽其心者、知其性也。知其性、則知天矣)」(『四書章句集注』p.349、岩波文庫本㊦ p.318) が有名であり、恐らくこれを念頭に置いたものであろう。仏教側の資料としては、確かに「知性」「知自性」「知本性」といった語は見えるものの、ここの用法とは意味合いに相違がある。禅門で頻用される「見性」を「知性」に重ね合わせたものと思われる。以下の本文にも見えるように、朱熹は、たびたび仏教、特に禅の教理を「作用是性」であるとして批判を加えた。朱熹の主張は、「知覚・運動」（＝作用）はあくまで「用」であって、「体」である性とは区別されねばならない、つまり、「知覚・運動」する所以こそ性でなければならないというのが朱熹の性理学の大前提であったからである。『「朱子語類」抄』（p.453~454）参照。

（2）也＝ここの「也」は、『中日』の⑤の「でも、まあ。軽い語気で、完全ではないがまずまずという意を示す」（p.2182）の語感であろう。

（3）友仁＝記録者の「郭友仁」のこと。注（11）参照。

（4）此一性…在足運奔＝『臨済録』「示衆」に「道流、心法《しんぽう》は形無くして、十方に通貫す。眼《まなこ》に在っては見《けん》と曰い、耳に在っては聞《もん》と曰い、鼻に在っては香《か》を嗅《か》ぎ、口に在っては談論し、手に在っては執捉《しっそく》し、足に在っては運奔《うんぽん》す。本《も》と是れ一精明《いちせいめい》、分れて六和合《ろくわごう》と為る（道流、心法無形通貫十方。在眼曰見、在耳曰聞、在鼻嗅香、在口談論、在手執捉、在足運奔。本是一精明、分為六和合）」（T47-497c、岩波文庫本・p.39~40）とあるのが有名であるが、『臨済録』の句も、元来、インドでの達磨の弟子だった波羅提尊者の偈にもとづいたものである（『伝燈録』巻三「菩提達磨」条・T51-218b）。【52】の注（13）、【54】の注（1）、【58】の注（2）、【60】の注（4）も併せて参照。朱熹は、この句を通して、禅の思想が「作用是性」なるものだと主張している。

（5）無星之秤、無寸之尺＝「無星之秤」は、目盛りのない計量器、「無寸之尺」は、目盛りのない定規のこと。三浦氏は、この喩えについて、「朱子流にいえば、目盛りのない物差しなどそもそも形容矛盾であって物差しとは呼べず、したがって体ではあり得ない。物差しにおける用とは、ほかならぬ物差しで計ることがそれでなければならない。…［中略］…『無星之秤』は、朱子がよく使う比喩（巻一一五・49、巻一二六・53条等参照）」（『「朱子語類」抄』p.387~388）と述べている。「無寸之尺」については、禅録にその用例が見えないようだが、「無星之秤」は用例が多く、例えば、『五家正宗賛』巻四「月堂昌禅師」条に「無星の秤子、銖両分明なるに等しく、先師に謾ぜられずし了《お》わる（無星秤子等銖両分明、不被先師謾了）」（Z135-493b）とある。無著道忠は、この個所に注して『秤子』は亦た『等子』とも名づくるが故に、『等』の字を用ゆ…〔中略〕…〔『先師』とは〕雪峰の慧を言う。雪峰、師の悟処を証明するは、是れ師を慢ずるなり。本分自《よ》り之を言う。然るに無星の秤子もて此の珠を量らば、其の銖両の軽重、元来分明なり。豈に他人の証剗の謾を受けんや。無星の秤は本分なり（秤子亦名等子故、用等字。…〔中略〕…〔先師〕言雪峰慧、雪峰証明師悟処、是慢師也。自本分言之。然無星秤子量此珠、其銖両軽重、元来分明。豈受他人証剗之謾哉。無星秤本分也）」（『五家正宗賛助桀』禅文化研究所本㊦p.871）と述べている。つまり、無著の解釈によれば、「無星秤子」とは「本分（本来の分際の意。生まれながらに仏性をもっているという人間の本来のすがた。迷いやさとりにかかわらぬ絶対的境位。『中村』p.1265）」のこととなる。固定的な尺度を超えた秤ということになろう。

（6）誠＝【41】の注（7）参照。

（7）若如此見得…須是動之以禮始得＝朱熹は礼と性について、別の個所で次のように説いている。

質問した、「先生は以前、礼は体《たい》である、とおっしゃいましたが、今、『礼ハ天理ノ節文、人事ノ儀則』といっておられます。そうしますと、礼は体ではなく用のように思えるのですが」と。〔先生は〕言われた、「君の出身地である江西に同じような田舎談義があったぞ。区切りのある物をみると、すぐさまこれは用であって体ではないとおっしゃる。それはちょうど、物差しの目盛りのないものが体、目盛りのあるものは体ではなく用だ、秤《はか》りであれば、目盛りのないものが体、あるものは体ではなく用である、というようなものだ。

うちわでいえば、柄《え》があり骨があって紙で貼《は》られたものが体であって、人がそれで扇ぐことが用なのだ」と。…〔以下略〕…（問、「先生昔日曰『礼是体』、今乃曰『礼者天理之節文、人事之儀則』。似非体而是用」。曰、「公江西有般郷談、才見分段子、便説道是用、不是体、如説尺時、無寸底是体、有寸底不是体、便是用如秤、無星底是体、有星底不是体、便是用。且如扇子有柄、有骨子、用紙糊、此便是体。人揺之、便是用」。…〔以下略〕…）（『語類』巻六・p.101~102）訳については、『「朱子語類」抄』（p.384~385）に拠った。

ここで朱熹は、自らが「礼ハ天理の節文、人事ノ儀則」と述べたことについて、礼が体であるということを、定規と秤を例をあげて説明し、それぞれ目盛りのないものを体、目盛りのあるものを用と考えることと同じ戯論に過ぎないとして、そのような理解を批判している。注（5）参照。そもそも朱熹にとって「性」は「理」に他ならず、その「性」は内容的には「五常」のことである。また、この「性」は未発であり、静であり、体なるものであり、これが用として已発となり、動となると、情が現れるというのである。両者の関係については、島田虔次『朱子学と陽明学』（p.92~96）などを参照。

（8）天生烝民、有物有則＝『詩経』大雅「烝民」（新釈本㊦p.258）に見える。天はもろもろの人々を生み、万物に自然とおのおの拠るべき法則が備わるようにした、という意味。朱熹は、「天生烝民、有物有則」に次の様な注を付けている。

宣王、樊侯仲山甫に命じて、城を斉に築かしむ。而して尹吉甫、詩を作りて以て之を送る。言うこころは、天、衆民を生じ、是の物有れば、必ず是の則有り。蓋し百骸・九竅・五臓自りして、之を君臣・父子・夫婦・長幼・朋友に達するまで、物に非ざる無きなり。而して法有らざる莫し。視るの明、聴くの聡、貌の恭しく、言の順に、君臣に義有り、父子に親有りの類の如き、是れなり。是れ乃ち民の執る所の常性なり。故に其の情、此の美徳を好まざる者無し。而るを況や天の有周を監視するをや。能く昭明の徳を以て、下を感格す。故に之を保祐して、之が為《ため》に此の賢佐を生じて仲山甫と曰う。則ち其の秀気を鍾して、其の美徳を全くする所以《ゆえん》の者は、又た特《ただ》に凡民の如きのみに非ざるなり。昔、孔子『詩』を読みて此こに至りて之を賛えて曰く、「此の詩を為《つく》る者は、其れ道を知れるか」と。故に物有れば必ず則有り、民は彝を秉るなり。故に是の懿徳を好む。而して『孟子』に之を引きて、以て性善の説を証す。其の旨深し。読む者、其れ思いを致せ。（宣王命樊侯仲山甫、築城于斉。而尹吉甫作詩以送之。言天生衆民、有是物必有是則。蓋自百骸九竅五臟、而達之君臣父子夫婦長幼朋友、無非物也。而莫不有法焉。如視之明、聴之聡、貌之恭、言之順、君臣有義、父子有親之類、是也。是乃民所執之常性。故其情、無不好此美徳者。而況天之監視有周。能以昭明之徳、感格于下。故保祐之、而為之生此賢佐曰仲山甫焉。則所以鍾其秀気而全其美徳者、又非特如凡民而已也。昔孔子読『詩』至此而賛之曰、「為此詩者、其知道乎」。故有物必有則、民之秉彝也。故好是懿徳。而『孟子』引之、以証性善之説。其旨深矣。読者其致思焉。）（朱子全書本『詩集伝』p.708、『朱熹詩集伝全釈』⑧ 明徳出版社・p.1060~1061）

（9）孟子所説知性＝典拠は、『孟子』「尽心上篇」。注（1）を参照。人間の心（惻隠・羞悪・辞譲・是非という四端の心）を十分に発展させた人は、人間の本性が善であり、それが天から与えられるものであることを知ることができるということ。

（10）物格＝『大学』の「知を致《いた》すは物に格《いた》るに在り。物格りて而して后《のち》に知至る（致知在格物、物格而后知至）」（『四書章句集注』p.3~4、古典選本・p.40~51）にもとづく。一般に「格物致知」の成句で知られる。「格物」とは、物事に具わった道理を窮めること。「致知」とは、「格物」によって是非善悪を見分けられる天賦の知を明らかにすること。【33】の注（5）、【40】の注（3）も併せて参照。

（11）友仁＝『語類』の巻頭に付録されている「朱子語録姓氏」に拠れば、「郭友仁。字《あざな》は徳元。山陽（江蘇省）の人。臨安（浙江省）に寓す。戊午（慶元四年・一一九八）に聞く所なり（郭友仁。字徳元。山陽人。寓臨安。戊午所聞）」(p.15) とある。「朱門弟子師事年攷」(p.90) 参照。（廣田宗玄）

【54】

もし〔仮に〕仏教が言うように、あの坐ることや視ることが〔そのまま〕正しいのならば、夫子（孔子）が人々に教示した際にも、〔仏教と同様に〕やはり、見たり聞いたり言ったり行動したりすることが〔そのまま〕正しいと言いさえすればよかったはずだ。〔にもかかわらず、孔子は〕どういうわけで、「礼にはずれたことは見ず、礼にはずれたことは聞かず、礼にはずれたことは言わず、礼にはずれたことはしてはならない」などと言ったのか。〔また、同じく〕「普段の生活をする、仕事を行う、人と交際する」といったようなことについては、「普段の生活をする、仕事を行う、人と交際する」と〔それだけを〕言いさえすればよかったはずだ。〔にもかかわらず、孔子は〕どういうわけで、〔「普段の生活をする、仕事を行う、人と交際する」という語の〕下に、〔それぞれ〕「恭（恭しくする）、敬（慎み深くする）、忠（誠実にする）」〔といった言葉〕を付けたのか。「家の門を出る、民衆を使役する」といったようなことについても、やはり「家の門を出る、民衆を使役する」と〔それだけを〕言いさえすればよかったはずだ。〔にもかかわらず、孔子は〕どういうわけで、「大切な客に会うかのようにし、大切な祭祀を行うかのようにする」と言ったのか。〔このことについては、〕孔子が〔みずから〕言っている、『克己（自分自身の私欲を克服すること)』して『復礼（天理の表現である礼の規範に立ち戻ること)』するのが『仁』ということだ」と。〔〔先生は〕「復礼」と「仁」の字〔の個所〕を厳しく激しい口調で言われた。甘節〔が記録した。〕」

*

若是如釋氏道、只是那坐底視底是、(1) 則夫子之教人、也只説視聽言動底是便了。何故却説「非禮勿視、非禮勿聽、非禮勿言、非禮勿動」。(2) 如「居處、執事、與人交」、止説「居處、執事、與人交」便了。何故於下面著(3)(校1)箇(校2)「恭、敬、忠」。(4) 如「出門、使民」、也只説箇(校2)「出門、使民」便了。何故却説「如見大賓、如承大祭」。(5) 孔子言、「克己復禮爲仁」。(6) 〔厲聲(7)言「復禮」「仁(校3)」字。(校4)節。(8)〕

〔校注〕(校1) 著＝正中書局本・楠本本・和刻本は「着」に作る。(校2) 箇＝楠本本は「个」に作る。
(校3) 仁＝楠本本は「二」に作る。(校4) 節＝正中書局本・朝鮮整版・楠本本・和刻本は「節」の上に「○」が入る。

*

若是《もし》釋氏の道《い》うが如く、只是那《ただか》の坐する底《もの》・視る底是《ものぜ》なれば、則ち夫子の人に教うるも、也《ま》た只だ視聽言動する底《もの》是《ぜ》なりと説《い》うのみにして便ち了《お》わらん。何の故に却って「禮に非ざれば視ること勿かれ、禮に非ざれば聽くこと勿かれ、禮に非ざれば言うこと勿かれ、禮に非ざれば動くこと勿かれ」と説《い》うや。「居處、事を執《と》る、人と交わる」が如き、止《た》だ「居處、事を執《と》る、人と交わる」と説《い》うのみにして便ち了《お》わらん。何の故に下面に於いて箇の「恭、敬、忠」を著《つ》くるや。「門を出づ、民を使う」が如きも、也《ま》た只だ箇の「門を出づ、民を使う」と説《い》うのみにして便ち了《お》わらん。何の故に却って「大賓を見るが如くし、大祭に承《つか》えまつるが如くす」と説《い》うや。孔子言う、「己に克《か》ちて禮

に復《かえ》るを仁と爲す」と。〔聲を厲《はげ》まして「復禮」「仁」の字を言う。節。〕

＊

（1）若是如釋氏道、只是那坐底視底是＝禅の「作用是性」を踏まえた表現であろう。見聞覚知をはじめとする日常の言行の全てはそのまま仏性のはたらきであるとし、これを全面的に肯定する。この「作用是性」を特に強調したのは唐代の馬祖系統の禅（洪州宗）であるが、しばしば、朱熹による禅批判の焦点となった（【58】【59】など）。また、朱熹が最も意識していた禅僧大慧宗杲に、黙照禅を批判するにあたって説かれた次のような発言が見られる。こうした大慧の発言なども、朱熹の念頭に置かれていたのかもしれない。

この〔究明するべき人生の一大〕事は、もし僅かでも工夫を用いて証《さとり》を得ようとするなら、たとえば手で虚空をなでるように、骨折り損のくたびれ儲けなだけです。応対するときは専ら応対しなさい。静坐しようとするときは専ら静坐しなさい。〔ですが、〕坐るときに坐ることに執着して〔それを〕究極と思ってはいけません。（此事若用一毫毛工夫取証、則如人以手撮摩虚空、只益自労耳。応接時但応接。要得静坐但静坐。坐時不得執著坐底為究竟。）（『大慧語録』巻二六・T47-923c、筑摩本・p.71）

なお、「作用是性」については、【52】の注（13）、【53】の注（4）、【58】の注（2）、【60】の注（4）なども併せて参照。

（2）非禮勿視…非禮勿動＝『論語』「顔淵篇」に「子曰く、『礼に非ざれば視ること勿かれ、礼に非ざれば聴くこと勿かれ、礼に非ざれば言うこと勿かれ、礼に非ざれば動くこと勿かれ』と（子曰、『非礼勿視、非礼勿聴、非礼勿言、非礼勿動』）」（『四書章句集注』p.132、岩波文庫本・p.156）とある。

（3）下面＝『中国語』に「順番が後ろの部分。以降。あと。文章や話で現在述べた部分のあと」（p.3327）とある。

『語類』巻一二の「因歎『敬』字工夫之妙、聖学之所以成始成終者、皆由此、故曰『修己以敬』、下面『安人』『安百姓』、皆由於此。…［以下略］…」（p.207、汲古本・p.89）などの用例がある。

（4）如居處、執事、與人交…恭、敬、忠＝『論語』「子路篇」に「樊遅、仁を問う。子曰く、『居処は恭に、事を執りて敬に、人に与《まじわ》りて忠なれ。夷狄に之《ゆ》くと雖も、棄つ可からざるなり』と（樊遅問仁。子曰、『居処恭、執事敬、与人忠。雖之夷狄、不可棄也』）」（『四書章句集注』p.146、岩波文庫本・p.181）とある。「居処恭、執事敬、与人忠」とは「普段の生活をするときは恭《うやうや》しく、仕事を行うときは慎み深く、人と交際するときは誠実にする」ということ。朱熹は「恭は容《かたち》を主とし、敬は事を主とす。恭は外に見《あら》われ、敬は中を主とす（恭主容、敬主事。恭見於外、敬主乎中）」（『四書章句集注』p.146）と注釈している。

（5）如出門、使民…如承大祭＝『論語』「顔淵篇」に「仲弓、仁を問う。子曰く、『門を出でては大賓を見るが如くし、民を使うには大祭に承《つか》えまつるが如くす。己の欲せざる所は、人に施すこと勿かれ。邦に在りても怨み無く、家に在りても怨み無し』と（仲弓問仁。子曰、『出門如見大賓、使民如承大祭。己所不欲、勿施於人。在邦無怨、在家無怨』）」（『四書章句集注』p.132、岩波文庫本・p.157）とある。

（6）克己復禮爲仁＝『論語』「顔淵篇」に「顔淵、仁を問う。子曰く、『己に克《か》ちて礼に復《かえ》るを仁と為す。一日己に克《か》ちて礼に復《かえ》れば、天下仁に帰す。仁を為すこと己に由る。而して人に由《よ》らんや』（顔淵問仁。子曰、『克己復礼為仁。一日克己復礼、天下帰仁焉。為仁由己。而由人乎哉』）」（『四書章句集注』p.131、岩波文庫本・p.156）とあり、「克己復礼為仁」についての朱熹の注釈には「『仁』は本心の全徳なり。『克』は勝つなり。『己』は身の私欲を謂うなり。『復』は反《かえ》るなり。『礼』は天理の節文なり。仁を為すとは、其の心の徳を全うする所以《ゆえん》なり。蓋し心の全徳は、天理に非ざるは莫し。而るに亦た人欲に壊れざる能わず。故に仁を為す者は必ず以て私欲に勝ちて礼に復《かえ》ること有れば、則ち事は皆な天理にして、本心の徳は復た我に全し（『仁』者本心之全徳。『克』勝也。『己』謂身之私欲也。『復』反也。『礼』者天理之節文也。為仁者、所以全其心之徳也。蓋心之全徳、莫非天理。而亦不能不壊於人欲。故為仁者必有以勝私欲而復於礼、則事皆天理、而本心之徳復全於我矣）」（『四書章句集注』p.131）とある。朱熹は、本条の発言において、「何故却説『非礼勿視、非礼勿聴、非礼勿言、非礼勿動』」「何故於下面著箇『恭、敬、忠』」「何故却説『如見大賓、如承大祭』」といった疑問を設定したうえで、それに対する答えとして、孔子の「克己復礼為仁」の句を提示した。すなわち、「作用是性」を強調して一挙手一投足を仏性の現れとみなし、一切の行動規範にとらわれることを拒む仏教、特に禅とは異なり、儒教の側には一つ一つの行動の根本に天理の分節たる礼があり、孔子はその礼に照らした行動をとることを説いていると言うのである。また、『語類』巻四一に「もし仏者のうちで確かに『克己』のできる者がいるなら、彼らを己私がないと言うことはできるけれども、しかしながら、〔彼らは〕全く礼に立ち戻っていない。聖人の教えは、だから『復礼』のほうに重点を置く。もし『克己』が分かっただけなら、結局は必ずや空寂に陥ることとなり、仏教の連中がやっていることと同じになってしまう（若是仏家、儘有能『克己』者、雖謂之無己私可也、然却不曽復得礼也。聖人之教、所以以『復礼』為主。若但知『克己』、則下稍必堕於空寂、如釈氏之為矣）」（p.1045）という発言があることにも注目しておきたい。朱熹の「克己復礼」解釈については、小島毅『中国近世における礼の言説』第一章「朱熹の克己復礼解釈」（東京大学出版会・一九九六）参照。

（7）厲聲＝『漢語』に「厳厲的声音。高声」（第一冊・p.940、縮印本㊤ p.398）とあり、『中国語』に「激しい声。厳しい声。『説』『叫』『喊』などの『副詞性修飾語』『状況語・状語』として用いる」（p.1880）とある。『語類』巻一一四に「向徐節孝見胡安定、退、頭容少偏、安定忽厲声云、『頭容直』」（p.2754、汲古本・p.102）などの用例がある。

（本多道隆）

（8）節＝【27】の注（9）参照。

【55】

仏教は、ただ、坐っていても〔理にかなって〕正しく、行《うご》いていても〔理にかなって〕正しいということが分かっているだけだ。坐る場合、脛《すね》を交叉させて坐る〔胡座や結跏趺坐〕もよしとし、足を重ねて坐る〔跪坐や正座〕もよしとし、キチンと坐らなくてもよしとし、キチンと坐ってもよしとする。〔だから、仏教は人間として〕喜ぶべきでないことを喜び、怒るべきでないことを怒り、すべきでないことをするのを見ることになるのだ。仏教は、ただまっしぐらに突き進むだけで、理を理解しようとしない。吾が儒教では、必ず坐る際の理は尸《かたしろ》のように〔端正で身じろぎしないで〕いるべきであり、立つ際の理は物忌みをしているように〔慎み深くして〕いるべきであり、頭の姿勢などは〔うつむいたりせず〕真っ直ぐにすべきであることを理解しなければならない。だから仏教には理がない〔という〕のだ。〔甘節〔が記録した。〕〕

＊

釋氏只知坐底是、行底是。如坐、交脛坐也得、疊足坐也得[1]、邪坐也得、正坐也得。將見喜所不當喜[2]、怒所不當怒、爲所不當爲。他只是直衝去[3]、更不理會理。吾儒必要理會坐之理當如尸[校1]、立之理當如齋[校2][4]、如頭容便要直[5]。所以釋氏無理。

〔節〕[校3][6]

〔校注〕（校１）會坐＝楠本本は「會理坐」に作る。　（校２）齋＝正中書局本・朝鮮整版・楠本本・和刻本は「齊」に作る。　（校３）節＝楠本本に無し。

＊

釋氏は只だ坐する底《もの》も是《ぜ》、行く底《もの》も是《ぜ》なることを知るのみ。坐するが如き、脛を交えて坐するも也《ま》た得《え》、足を疊《かさ》ねて坐するも也《ま》た得《え》、邪坐も也《ま》た得《え》、正坐も也《ま》た得たり。將に當に喜ぶべからざる所を喜び、當に怒るべからざる所を怒り、當に爲すべからざる所を爲すを見んとす。他は只是《ただ》直に衝き去り、更に理を理會せず。吾が儒は必ず坐の理は當に尸の如くなるべく、立の理は當に齋するが如くなるべく、頭容の如きは便ち直ならんことを要するを理會することを要す。所以《ゆえ》に釋氏には理無し。〔節〕

＊

（１）交脛坐也得、疊足坐也得＝『漢語』等の辞書類には見えないが、形状から見て「交脛坐」は「胡座」もしくは禅門における「結跏趺坐」を、「畳足坐」は「跪坐」や「正座」を指すのであろう。

（２）將＝副詞用法として『漢語』の（５）に「殆。大概」（第七冊・p.806、縮印本㊥ p.4408）とあり、『左伝』「昭公十二年」と『後漢書』「馬援伝」を典拠として引いている。『中国語』は書面用語の副詞として「必ず…しよう。ことの将来における進展についての判断を示す。口語の〈一定〉〈肯定〉にあたる」（p.1504）とする。

（３）直衝＝まっしぐらに突進すること。『漢語』の①に「一直冲闖。径直朝前闖」（第一冊・p.866、縮印本㊤ p.367）とある。『中国語』に見える「直冲（猛進する。まっしぐらにぶつかる）」（p.3996）と発音も同じである。『語類』の用例としては、巻六三に「某人、夜に淮甸の間を行きて、忽ち明滅の火の、横に過ぎ来って路頭に当たるを見る。其の人頗る勇にして、直衝し過ぎ去り、其の皆な人の形に似て、髣髴たること廟社の泥塑の未だ装飾せざる者の如きを見る（某人夜行淮甸間、忽見明滅之火横過来当路頭。其人頗勇、直衝過去、見其皆似人形、髣髴如廟社泥塑未装飾者）」（p.1546）という一文が見える。

（4）坐之理當如尸、立之理當如齋＝『礼記』「曲礼上篇」に「若し夫れ坐するときには尸《し》の如くし、立つときには斉《さい》するが如くす（若夫坐如尸、立如斉）」とあるのに拠る。「尸」は「父祖の祭のとき、父祖の代理に選ばれ正客の位置に座する人。かたしろ（霊代）」（新釈本㊤p.13）のこと。「斉」は「斎戒。祭礼の主人役をつとめる人が、あらかじめ一定期間、日常生活から遠ざかって身心を清浄にすること。ここでは斎戒中の人のように慎重謹厳であるという形容」（同上）である。

（5）如頭容便要直＝君子の立ち居振る舞いについて、『礼記』「玉藻篇」に「足の運びはおもおもしく、手の動かし方はうやうやしく、目は正しく見、口もとは締まり、声の出し方は静かに、頭《かしら》は直《すぐ》に立て、呼吸は穏やかに、立った姿はたのもしく、顔つきはおごそかに、そして坐れば尸のように端正である（足容重、手容恭、目容端、口容止、声容静、頭容直、気容粛、立容徳、色容荘、坐如尸）」（新釈本㊥p.481~482）とあるのに基づく。

（6）節＝【27】の注（9）参照。

（野口善敬）

【56】

知覚〔に現れるところ〕の理は、〔心に賦与された〕性が、かくあらねばならない根拠となるものなのに、仏教は〔そのことを〕分かっていない。彼らは、単に知覚について分かっているだけで、〔そこには〕この理が無い。だから、〔親に対して〕孝でも不孝でもよしとする。「動きて陽、静にして陰」たる根拠というのは、思うに、当然動かなければならない状況で動かざるを得ず、当然静かでなければならない状況で静かでないわけにはいかないからである。

［甘節［が記録した。］］

＊

知覺[1]之理、是性所以當如此者、釋氏不知。他但知知覺、没這理。故孝也得、不孝也得。所以「動而陽、靜而陰」[2]者、蓋是合動不得不動、合靜不得不靜。［節[3]］

＊

知覺の理は、是れ性の當に此《か》くの如くなるべき所以《ゆえん》の者なるも、釋氏は知らず。他は但《た》だ知覺を知るのみにして、這の理没《な》し。故に孝も也《ま》た得《え》、不孝も也《ま》た得たり。「動きて陽、靜にして陰」たる所以《ゆえん》の者は、蓋し是れ合《まさ》に動くべくして動かざるを得ず、合《まさ》に靜なるべくして靜ならざるを得ざればなり。［節］

＊

（1）知覺＝朱熹の知覚説については、市來津由彦「朱熹の「知覚」説」（『中国思想における身体・自然・信仰―坂出祥伸先生退休記念論集』東方書店・二〇〇四 所収）に詳しい。市來氏は、「知覚」の語は、朱熹の学説において、はたらきという視点から心を捉える根本的な思想哲学術語として頻繁に用いられた、と指摘している。朱熹は、理系列の心のはたらきを「道心」とみなし、気系列の心のはたらきを「人心」とみなしたとされる。「道心」「人心」については、【57】の注（1）参照。

（2）動而陽、靜而陰＝朱熹は、「太極図解」のなかで、周濂渓の「太極」を「動にして陽、静にして陰なる所以《ゆえん》の本体なり（所以動而陽、静而陰之本体也）」（『周敦頤集』中華書局校点本・p.1）と説明しており、ここと同様の表現が見える。

（3）節＝【27】の注（9）参照。

（本多道隆）

【57】

仏教は道心を棄ててしまい、反対に不安定な人心を取りあげて、それを作用《はたらか》せ、その精妙なところを捨て、その粗雑なところを取りあげて、道だとしている。たとえば、仁義礼智を性ではないとして、目の前の作用を性だとするのが、それだ。これはただ端《はな》から間違ってしまっているのだ。〔万人傑〔が記録した。〕〕

＊

釋氏棄了道心、却取人心之危者、[1]而作用之、遺其精者、取其粗者、以爲道。[2]如以仁義禮智爲非性、而以眼前作用爲性、是也。[3]此只是源頭處錯了。[4]〔人傑[5]〕

＊

釋氏は道心を棄て了《お》わり、却って人心の危き者を取りて、之を作用し、其の精なる者を遺《す》て、其の粗なる者を取りて、以て道と爲す。如《たと》えば仁義禮智を以て性に非ずと爲して、眼前の作用を以て性と爲す、是れなり。此れ只《ただ》是源頭の處、錯り了《お》わるのみ。〔人傑〕

＊

（1）道心…人心危者＝「中庸章句序」に「其の経に見えたるは、則ち『允《まこと》に厥《そ》の中を執《と》れ』とは、堯の舜に授くる所以《ゆえん》なり。『人心惟《こ》れ危うく、道心惟《こ》れ微《かす》かなり、惟《こ》れ精惟《こ》れ一、允《まこと》に厥《そ》の中を執《と》れ』とは、舜の禹に授けし所以《ゆえん》なり（其見於経、則『允執厥中』者、堯之所以授舜也。『人心惟危、道心惟微、惟精惟一、允執厥中』者、舜之所以授禹也）」（『四書章句集注』p.14、古典選本・p.144）とある。「人心惟危…允執厥中」の句は、もと『尚書』「大禹謨」に見える（新釈本㊦p.371）。この「人心」「道心」について、島田虔次氏は『人心』というのは人欲の混じった心、それゆえ危うい、たえず逸脱の危険性をはらんでいる。『道心』というのは道そのものであるような心、それゆえ微かである」（古典選本・p.145）とし、市來津由彦氏は「気によってつくられているからだを誰しもただ一つ持つゆえに（形気の私）、その身体性に発する欲求を満足させようとする、気の要素に関わる心のはたらきを「人心」という。一方、どの人も人として本来持つ、あるべき社会関係を実現しようとする本性（性命の正）につき動かされる、理の要素に結びついた心のはたらきを「道心」という」（「朱熹の「知覚」説」）とする。

（2）遺其精者、取其粗者、以爲道＝「精」と「粗」は、朱子学の重要なカテゴリー。「精」は「粗」より価値的には上であるが、「粗」もまた否定されるべきものではなく、両者が具備してこそ物は物として存在し得ると考えられている（『「朱子語類」抄』p.250）。「精」「粗」については、吾妻重二『朱子学の新研究―近世士大夫の思想史的地平』（創文社・二〇〇四・p.327以下）に詳しい。禅の祖録のひとつである『信心銘』に「至道は難きこと無し、唯だ揀択を嫌うのみ（至道無難、唯嫌揀択）」（T48-376b）とあるように、禅では、「道」に至ることは容易《たやす》いことで、ただ選り好みさえしなければ良いのだと定義している。あるいは、朱熹は、仏教のこうした道の解釈を「粗」だと考えたのかもしれない。

（3）如以仁義禮智爲非性…是也＝前半の、仏教が仁義礼智を性ではないとすることについては、【28】の注（2）、【30】の注（1）参照。後半の、仏教が目前の作用を性と考えるという点については、【58】以下の数条などを参照。

（４）此只是源頭処錯了＝「源頭処」は、『漢語』「源頭」条に「②事物的根源」（第六冊・p.12、縮印本㊥ p.3386）とある。朱熹が仏教の「作用即性」が根本から間違っていると批判するのは、ここで例として挙げている通り、三綱や五常を廃しているからである。【24】も併せて参照。

（５）人傑＝『語類』の巻頭に付録されている「朱子語録姓氏」に拠れば、「万人傑。字《あざな》は正淳、興国（湖北省大冶県）の人。庚子（淳熙七年・一一八〇）以後、聞く所なり（万人傑。字正淳、興国人。庚子以後所聞）」（p.14）とある。伝記については、『宋人伝記』第四冊（p.3227）、「朱門弟子師事年攷」（p.59~82）参照。はじめ陸氏兄弟に師事したが、のち朱熹に師事し、朱熹の最晩年まで師事した。

（廣田宗玄）

＊

【58】

仏教は専ら作用を性だとする。たとえば、ある国の王が、ある尊者に質問して言った、「仏とはどんなものですか」と。〔ある尊者が答えて〕言った、「見性が仏だ」と。〔さらに質問して〕言った、「性とはいかなるものですか」と。〔答えて〕言った、「作用が性だ」と。〔さらに質問して〕言った、「作用とはいかなるものですか」と。〔答えて〕言った、云々と〔以下省略する〕。禅家にまた偈を作るものがいて、〔その偈に〕言う、「そもそも、尊者が国王に答えた際、国王はどうして尊者に質問して、『まだ作用していない時には、性はどこにあるのですか』と言わなかったのか」と。〔黄嵤〔が記録した。〕〕

釋氏専以作用爲性。(1) 如某國王問某尊者曰、「如何是佛」。曰、「見性爲佛」。曰、「如何是性」。曰、「作用爲性」。曰、

「如何是作用」。曰、云云。(2) 禅家又有偈(校1)者云、「當來尊者答國王時、國王何不問尊者云、『未作用時、性在甚處』」。(3)

[㽦](4)

〔校注〕※本条は楠本本巻一二六には無し。　（校1）偈＝正中書局本・朝鮮整版は「黠」に作る。

＊

釋氏は專ら作用を以て性と爲す。如《たと》えば、某國の王、某尊者に問うて曰く、「如何なるか是れ佛」と。曰く、「見性を佛と爲す」と。曰く、「如何なるか是れ性」と。曰く、「作用を性と爲す」と。曰く、「如何なるか是れ作用」と。曰く、云云と。禅家に又た偈する者有りて云う、「當來、尊者、國王に答えし時、國王は何ぞ尊者に問うて云わざる、『未だ作用せざる時、性、甚《いず》れの處にか在る』と」と。[㽦]

＊

（1）以作用爲性＝【52】の注（13）、【53】の注（4）、【54】の注（1）、【60】の注（4）参照。

（2）如某國王問某尊者曰…曰、云云＝『伝燈録』巻三に「〔異見〕王、怒りて問うて曰く、『何者か是れ仏』と。〔波羅提《はらだい》〕答えて曰く、『見性是れ仏』と。王曰く、『師、見性するや』と。答えて曰く、『我、仏性を見る』と。王曰く、『性、何れの処にか在る』と。答えて曰く、『性は作用に在り』と。王曰く、『是れ何の作用か、我今ま見ざる』と。答えて曰く、『今ま作用を見るも、王、自ら見ず』と。王曰く、『我に於いて有りや』と。答えて曰く、『王、若し作用せば、是《ぜ》ならざること有る無し。王、若し用いざれば、体も亦た見難し』と。王曰く、『若し用いる時に当たりて、幾処に出現するや』と。答えて曰く、『若し出現する時は当に其の八有るべし』と。王曰く、『其の八の出現すること、当に我が為《ため》に説くべし』と。波羅提《はらだい》、即ち偈を説きて曰く、…（王怒而問曰、「何

者是仏」。答曰、「見性是仏」。王曰、「師見性否」。答曰、「我見仏性」。王曰、「性在何処」。答曰、「性在作用」。王曰、「是何作用我今不見」。答曰、「今見作用、王自不見」。王曰、「於我有否」。答曰、「王若作用無有不是。王若不用体亦難見」。王曰、「若当用時幾処出現」。答曰、「若出現時、当有其八」。王曰、「其八出現、当為我説」。波羅提即説偈曰、…)」(T51-218b) とあるのを踏まえる。

(3) 禅家又有偈者云、當來尊者答國王時、國王何不問尊者云、未作用時、性在甚處=典拠未詳。「偈」とあるのは、中国語で読む時には、四字句で切って、「当来尊者、答国王時、国王何不、問尊者云、未作用時、性在甚処」と読むことを意味する。また、校注にもある通り、正中書局本・朝鮮整版は「偈」を「点」に作っているが、その場合、「点破(問題点を摘抉する、かんどころを種明かしする)」(『禅語』p.327) の意となろう。「当来」は、普通は「将来」の意だが、ここでは意味が通らない。『漢語』に「②原来。起初」(第七冊・p.1392、縮印本㊥p.4657) とあり、ここではこの意に解した。

(4) 畓=【21】の注(15)参照。

(森　宏之)

【59】

〔禅家が〕「〔五感や肉体の〕作用《はたらき》が〔まさしく本〕性である。〔その作用《はたらき》を〕目では見るといい、耳では聞くといい、鼻では香りを嗅ぎ、口では話し、手ではつかみ、足では歩いたり走ったりする」〔としているの〕は、〔とりもなおさず〕告子の「生まれながらにしてもっているものを性という」説である。たとえば、手ではつかむ〔という作《はた》用《らき》〕において、刀を〔手に〕執って妄りに人を殺しても、〔本〕性とできるのであろうか。亀山(楊時)は、龐居士が「神通と妙用は、水を汲み薪を運ぶことだ」と言ったのを取り上げて、〔『孟子』の〕「ゆっくり行って、年長者の後に続く」〔という語〕にたとえているが、〔それは、禅家と同じ〕病《誤り》を犯すものである。〔孟子が〕「ゆっくり行って、年長者の後に続くのを〔従順な徳義である〕弟《てい》というのであり、急いで行って、年長者の先になるのは弟ではない」〔と言っている〕ことを知らないのだろうか。もし「水を汲み薪を運ぶことが妙用だ」と言うのであれば、ゆっくり行っても、急いで行っても、どちらも弟であると言えるのであろうか。〔万人傑〔が記録した。〕〕

*

「作用是性。在目曰見、在耳曰聞、在鼻齅香、在口談論、在手執捉、在足運奔」[1]、即告子「生之謂性」之説也。[2]且如手執捉、若執刀胡亂殺人、亦可爲性乎。龜山舉龐居士云「神通妙用、運水搬柴」、以比「徐行後長」、亦坐此病。[3]不知「徐行後長乃謂之弟、疾行先長則爲不弟」[4]。如曰「運水搬柴即是妙用」、則徐行疾行、皆可謂之弟耶。［人傑[5]］

〔校注〕※本条は楠本本巻一二六には無し。

*

「作用は是れ性なり。目に在りては見と曰い、耳に在りては聞と曰い、鼻に在りては香を齅ぎ、口に在りては談論し、手に在りては執捉し、足に在りては運奔す」とは、即ち告子の「生を之れ性と謂う」の説なり。且如《たと》えば手の執捉するに、刀を執りて胡亂《みだ》りに人を殺すが若《ごと》きも、亦た性と爲す可きや。龜山、龐居士の「神通・妙用、水を運び柴《まき》を搬《はこ》ぶ」と云うを舉げて、以て「徐行して長に後《おく》る」に比《たと》うるも、亦た此の病に坐すなり。「徐行して長に後《おく》るるは乃ち之を弟と謂い、疾行して長に先んずるは則ち不弟と爲す」を知らざるか。如《も》し「水を運び柴《まき》を搬《はこ》ぶは即是《すなわ》ち妙用」と曰わば、則ち徐行・疾行、皆な之を弟と謂う可きや。［人傑］

＊

※この一段については、朱子学大系第六巻『朱子語類』（p.378）に口語訳が載せられており、それを参考にした。

（1）作用是性…在足運奔＝【52】の注（13）、【53】の注（4）、【54】の注（1）、【58】の注（2）、【60】の注（4）参照。

（2）即告子生之謂性之説也＝【52】の注（21）参照。

（3）龜山舉龐居士云…亦坐此病＝亀山については、【35】の注（4）参照。龐居士は、龐蘊（?～八〇八）のこと。馬祖道一下の居士。仏教居士の代表的存在としてインドの維摩居士と並び称される。入矢義高『龐居士語録』（《禅の語録7》筑摩書房・一九七三）に詳しい。また、『禅学』（p.1122）参照。この楊亀山の指摘は、『楊亀山先生集』巻一三「蕭山所聞」末尾に見える次の一段を踏まえている。

孟子の言葉は、〔礼に関する〕詳しい点も大まかな部分もすべて兼ね備わっている。その言葉は甚だ〔道に〕近く、ここに妙義がそなわっている。例えば、龐居士は「神通並びに妙用は、水を運び柴《まき》を搬《はこ》ぶことだ」と言っているが、これは自得した者の言葉で、最も理に適っている。孟子の言葉は、適切でないものはない。このように偉大な堯・舜の道〔について〕、〔孟子は〕ただ行止（行くか取り止めるか＝「梁恵王下篇」）・疾徐（急ぐかゆっくりか＝「告子下篇」）の間で、人に実践させたのだ。（孟子所言、皆精粗兼備。其言甚近而妙義在焉。如龐居士云「神通并妙用、運水与搬柴」、此自得者之言、最為適理。若孟子之言、則無適不然。如許大堯舜之道、只於行止疾徐之間、教人做了。）（光緒九年刊本・26a）

また、龐居士の「神通妙用、運水搬柴」は、居士が石頭希遷に呈した有名な偈の一節で、前掲、入矢義高『龐居士語録』（p.15）に見え、その語注に『語類』のこの一段、及び楊亀山の説を引用しつつ、詳細な説明がなされている（p.17~18）。

（4）徐行後長乃謂之弟、疾行先長則爲不弟＝『孟子』「告子下篇」に「徐行して長者に後る、之を弟と謂い、疾行して長者に先んずる、之を不弟と謂う。夫れ徐行は、豈に人の能くせざる所ならんや。為さざる所なり。堯・舜の道は、孝弟のみ（徐行後長者、謂之弟、疾行先長者、謂之不弟。夫徐行者、豈人所不能哉。所不為也。堯舜之道、孝弟而已矣）」（『四書章句集注』p.339、岩波文庫本㊦ p.274~276）とあるのを踏まえる。『論語』「学而篇」の「其の人と為《な》りや孝弟にして、上を犯すことを好む者は鮮《すくな》し（其為人也孝弟而好犯上者鮮矣）」（『四書章句集注』p.47、岩波文庫本・p.18）の条がすぐに思い出される。「弟」は「悌」に同じ。「学而篇」の朱注に「善く兄長に事《つか》うるを弟と為す（善事兄長為弟）」（『四書章句集注』p.48）とあるように、年長者に従順に仕える徳のこと。

（5）人傑＝【57】の注（5）参照。

（野口善敬）

【60】

仏教の「作用は是れ性なり（日常のはたらきが〔そのまま仏〕性〔の現れ〕である）」について質問した。〔先生が〕言われた、「この性についての、彼ら（＝仏教）の説きかたは、やはり正しい。孟子は言っている、『形《体つき》と色《顔つき》は、先天的なものである。ただ聖人だけが、形《体つき》〔と色《顔つき》に本来的に具わっている理〕を発揮させることができるのである』と。〔仏教が説く『作用は是れ性なり』の『性』というのは〕つまり、〔孟子が言う〕この『性』にほかならない。〔たとえば〕口が〔何かを〕話すことができるという場合、話しているのは誰か。目は〔物を〕視ることができるが、視ているのは誰か。耳は〔音を〕聴くことができるが、聴いているのは誰か。これ（＝性）にほかならない。〔仏教徒の〕その言葉に言う、『眼にあっては見ると言い、耳にあっては聞くと言う。鼻にあっては香りを嗅ぎ、口にあっては喋る。手にあっては掴みとり、足にあっては歩いたり走ったりする。すみずみにまで顕現すれば世界を全て包み込み、収めとればほんの僅かな塵のなかに収まる。〔本当に〕分かっている者は〔これが〕仏性だと弁《わきま》えているが、分からなければ〔これを〕精魂と呼ぶ』と。彼らの〔こうした〕説きかたは、やはり好《よ》い」と。さらに〔先生は〕波《は》師国王《しのくおう》がガンジス河の水を見たという『楞厳経』の一段を取りあげられ、あれこれ説明された。〔先生が言われた、〕「だから、禅家たちは、『直指人心、見性成仏（人の心そのものをずばりと指し示し、本性を見きわめて仏に成る）』と説く。彼らは、専ら君たちが〔仏性という性を〕見きわめることを望む。言下に悟り、行動が徹底すれば、〔ほかならぬ〕この性を見きわめたことになる。〔彼らは〕また〔次のように〕言う、『心性を存養し、養えてくるようになると、〔本具の仏性が放つ〕光明は寂《しず》かに照り輝き、行きわたらないところはなく、達しないところはない』と。〔たとえば〕唐の張拙の詩に言っている、『〔本具の仏性が放つ〕光明は寂《しず》かに照り輝いて、至るところに行きわたっている。凡聖の〔隔たりなく〕衆生は皆な私と一つである。云々』と。さらに〔彼らは、次のようにも〕言っている、『絶対の境地〔という立場〕からすれば僅かな塵にも執着しないし、教化のための方便〔という立場〕からすれば何一つ捨てない』と。彼らは、元来、〔その〕説きかたは正しく、〔大まかに言えば〕養うものもやはり正しい。〔しかし、厳密に言えば、儒教と〕食い違うところは、〔まさしく〕ここにこそある。吾が儒教が養うものは仁・義・礼・智〔の四徳〕であるが、彼らが養うものは単に視・聴・言・動に過ぎない。儒者は、全体のうちに、もとより多くの道理があり、それぞれ自《おの》ずと〔明確な〕区分や是非があるのであって、〔『尚書』に〕「天が降し与えた」〔とあり、『詩経』に〕「恒常普遍の性をしっかりと保ち」〔とあるように〕、それぞれこの理を具えているのだ。〔一方〕彼らは、ただこの混沌とした事物を見るだけで、〔明確な〕区分や是非が無く、〔彼らの手にかかれば〕横のものも正しければ、竪《たて》のものも正しく、真っ直ぐなものも正しければ、曲がったものも正しい。理に背いた状態で視ても、やはり〔視ているのは〕この性であり、理に適った状態で視ても、やはり〔視ているのは〕この性である。〔そういうわけで〕やがて、〔その〕はたらきは全て〔理に〕違《たが》うことになり、だから、乱れに乱れて正しさがなくなる。吾が儒教〔の説くところ〕は、ただ一つの本物の道理であるが、彼らも同じく言う、『我が這箇《これ》（仏性）は、本物の道理である』と。〔彼らが言う〕『このことだけが唯一真実であり、そのほかは真実でない』という類である。彼らは、単に一面を説いているだけで、あの人心を認知しているに過ぎない。所謂る道心がなく、所謂る仁・義・礼・智〔の四徳〕や、惻隠・羞悪・辞譲・是非〔の四端〕がない。〔儒仏の〕争点は、ここにこそある。吾が儒教は、『天がその命令として〔人間や万物それぞれに〕賦与したものを性と言い、その性のあるがままに従っていくことを、〔人として当然踏み行うべき〕道と言う』ということから、〔完全に誠を具えた〕至誠〔なる聖人〕が、〔天から賦与された〕性を十分に発揮し、天地の〔万物を〕造化生育〔するはたらき〕を賛助するということに至るまで、この道理が、あまねく行きわたらないところはないということを分かっている。彼らも同じく言う、『我が這箇《これ》（仏性）は、あまねく行きわたらないところはない』と。しかしながら、〔彼らは〕眼の前の君臣・父子・兄弟・夫婦〔といった関係性〕について行き届いていないにもかかわらず、いよいよ『〔這箇《これ》（仏性）は〕きわめて行き届いている』などと言う。彼らは言う、『〔あらゆる〕世渡りや労働は真実の相《すがた》に背くものではない。云々』と。善財童子の五十三〔人の指導者への歴〕参のように、神鬼・神仙・士人・農民・工人・商人・芸人に至るまで、〔これらの者たちの日々の営為は〕全て彼ら〔仏教〕の〔説く仏〕性のうちにある〔とする〕。彼らの説きかたは、極めて広大ではあるが、実際は行動が伴わない。〔教説の〕拙いところを憚って、無理矢理このように丸めこんでいく。かつて、瞿曇《釈迦》が説いていたことは、もともとこのように広大ではなかったが、のちに、禅家たちがその〔教説の〕貧弱さに自《みずか》ら気づき、さらに旧套を

覆して、専ら『直指人心、見性成仏』と説くようになったのだ」と。〔沈僩〔が記録した。〕〕

*

問釋氏「作用是性」。曰、「便只是這性、他説得也是。孟子曰、『形色、天性也。惟聖人然後可以踐形』[1]。便是此性。如口會説話、説話底是誰。目能視、視底是誰。耳能聽、聽底是誰。便是這箇[2]。其言曰、『在眼曰見、在耳曰聞。在鼻齅香、在口談論。在手執捉、在足運奔。偏現俱該法界、收攝在一微塵。識者知是佛性、不識喚作精魂』[3][4]。他説得也好」。又舉『楞嚴經』波師國王[校1]、見恒河水一段[5]云云。「所以禪家説『直指人心、見性成佛』[6]。他只要你見得。言下便悟、做[7]處便徹、見得無不是此性。也説、『存養心性、養得[8]來光明寂照[9]、無所不偏、無所不通』[10]。唐張拙詩云、『光明寂照偏河沙、凡聖含靈共我家。[11]云云』。又曰、『實際理地不受一塵、佛事門中不舍一法』[12]。他箇[13]本自[14]説得是、所養者也是。只是差處便在這裏。吾儒所養者是仁義禮智、他所養者只是視聽言動。儒者則全體中自有許多道理、各自有分別、有是非、降[15]衷秉彝[16]、無不各具此理。他只見得箇渾淪[17]底物事、無分別、無是非。横底也是、竪底也是、直底也是、曲底也是。非理而視也是此性、以理而視也是此性。少間[18]用處都差。所以七顚八倒[19]、無有是處[20]。吾儒則只是一箇真底道理、他也説、『我這箇是真實底道理』[21]。如云、『惟此一事實、餘二則非真』[22]。只是他説得一邊、只認得那人心[23]。無所謂道心[23]、無所謂仁義禮智、惻隱羞惡辭遜[校2]是非[24]。所爭處只在此。吾儒則自『天命之謂性、率性之謂道』[25]、以至至誠盡人物之性、贊天地之化育[26]、識得這道理、無所不周、無所不偏。他也説、『我這箇、無所不周、無所不偏』[27]。然眼前君臣父子兄弟夫婦上、便不能周偏了、更説『甚周偏』[28]。他説、『治生產業、皆與實相不相違背。[29]云云』。如善財童子五十三參、以至神鬼神仙士農工商技藝、都在他性中[30]。他説得來極闊、只是其實行不得。只是諱其所短、強如此籠罩[31]去。他舊時瞿曇説得本不如此廣闊、後來禪家自覺其陋、又翻轉窠臼、只説『直指人心、見性成佛』[32]。〔僩[33]〕

〔校注〕※本条は楠本本巻一二六には無し。　（校1）師＝正中書局本・朝鮮整版・和刻本は「斯」に作る。

（校2）遜＝朝鮮整版は「讓」に作る。

＊

釋氏の「作用は是れ性」を問う。曰く、「便ち只是《ただ》這の性、他は説き得て也《ま》た是《ぜ》なり。孟子曰く、『形と色は、天性なり。惟《た》だ聖人にして然る後に以て形を踐むべし』と。便是《すなわ》ち此の性なり。口の會《よ》く説話《はな》すが如き、説話《はな》す底《もの》は是れ誰ぞ。目は能く視るも、視る底《もの》は是れ誰ぞ。耳は能く聽くも、聽く底《もの》は是れ誰ぞ。便是《すなわ》ち這箇《これ》なり。其の言に曰く、『眼に在りては見と曰い、耳に在りては聞と曰う。鼻に在りては香を齅《か》ぎ、口に在りては談論す。手に在りては執捉し、足に在りては運奔す。徧《あま》ねく現じては倶《とも》に法界を該《か》ね、收攝《おさ》むれば一微塵に在り。識《し》る者は是れ佛性なりと知るも、識《し》らざれば喚《よ》びて精魂と作《な》す』と。他は説き得て也《ま》た好《よ》し」と。又た『楞嚴經』の波師國王《はしのくおう》、恒河の水を見るの一段を擧げて云云す。「所以《ゆえ》に禪家は『直指人心、見性成佛』と説く。他は只だ你《なんじ》の見得ることを要《ほっ》するのみ。言下に便ち悟り、做處便ち徹すれば、是れ此の性ならざる無きを見得《みう》。也《ま》た説《い》う、『心性を存養し、養い得來たれば、光明は寂《しず》かに照らし、徧《あまね》かざる所無く、通ぜざる所無し』と。唐の張拙の詩に云う、『光明は寂《しず》かに照らして河沙に徧《あまね》し、凡聖含靈共に我が家なり。云云』と。又た曰く、『實際理地には一塵を受けず、佛事門中には一法を舍《す》てず』と。他箇《かれ》は本《もと》自より説き得て是《ぜ》にして、養う所の者も也《ま》た是《ぜ》なり。只是《ただ》差《たが》う處は便ち這裏《ここ》に在るのみ。吾が儒の養う所の者は是れ仁義禮智なるも、他の養う所の者は只《ただ》是視聽言動のみ。儒者は則ち全體の中に自《おのずか》ら許多《おおく》の道理有り、各おの自《おのずか》ら分別有り、是非有り、衷を降し彝を秉り、各おの此の理を具えざる無し。他は只だ箇の渾淪底の物事を見得るのみにして、分別無く、是非無く、横底も也《ま》た是《ぜ》、竪底も也《ま》た是《ぜ》、直底も也《ま》た是《ぜ》、曲底も也《ま》た是《ぜ》なり。理に非ずして視るも也《ま》た是れ此の性、理を以て視るも也《ま》た是れ此の性なり。少間《やがて》、用處都《すべ》て差《たが》い、所以《ゆえ》に七顛八倒して、是《ぜ》處《しょ》有る無し。吾が儒は則ち只是《ただ》一箇の真の道理なるも、他も也《ま》た說《い》う、『我が這箇《これ》は是れ真實の道理なり』と。『惟《た》だ此の一事のみ實にして、餘の二は則ち真に非ず』と云うが如し。只是《ただ》他は一邊を說き得て、只だ那の人心を認め得るのみ。所謂る道心無く、所謂る仁・義・禮・智、惻隱・羞惡・辭遜・是非無し。爭う所の處は只だ此こに在るのみ。吾が儒は則ち『天の命ずるを之れ性と謂い、性に率《したが》うを之れ道と謂う』自《よ》り、以て至誠、人物の性を盡くし、天地の化育を贊《たす》くるに至るまで、這の道理、周からざる所無く、徧せざる所無きを識《し》り得《う》。他も也《ま》た說《い》う、『我が這箇《これ》は、周からざる所無く、徧せざる所無し』と。然れども眼前の君臣・父子・兄弟・夫婦上にては、便ち周徧する能わざり了《お》わるも、更に『甚だ周徧す』と說《い》う。他は說《い》う、『治生産業、皆な實相と相い違背せず。云云』と。善財童子の五十三參の如く、以て神鬼・神仙・士・農・工・商・技藝に至るまで、都《すべ》て他の性中に在り。他は說き得來たりて極めて闊《ひろ》きも、只是《ただ》其の實は行い得ず。只是《ただ》其の短き所を諱みて、強《し》いて此《か》くの如く籠罩《ろうとう》し去る。他《か》の舊時、瞿曇《くどん》は說き得て本《も》と此《か》くの如く廣闊ならざるも、後來《のち》、禪家は自《みずか》ら其の陋なるを覺え、又た窠臼《かきゅう》を翻轉して、只だ『直指人心、見性成佛』と說くのみ」と。［僩］

＊

（1）形色…可以踐形＝『孟子』「尽心上篇」に「形と色は、天性なり。惟《た》だ聖人にして然る後に以て形を踐むべし（形色、天性也。惟聖人然後可以践形）」（『四書章句集注』p.360、岩波文庫本㊦ p.369）とある。岩波文庫本・古典選本（p.464）は、共に、「形」を「からだつき」、「色」を「かおつき」とする。朱熹は、「人の形有り色有りて、各おの自然の理有らざるは無きは、所謂る天性なり。『踐』とは、言を踐むの踐の如し。蓋し衆人に是の形有るも、而るに其の理を尽くす能わず。故に以て其の形を踐むこと無し。惟《た》だ聖人のみ是の形有りて、又た能く其の理を尽くし、然る後、以て其の形を踐みて歉《あきた》らざること無かる可きなり（人之有形有色、無不各有自然之理、所謂天性也。践、如践言之践。蓋衆人有是形、而不能尽其理。故無以践其形。惟聖人有是形、而又能尽其理、然後可以践其形而無歉也）」（『四書章句集注』p.360）と注している。『孟子或問』巻一三の「践形」説にも、詳しい解説が見られる（『四書或問』p.500）。

（2）這箇＝『禅学』に「後接する語を強調し、具体性を与える語。それ自身、ほかならぬそのことなどの意」（p.472）とあり、『禅の思想辞典』に「これ、このという意味。者箇・遮箇・遮个・這个とも。這は、遠称の那に対する近称であるが、這のみでこれ・この意を表すことはほとんどなく、箇のほか、這底（これ・このもの）、這裏（ここ・そこ）、這辺（こちら）、這回（このたび）など、何らかの語をともなって用いられる」（p.250）とある。用例としては、『臨済録』「示衆」の「是什麼解説法聴法。是你目前歴歴底、勿一箇形段孤明、是這箇解説法聴法。若如是見得、便与祖仏不別。但一切時中、更莫間断、触目皆是」（T47-497b-c、岩波文庫本・p.37）など。注（21）も併せて参照。

（3）精魂＝『漢語』に「精神魂魄」（第九冊・p.225、縮印本㊦ p.5398）とあり、「弄精魂」条には「猶弄精神」（第二冊・p.1314、縮印本㊤ p.1295）とある。「弄精神」とは、「神経をすり減らし、あれこれ思い悩む（傷神、費心思）」（同上）こと。禅録には「弄精魂」の表現が多く見られ、例えば、『禅学』に「種種に心力をついやす。妄想分別する意」（p.645）とある。用例としては、『碧巌録』第六四則・本則評唱の「且得没交渉、只是弄精魂。殊不知、古人意、如天普蓋、似地普擎」（T48-195a、岩波文庫本㊥ p.287、末木訳㊥ p.376）、『無門関』「禅箴」の「念起即覚、弄精魂漢」（T48-299b、岩波文庫本・p.187）など。一方、『語類』にも、巻一二六に「弄精魂」（p.3020）、巻六三に「弄精神」（p.1535~1536）の表現を確認することができ、三浦國雄氏は、「中国語の精神は、元気、気力、心的・肉体双方を含めたエネルギーの意で、あくまで「気」の範疇」（『「朱子語類」抄』p.77）に属するものであり、「体用論でいえば用、未発・已発でいえば已発であって、性とは峻別されねばならない」（同・p.455）と解説する。また、小川隆氏も、「中国語の「精魂」「精神」は、邦語と異なり、肉体的・形而下的な活力・生命力をさす」とし、朱熹の禅批判について『知覚運動』の作用を本性と等置する禅の思想は、所詮、元気を誇示するだけのものでしかない、というわけである」（『語録の思想史』p.204）と指摘する。ちなみに、小川氏は、朱熹が言う「弄精魂」「弄精神」について、「形而上的な本性を無《なみ》したまま、身心の生理的作用ばかりを発揮して見せる、という批判的表現である」（同上）とする。

（4）在眼曰見…不識喚作精魂＝菩提達磨が論破した無相宗の智慧者波羅提《はらだい》が、達磨に帰依したのち、達磨の命で異見王を降伏《ごうぶく》した際に示した偈。その経緯については、『伝燈録』巻三「菩提達磨」条に詳しい。波羅提《はらだい》は、仏性をめぐる異見王との問答において、その現れかたに八通りあるとし、「胎に在りては身と為り、世に処《お》りては人と名づく。眼に在りては見と曰い、耳に在りては聞と曰う。鼻に在りては香を辨じ、口に在りては談論す。手に在りては執捉し、足に在りては運奔す。遍《あま》ねく現じては倶に沙界を該《か》ね、収摂《おさ》むれば一微塵に在り。識《し》る者は是れ仏性なりと知り、識《し》らざれば喚《よ》びて精魂と作《な》す（在胎為身、処世名人。在眼曰見、在耳曰聞。在鼻辨香、在口談論。在手執捉、在足運奔。遍現倶該沙界、収摂在一微塵。識者知是仏性、不識喚作精魂）」（T51-218b）と説いた。禅について「作用是性」だと指摘する際に、しばしば朱熹が取り上げる句であり、否定的な発言のなかでの引用が目立つが、ここでは肯定的に引用されている。「作用是性」については、【52】の注（13）、【53】の注（4）、【54】の注（1）、【58】の注（2）も併せて参照。

（5）楞嚴經波師國王、見恒河水一段＝『楞厳経』巻二に、色身（肉体としての身体）の生滅と見精（見性）の不生滅をめぐる、釈尊と波師国王との次のような問答が見える。

仏、大王に言う、「汝は、変化遷改《へんげせんかい》して停《とど》まらざるを見て、汝が滅するを悟知せり。亦た滅の時に於いて、汝が身中に不滅有るを知れるや」と。波斯匿王《はしのくおう》、合掌して仏に白《もう》す、「我れ実に知らず」と。仏言う、「我れ今ま、汝に不生滅の性を示さん。大王よ、汝の年幾《いく》ばくの時にか、恒河の水を見し」と。王言う、「我れ生まれて三歳にして、慈母、我れを携えて、耆婆天《ぎばてん》に謁するに、此の流れを経過す。爾《そ》の時、即ち是れ恒河の水なりと知れり」と。仏言う、「大王よ、汝の所説の如くならば、『二十の時は、十歳より衰え、乃ち六十に至るまで、日月歳時は、念念に遷変《せんぺん》せり』と。則ち汝が三歳にして、此の河を見し時と、年十三に至りしときと、其の水は云何《いかん》」と。王言う、「三歳の時の如くにして、宛然《えんぜん》として異なること無く、乃ち今年六十二に至るまで、亦た異なること有る無し」と。仏言う、「汝は今ま、自《みずか》ら髪白く面皺《かおしわ》むを傷《いた》む。其の面《かお》は必定して童年よりも皺《しわ》めり。則ち汝今の時に此の恒河を観るに、昔の童なりし時に河を観るの見《けん》と、童耄有りや」と。王言う、「不《いな》なり、世尊」と。仏言う、「大王よ、汝の面《かお》は皺《しわ》むと雖も、而も此の見精《けんしょう》は、性未だ曽《かつ》て皺《しわ》まず。皺《しわ》む者は変と為し、皺《しわ》まざるは変に非ず。変ずる者は滅を受け、彼の変ぜざる者は、元より生滅無し。云何《いかん》ぞ中に於いて、汝の生死を受けん。而も猶お彼の末伽梨《まぎゃり》等が、都《すべ》て此の身死して後ち全く滅すと言うに引かるるや」と。王、是の言を聞き、身後に生を捨てて生に趣くを信知して、諸もろの大衆と踊躍歓喜し、未曽有《みぞう》なるを得たり。（仏言大王、「汝見変化遷改不停、悟知汝滅。亦於滅時、知汝身中有不滅耶」。波斯匿王、合掌白仏、「我実不知」。仏言、「我今示汝不生滅性。大王、汝年幾時、見恒河水」。王言、「我生三歳、慈母携我、謁耆婆天、経過此流。爾時即知是恒河水」。仏言、「大王、如汝所説、『二十之時、衰於十歳、乃至六十、日月歳時、念念遷変』。則汝三歳、見此河時、至年十三、其水云何」。王言、「如三歳時、宛然無異、乃至于今年六十二、亦無有異」。仏言、「汝今自傷髪白面皺。其面必定皺於童年。則汝今時観此恒河、

与昔童時観河之見、有童耄不」。王言、「不也、世尊」。仏言、「大王、汝面雖皺、而此見精、性未曽皺。皺者為変、不皺非変。変者受滅、彼不変者、元無生滅。云何於中、受汝生死。而猶引彼末伽梨等、都言此身死後全滅」。王聞是言、信知身後捨生趣生、与諸大衆踊躍歓喜、得未曽有。）（T19-110b~c、仏教経典選本・p.93）

（6）直指人心、見性成佛＝『禅の思想辞典』に「人の心そのものをズバリ指し、その心性を徹見して仏に成る」（p.234）とある。『伝心法要』に「祖師西来、直指人心、見性成仏、不在言説」（T48-384a、筑摩本・p.85）、『碧巌録』第一四則・本則評唱に「禅家流、欲知仏性義、当観時節因縁。謂之教外別伝、単伝心印、直指人心、見性成仏」（T48-154c、岩波文庫本㊤ p.202、末木訳㊤ p.253）などの用例が見られる。【6】の注（13）、【7】の注（39）も併せて参照。

（7）做處＝『漢語』に「行為。挙動」（第一冊・p.1530、縮印本㊤ p.648）とある。『語類』にしばしば見られる語であり、例えば、巻六に「人只是合当做底便是体、人做処便是用」（p.102）とあり、巻一四〇に「他也却説道理。但到做処、亦与少游不争多」（第八冊・p.3338）とある。

（8）得來＝【52】の注（25）参照。

（9）光明＝自己の本性から放たれる光明のこと。『禅学』に「自己本具の仏性のはたらきをあらわす語として用いる」（p.325）とある。例えば、『六祖壇経』「疑問」に「自己の心に居《お》わす覚性という如来は、大いなる光明を放って、外には〔眼・耳・鼻・舌・身・意〕の六門を照らして清らかならしめ、六欲天などの諸天を粉砕することができる。自己の本性が内側に照ると、〔貪・瞋・痴の〕三毒は、すぐさま取り除かれ、地獄などに堕ちる罪は、一度に消散する。〔心の〕内も外も明るく透徹して、西方浄土と異ならない。こうした修行を行わずして、どうして彼〔の浄土〕へ行けようか（自心地上覚性如来、放大光明、外照六門清浄、能破六欲諸天。自性内照、三毒即除。

地獄等罪、一時銷滅。内外明徹、不異西方。不作此修、如何到彼）」（T48-352b、文学全集本・p.99）という件《くだ》りが見られる。【51】の注（6）も併せて参照。

（10）存養心性…無所不通＝禅録類にそのままの表現は確認できず、典拠は未詳。前注で取り上げた『六祖壇経』の一段や、朱熹が直後に引用する張拙の偈などを念頭に置いたものであろう。禅家が心性を存養しており、朱熹もそれを認めるところであったことについては、【51】【52】などの発言を参照。

（11）光明寂照偏河沙、凡聖含靈共我家＝五代宋初の居士張拙（生卒年不詳）が石霜慶諸（八〇七～八八八）のもとで開悟した際に呈した偈の冒頭部分である。

張拙秀才。因《ちな》みに禅月大師、指《さ》して石霜に参ぜしむ。霜問う、「秀才、何の姓ぞ」と。曰く、「姓は張、名は拙」と。霜曰く、「巧を覓《もと》めてすら尚お得可からず。拙は何《いずこ》自《よ》りか来たる」と。公、忽ちに省有り。乃ち偈を呈して曰く、「光明は寂《しず》かに照らして河沙に偏し、凡聖含霊共に我が家。一念生ぜざれば全体現われ、六根纔《わず》かに動けば雲に遮《さ》えらる。煩悩を断除するも重ねて病を増し、真如に趣向するも亦た是れ邪なり。世縁に随順して罣礙《けいげ》無く、涅槃生死は空花に等し」と。（張拙秀才。因禅月大師、指参石霜。霜問、「秀才何姓」。曰、「姓張名拙」。霜曰、「覓巧尚不可得。拙自何来」。公忽有省。乃呈偈曰、「光明寂照偏河沙、凡聖含霊共我家。一念不生全体現、六根纔動被雲遮。断除煩悩重増病、趣向真如亦是邪。随順世縁無罣礙、涅槃生死等空花」。）（『五燈会元』巻六「張拙秀才」条・Z138-100c）

宋代には広く知られていた偈であり、例えば、大慧宗杲は、その教示のなかで、この偈の一部を取り上げており（『大慧語録』巻二一・T47-901b~c、中央公論社本・p.161）、『無門関』第三九則「雲門話堕」には、偈の冒頭をめぐる問答が見られる（T48-297c~298a、岩波文庫本・p.149）。

(12) 實際理地不受一塵、佛事門中不舍一法＝典拠については、【42】の注(5)参照。「不受」は「不取」とも言い、「執着しないこと」という意味(『中村』「不受」「不取」条・p.1162)。『中村』は、「不受一塵」について「『不受一塵、不捨一法』と成語して多く用いられる。大悟の境界に立ってみれば、迷いとして忌むべきものもなく、また、さとりとして求めるべきものもない。現実世界の事物はすべて仏にほかならない、の意」(「不受一塵」条・p.1162)と解説する。例えば、『圜悟心要』巻下に「二六時中、孜孜として履践し、一法をも取らず一法をも捨てざれば、当処に円融して、処処は是れ三昧、塵塵は是れ祖師なり(二六時中、孜孜履践、不取一法不捨一法、当処円融、処処是三昧、塵塵是祖師)」(Z120-375d)とあるのも、この句を理解する際の手がかりとなろう。「仏事門」とは「仏法に導く方便。荘厳門」(『禅学』p.1086)のこと。例えば、『臨済録』「示衆」に「祇如諸方説六度万行以為仏法、我道、『是荘厳門仏事門、非是仏法』」(T47-502a、岩波文庫本・p.128)とある。

(13) 他箇＝「箇」は意味のない接尾辞(『禅語』p.120)。用例としては、『語類』巻一四〇の「温公疑得固自不是、但他箇更無理会」(p.3339)など。

(14) 本自＝『漢語』に「本来就。一向是」(第四冊・p.707、縮印本㊤p.2445)とあり、『中国語』に「元来。本来。もともと」(p.146)とある。用例としては、『語類』巻一一の「聖賢言語本自分暁、只略略加意、自見得」(p.177、汲古本・p.143)など。「自」が接尾辞として「〜自」という形で使用されるのが六朝時代に始まった事実については、森野繁夫「簡文帝の詩に見える「〜自」について—『本自』を中心として」(『広島大学文学部研究紀要』第三二巻第一号・一九七二)、野間文史『十三経注疏の研究—その語法と伝承の形』(研文出版・二〇〇五・p.102〜104)参照。

(15) 降衷＝『尚書』「湯誥篇」に「惟《こ》れ皇《おお》いなる上帝、衷を下民に降す(惟皇上帝、降衷于下民)」(新釈本㊦

p.402）とあり、「大いなる上帝は、善き道を下なる民に降された」という意味である。

（16）秉彜＝『詩経』「大雅・烝民篇」に「民は之れ彜に秉《したが》い、是の懿徳を好めり（民之秉彜、好是懿徳）」（新釈本㊦p.258）とある。朱熹は、「『秉』は執なり。『彜』は常なり（秉執。彜常）」（『詩集伝』巻一八「烝民」）とする。『朱熹詩集伝全注釈』⑧（p.1060）参照。また、『孟子』「告子上篇」に『詩経』のこの句が引用されており、『集注』では、

　「夷」は『詩』にては「彜」に作る、常なり。「懿」は美なり。物有れば必ず法有り。耳目有れば、則ち聡明の徳有り、父子有れば、則ち慈孝の心有るが如し。是れ民の秉執する所の常性なり。故に人の情は此の懿徳の者を好まざる無し。（夷詩作彜、常也。懿美也。有物必有法。如有耳目、則有聡明之徳、有父子、則有慈孝之心。是民所秉執之常性也。故人之情無不好此懿徳者。）（『四書章句集注』p.329）

と注釈している。朱熹の解釈に従えば、「人々は恒常普遍の性をしっかりと保ち、この美徳を好む」という訳になる。

（17）渾淪＝『漢語』に「渾沌。渾然不分明」（第五冊・p.1522、縮印本㊥p.3379）とある。例えば、『語類』巻一一に「看文字、且依本句、不要添字。那裏元有縫罅、如合子相似、自家只去抉開。不是渾淪底物、硬去鑿」（p.184、汲古本・p.196）とある。

（18）少間＝『漢語』に「一会儿。不多久」（第二冊・p.1654、縮印本㊤p.1439）とある。『語類』に頻出する語であり、用例としては、巻一〇の「読来読去、少間暁不得底、自然暁得、已暁得者、越有滋味」（p.170、汲古本・p.82）など。三浦國雄氏は、「『おっつけ、しばらくして』の意の俗語」（『「朱子語類」抄』p.54）と解説している。

（19）七顛八倒＝『禅語』に「めちゃめちゃ。むちゃくちゃ」（p.184）とあり、『中国語』に「ひどく乱れるさま、

混乱するさま」（p.2361）とある。例えば、『語類』巻五一に「只当商之季、七顛八倒、上下崩頽、忽於岐山下突出許多人、也是誰当得」（p.1229）とある。

（20）是處＝「是」は「正しい」の意。「処」は「部分」「点」「方面」を表わす（『漢語』第一冊・p.84、縮印本㊥p.5079、『中国語』p.463）。「是処」は、『語類』に頻出する語で、「正しさ」「正しいところ」といった程度の意味。用例としては、巻一一の「看人文字、不可随声遷就。我見得是処、方可信」（p.185、汲古本・p.204）など。また、「又却就這一辺体認織悉不是処克将去」（巻四一・p.1044）や「不知尚有未是処否」（巻一〇六・p.2650、汲古選書本・p.93）のような、「よくないところ」「まずいところ」などの表現も見られる。なお、仏典には「無有是処」という表現が頻出する（「処」は「ことわり。道理」の意。『中村』p.687）。「是《こ》の処《ことわり》有ること無し」と訓《よ》んで、「道理にかなっていない」「道理としてあり得ない」などの訳になり、『語類』に見える「是処」とはニュアンスが異なる。用例としては、『楞厳経』巻一の「是故応知、汝言覚了能知之心、住在身内、無有是処」（T19-107b、仏教経典選本・p.22）など。

（21）我這箇是真實底道理＝禅録には、指示語としての「這箇」から派生し、特有の意味を持つに至ったと考えられる「這箇」の用例が多数見られる。例えば、『碧巌録』第二九則・本則評唱に「僧有って問う、『劫火洞然として、大千倶《とも》に壊す。未審《そも》、這箇《これ》は壊するか壊せざるか』と。這の僧は只だ教意に拠り来たって問う。教中に云う、『成住壊空、三災劫起こり、壊して三禅天に至る』と。這の僧は元来話頭の落処を知らず。且《しばら》く道《い》え、這箇《これ》とは是れ什麼《なん》ぞ。人多く情解を作して道《い》う、『這箇《これ》は是れ衆生の本性なり』と（有僧問、『劫火洞然、大千倶壊。未審這箇壊不壊』。這僧只拠教意来問。教中云、『成住壊空、三災劫起、壊至三禅天』。這僧元来不知話頭落処。且道、這箇是什麼。人多作情解道、『這箇是衆生本性』）」（T48-169a～b、岩波文庫本㊤p.360）とあり、第六五則・頌評唱に「這箇《これ》は曽《かつ》て動著《うご》かず、只だ箇の良久を消《もち》うるのみ。明鏡の台に臨むが如くに相い似て、万象其の形質を逃るる能わず（這箇不曽動著、只消箇良久。如明鏡臨台相似、万象不能逃其形質）」（T48-196b、岩波文庫本㊥p.299）とある。『禅学』には「本具の仏性を指示する語」（p.472）、末木訳『碧巌録』の語注には「これ、このもの、の意。本来面目などをさす」（㊤p.458）、「これ。根源的な主体」（㊥p.394）と解説されている。『大慧語録』巻二「歳旦上堂」に「去年今日也只是這箇。前年今日也只是這箇。先前年今日也只是這箇。明年今日也只是這箇。後年今日也只是這箇。外後年今日也只是這箇。更外後年今日也只是這箇。外前年今日也只是這箇。且道、這箇是甚麼。元正啓祚万物咸新。応時納祐慶無不宜。喝一喝云、俗気不除」（T47-818c~819a）とあるのも同じ用例であろう。こうした意味あいで解釈するなら、「我這箇」の「這箇」も、「究極の事」「本来の面目」といった意味になる。「我這箇是真実底道理」という表現は、禅録類にそのままのかたちでは確認することができず、典拠は未詳である。恐らく、先に引用した『碧巌録』の話などを念頭に置いた発言であろう。

（22）惟此一事實、餘二則非真＝『法華経』「方便品」に「唯だ此の一事のみ実にして、余の二は則ち真に非ず（唯此一事実、余二則非真）」（T9-8a、岩波文庫本㊤p.106）とある。禅家が好んで引用する句であり、例えば、『碧巌録』第九五則・本則評唱に「法華経に云う」として、この句が引用されているほか（T48-218b、岩波文庫本㊦p.211、末木訳㊦p.257）、『伝燈録』巻八「汾州無業」条（T51-257b、禅研本③p.104）、『伝心法要』（T48-381b、筑摩本・p.38）、『大慧語録』巻二八（T47-932a、筑摩本・p.144）などにも見られる。

（23）人心／道心＝「人心」「道心」については、【57】の注（1）参照。

（24）仁義禮智、惻隱羞惡辭遜是非＝仁・義・礼・智の四徳と、惻隠・羞悪・辞遜（辞譲）・是非の四端については、『孟子』「公孫丑上篇」に「惻隠の心無きは、人に非ざるなり。羞悪の心無きは、人に非ざるなり。辞譲の心無きは、人に非ざるなり。是非の心無きは、人に非ざるなり。惻隠の心は、仁の端《はじめ》なり。羞悪の心は、義の端なり。辞譲の心は、礼の端なり。是非の心は、智の端なり。人の是の四端有るは、猶お其の四体有るがごときなり（無惻隠之心、非人也。無羞悪之心、非人也。無辞譲之心、非人也。無是非之心、非人也。惻隠之心、仁之端也。羞悪之心、義之端也。辞譲之心、礼之端也。是非之心、智之端也。人之有是四端也、猶其有四体也）」（『四書章句集注』p.237、岩波文庫本㊤ p.139）とある。『中国思想』「四端説」条では「惻隠・羞悪・辞譲・是非の心は、それぞれ仁・義・礼・智の端緒で、これを拡充発達させれば、天下国家を安んずることができる、という孟子の説。性善説の根幹をなすものである」（p.173）と解説されている。

（25）天命之謂性、率性之謂道＝『中庸章句』第一章に「天の命ずるを之れ性と謂い、性に率《したが》うを之れ道と謂い、道を修むるを之れ教と謂う（天命之謂性、率性之謂道、修道之謂教）」（『四書章句集注』p.17、古典選本・p.167）とある。「天が命令〔して賦与〕するのを性といい、性〔の自然〕に従うのを〔行うべき〕道といい、〔聖人が〕その道を〔礼・楽・刑・政といったかたちで〕整えるのを教という」という意味。

（26）至誠盡人物之性、贊天地之化育＝『中庸章句』第二二章に「唯だ天下の至誠のみ、能く其の性を尽くすと為す。能く其の性を尽くせば、則ち能く人の性を尽くす。能く人の性を尽くせば、則ち能く物の性を尽くす。能く物の性を尽くせば、則ち以て天地の化育を賛《たす》く可し。以て天地の化育を賛《たす》く可ければ、則ち以て天地と参となる可し（唯天下至誠、為能尽其性。能尽其性、則能尽人之性。能尽人之性、則能尽物之性。能尽物之性、則可以賛天地之化育。可以賛天地之化育、則可以与天地参矣」（『四書章句集注』p.32、古典選本・p.291）とある。「天下のうちで、ただ至誠〔な聖人〕だけが、〔本来的に具わった〕性を〔正しく存分に〕発揮することができる。〔本来的に具わった〕性を〔正しく存分に〕発揮することができるから、〔天下の〕人の性を〔正しく存分に〕発揮させることができる。〔天下の〕人の性を〔正しく存分に〕発揮させることができるから、万物の性を〔正しく存分に〕発揮させることができる。万物の性を〔正しく存分に〕発揮させることができるから、天地が〔万物を〕造化育成するのを助けることができる。天地が〔万物を〕造化育成するのを助けることができるから、天と地と並んで三となることができる」という意味。

(27) 我這箇、無所不周、無所不偏＝禅録類にそのままの表現は確認できず、典拠は未詳。注(21)も併せて参照。

(28) 眼前君臣父子兄弟夫婦上…更説甚周偏＝「更に『甚だ周偏す』と説《い》う」と述べる朱熹の発言には、以下言及される『華厳経』の教説が念頭に置かれていたほか、例えば、大慧宗杲が成機宜居士に与えた法語(「示成機宜季恭」)に見られる、次のような教示なども見据えられていたであろう。

菩提心とは忠義の心にほかならないのである。名は異なるが実質は同じである。もしこの心と義とが互いに合致しさえすれば、世間も出世間も一網打尽にかたをつけて、欠けることもなく余ることもない。…〔中略〕…学は到達しなければ、学ではない。学が世の人々を導くことができなければ、学ではない。学が到達していても〔実際に〕はたらかせることができなければ、学ではない。〔しかし、逆に〕学が徹底したところに到るならば、文〔の道〕も武〔の道〕もその中にあり、事〔の道〕も理〔の道〕もその中にある。忠義や孝行から、身を治め人を治め、国家を安定させる方法に至るまで、その中にないものはない。釈尊が『常に其の中に在りて、経行及び坐臥す』と言うのは、〔ほかならぬ〕この情況のことなのである。君主に〔対して〕忠義であるのに親に〔対して〕孝行しない者など〔これまで〕いたためしはないし、親に〔対して〕孝行するのに君主に〔対して〕忠義でない者などいたためしはない。もし聖人が讃嘆することに従って実行し、聖人が叱責することに決して違犯しないようにしさえすれば、忠・孝において、事・理において、

〔そして〕身を治め人を治めることにおいて、行きわたらないことはなく、明らかでないことはない。（菩提心則忠義心也。名異而体同。但此心与義相遇、則世出世間、一網打就、無少無剰矣。…〔中略〕…学不至、不是学。学至而用不得、不是学。学不能化物、不是学。学到徹頭処、文亦在其中、武亦在其中、事亦在其中、理亦在其中。忠義孝道、乃至治身治人安国安邦之術、無有不在其中者。釈迦老子云『常在於其中、経行及坐臥』、便是這箇消息也。未有忠於君而不孝於親者、亦未有孝於親而不忠於君者。但聖人所讃者、依而行之、聖人所訶者、不敢違犯、則於忠於孝於事於理、治身治人、無不周旋、無不明了。（『大慧語録』巻二四・T47-912c~913a、中央公論社本・p.221）

しかし、仏教の教説では、そもそも「三綱」（君臣・父子・夫婦の道）と「五常」（父の義・母の慈・兄の友・弟の恭・子の孝、あるいは仁・義・礼・智・信）が欠落しているとみなすのが、仏教に対する朱熹の基本認識であり、彼の仏教批判の焦点であった。【2】の注（18）（19）参照。

（29）治生産業、皆與實相不相違背＝『法華経』巻六「法師功徳品」の「諸もろの所説の法は、其の義趣に随って、皆な実相と相い違背せざらん。若し俗間の経書、治世の語言、資生の業等を説かば、皆な正法に順《したが》わん（諸所説法、随其義趣、皆与実相不相違背。若説俗間経書、治世語言、資生業等、皆順正法）」（T9-50a、岩波文庫本㊦p.122）に基づく。『雲門広録』巻下（T47-574b）や『碧巌録』第三三則・本則評唱（T48-172b、岩波文庫本㊥p.34、末木訳㊥p.32）に「〔法華〕経中に道《い》う」として引用されるのをはじめ、『大慧語録』などでも取り上げられている（巻二〇・T47-895a、巻二三・911b）。

（30）如善財童子五十三參…都在他性中＝善財童子は、『華厳経』（六十巻本・T9・No.278、八十巻本・T10・No.279）の三分の一ほどを占める「入法界品」に登場する求道の童子で菩薩の名。文殊師利菩薩（文殊菩薩）に会い、発心して南方へ求法の旅に出発し、観音・弥勒など五十三人の善知識を遍歴した。最後に普賢菩薩に会って大願の法門を聴聞し、普賢の行位を具足し、正覚・自在力・転法輪・方便力などを得て、法界に証入するに至った。『岩波』(p.616)参照。五十三人のなかには、菩薩・比丘・比丘尼・男性信者・女性信者のみならず、医者・長者・仙人・婆羅門・王・外道(仏教以外の宗教者)・船頭・遊女と思しき美女・童男・童女・諸天・諸神など、様々な者たちが含まれている。江部鴨村『全訳 華厳経』下巻(篠原書店・一九三五・p.632~1223)などを参照。『語類』で善財童子に言及される個所は、ここ以外に二個所ある。

①善財五十三処見善知識、問皆如一、云、「我已発三藐三菩提心、而未知如何行菩薩行、成菩薩道。(巻一一・p.187、汲古本・p.218)

②為是言者、曽不如仏家善財童子曰、「我已発菩提心、行何行而作仏」。(巻一一八・p.2838)

(31)籠罩=『漢語』に「概括。統摂」(第八冊・p.1280、縮印本㊥ p.5267)とあり、『禅語』に「つつみこむ、とりこむ。枠にはめこむ」(p.494)とある。用例としては、『語類』巻二七の「江西学者偏要説甚自得、説甚一貫。看他意思、只是揀一箇儱侗底説話、将来籠罩、其実理会這箇道理不得」(p.683)など。

(32)他舊時…見性成佛=仏教の教説の変遷をめぐる朱熹の見解については、【8】【23】【114】を、「直指人心、見性成仏」については、注(6)、及び【6】の注(13)、【7】の注(39)を参照。

(33)倜=【5】の注(22)参照。

(本多道隆)

【61】

〔先生は言われた、〕「昨夜、〔禅者の〕『作用が〔そのまま〕性である』と〔いう言葉について〕話をしたが、それにつけてもこの言葉なりに良い所があるように思う。〔禅〕仏教の教えはこういったものであるが、彼の方が却って〔儒教よりも〕本当に〔性を〕見ることができ、本当に〔性を〕養うことができている。〔たとえば、禅者は〕『話しているのは誰か』〔と自問して〕、『話しているのはこの性である』〔と自答し〕、『目で見ているものは誰か』〔と自問して〕、『見ているのもこの性である』〔と自答し〕、『聴いているものは誰か』〔と自問して〕、『聴いているのもこの性である』〔と自答し〕、〔さらに〕『鼻で香りを嗅ぎ、口で味を知るのも、この性に他ならない』と言うように、彼は、喋ったり黙ったり、〔あるいは〕動いたり止まったり〔といった行動〕の全てでこの性を見きわめ、養っているのだ」と。ある人が質問した、「彼は〔性を〕見きわめてはいるけれども、どうして養えるのでしょうか」と。〔先生が答えて〕言われた、「〔性を〕見きわめた後、常にこの〔自らの〕内にあって、わき道へ逸れないようにする、〔これが〕つまり養うということなのだ。今の儒者は、口ではいつも、『性は理であって、単なる作用ではない』と言っているが、ちっとも彼のように〔性を〕保持し、養わず、ただ〔口先で〕このように言っているだけで、元々ちっとも努力をしないから、心と身体とがかかわり合わない。〔それは〕心が粗雑だからにほかならない。もし朝から晩まで、この心を常に統制する〔ことができる〕ならば、何と素晴らしいことか。この道理は、あちこちで見い出せて、どこにでも存在しているものだ。〔なのに〕君たちはちっともそれを保持したり、体得しようとしない。〔禅〕仏教が六、七百年にわたって流行し、その教えがますます盛んなのは、彼らがやはりこの道理を大切にしているからで、だから〔道理を〕実践することができて栄えているのだ。彼らは常にこの〔自らの〕身において〔工夫をしており〕、少し〔でもこの道理を〕手に入れれば、官吏を目指している君たちを誑かそうとするのだ。〔にもかかわらず〕君たちは、一人として彼らのように〔道理を〕実践できていない。今、〔道理を〕実践しようするならば、他でもない、ただ

〔惻隠・羞悪・辞譲・是非の〕四端を拡充することができればよいと言えよう。孟子は『〔四端の〕心を保持し、性を養う〔ことが天に仕えるということなのだ〕』と言っているが、その要点は、ただ此処《ここ》（＝四端の拡充）にこそあるのだ。〔同じく『孟子』に〕『およそ自己に存する四端を拡充すること〔が大切なことだということ〕を覚《さと》れば、〔火が〕燃え始めて〔どんどん燃え広がり〕、泉〔の水〕が〔わき出し〕始めて〔どんどん水が〕広まっていくように、ぐんぐん拡充して行くもの〕だ』〔とあることからも明白だ〕。学ぶ者は、ただこれを守りさえすればよいのだ。たとえば惻隠・羞悪・辞譲・是非〔の四端〕について、もし常にこの惻隠の心を保持することができれば、この惻隠の性（＝仁）を養える。もし愛さなければならない時に、自分で人を愛する心を起こさなければ、その惻隠の性を損なってしまう。〔また〕もし物事に対して羞悪すべき時に自分で羞悪しなければ、その羞悪の性を傷つけてしまう。辞遜したり是非する時もみな同じである。〔『孟子』に〕『人が、他人を傷つけたくないという心を拡充すれば、仁が充実して使い切れない程になる。人が爾汝《きさま》と〔蔑んで〕呼ばれ〔て軽蔑され〕ることが無いような行いを拡充すれば、常に義である』〔とある〕。ただこのようにして保持し、養いさえすればよいのだ。だから〔『孟子』に〕『〔聖人と泥棒との違いは〕利益〔を求めること〕と、善いこと〔をするか〕との違いだ』とあって、この微妙な点について論争しているが、〔そこには〕ほんのわずかな差しかない。たとえば人が静坐をした時、ふと一念が起これば、つまりこれこそが道理〔が存するところ〕なのであり、そこには是と非、邪と正〔の区別〕が有るものだ。それが正しく発現するならば理であり、雑然として正しく〔発現し〕なければ邪である。〔道理そのものは〕あちこちで見い出せるのだから、ただ常に〔性を〕保持し、常に〔性を〕養いさえすればよいだけなのだ」と。〔沈僴〔が記録した。〕〕

＊

「昨夜説『作用是性』(1)。因思此語亦自好。雖云釋氏之學是如此、他却是真箇(2)見得、真箇養得(3)。如云『説話(4)底是誰、説話底是這性、目視底是誰、視底也是這性、聽底是誰、聽底也是這性、鼻之聞香、口之知味、無非是這箇性』、他凡一語默一動息、[5]無不見得此性、養得此性」。或問、「他雖見得、如何能養」。曰、「見得後、常常得在這裏不走作、[6]便是養。[7]今儒者、口中雖常説性是理、不止於作用、[8]然却不曾做他樣存得養得、只是説得如此、元不曾用功、心與身元不相管攝、[9]只是心粗。[校1]若自早至暮、此心常常照管、[10]甚麼次第。[11]這箇道理、在在處處發見、無所不有。只是你不曾存得養得。佛氏所以行六七百年、[12]其教愈盛者、緣他也依傍這道理、[13]所以做得盛。他却常在這身上、他得這些子、[14]即來欺負你秀才。[15]你秀才無一人做得似他。今要做、無他、只説四端[16]擴[校2]充得便是。孟子説『存心養性』、[17]其要只在此。『凡有四端於我者、知皆擴[校2]而充之矣、若火之始然、泉之始達』。[18]學者只要守得這箇。如惻隱、羞惡、辭遜[校3]、是非、若常存得這惻隱之心、便養得這惻隱之性。若合當愛處、[19]自家却不起愛人之心、便是[校4]害了那惻隱之性。如事當羞惡、自家不羞惡、便是傷害了那羞惡之性。辭遜[校3][20]、是非、皆然。『人能充無欲害人之心、而仁不可勝用矣。人能充無受爾汝之實、無所往而不爲義也』。[21]只要就這裏存得養得。所以説『利與善之間』、[22]只争這些子、只是絲髮之間。如人靜坐、忽然一念之發、只這箇便是道理、便有箇是與非、邪與正。其發之正者理也、[23]雜而不正者邪也。在在處處、無非發見處、[24]只要常存得、常養得耳」。〔倜[25]〕

〔校注〕※本条は楠本本巻一二六には無し。（校1）粗＝正中書局本・和刻本は「麄」に作り、朝鮮整版は「麤」に作る。（校2）擴＝正中書局本は「廣」に作る。（校3）辭遜＝朝鮮整版は「辞讓」に作る。（校4）是＝正中書局本・朝鮮整版は「傷」に作る。

＊

「昨夜、『作用は是れ性』と説《い》う。因《ちな》みに此の語は亦た自《おのずか》ら好《よ》しと思う。釋氏の學は是れ此《か》くの如しと云うと雖も、他《かれ》は却《かえ》って真箇《まこと》に見得《みえ》、真箇《まこと》に養い得《う》。『説話する底《もの》は是れ誰ぞ、説話する底《もの》は是れ這の性、目の視る底《もの》は是れ誰ぞ、視る底《もの》も也《ま》た是れ這の性、聴く底《もの》は是れ誰ぞ、聴く底《もの》も也《ま》た是れ這の性、鼻の香を聞《か》ぎ、口の味を知るも、是れ這箇《こ》の性に非ざる無し』と云うが如き、他は凡て一語黙一動息、此の性を見得《みえ》、此の性を養い得ざる無し」と。

或るひと問う、「他は見得《みう》と雖も、如何が能く養わん」と。曰く、「見得て後、常常這裏に在ることを得て走作せざるは、便是《すなわ》ち養うなり。今の儒者、口中に常に『性は是れ理、作用に止《とど》まらず』と説《い》うと雖も、然れども却って曾《かつ》て他様の存し得、養い得ることを做さず、只是《ただ》説き得ること此《か》くの如きのみにして、元より曾《かつ》て功を用いず、心と身と元より相い管攝せず、只是《ただ》心粗なるのみ。若し早自《あさよ》り暮に至るまで、此の心常常照管せば、甚麼《なん》とも次第《りっぱ》なり。這箇《こ》の道理、在在處處に發見して、有らざる所無し。只是《ただ》你《なんじ》曾《かつ》て存し得、養い得ざるのみ。佛氏、所以《ゆえ》に行ずること六七百年、其の教え愈いよ盛んなるは、他は也《ま》た這の道理に依傍するに縁りて、所以《ゆえ》に做し得て盛んなり。他は却って常に這の身上に在《お》いて、他は這の些子を得れば、即ち來たりて你《なんじ》ら秀才を欺負す。你《なんじ》ら秀才、一人の做し得て他に似たる無し。今ま做さんと要《ほっ》さば、他《ほか》無し、只だ四端擴充し得れば便ち是《ぜ》なりと説《い》うのみ。孟子の『心を存して性を養う』と説《い》うは、其の要、只だ此こに在るのみ。『凡そ四端の我に有る者、皆な擴めて之を充《み》たすことを知らば、火の始めて然《も》え、泉の始めて達するが若し』。學者は只だ這箇《これ》を守り得ることを要《よう》するのみ。惻隱・羞惡・辭遜・是非の如き、若し常に這の惻隱の心を存し得れば、便ち這の惻隱の性を養い得たり。若し合當《まさ》に愛すべき處、自家却って人を愛するの心を起こさざれば、便是《すなわ》ち那《か》の惻隱の性を害し了《お》わる。事の當《まさ》に羞惡すべきが如き、自家羞惡せざれば、便是《すなわ》ち那の羞惡の性を傷害し了《お》わる。辭遜・是非、皆な然り。『人の能く人を害するを欲すること無きの心を充《み》たさば、而《すなわ》ち仁勝《あ》げて用う可からず。人の能く爾汝《じじょ》を受くること無きの實を充たさば、往くとして義爲《た》らざる所無きなり』。只だ這裏に就いて存し得、養い得ることを要《よう》す。所以《ゆえ》に『利と善との間』と説き、只だ這の些子を争うは、只《た》是《だ》絲髪の間なるのみ。如《たと》えば、人の靜坐して、忽然として一念の發せば、只だ這箇《これ》は便是《すなわ》ち道理にして、便ち箇の是と非と、邪と正と有り。其の發することの正しきは理なり、雑りて正しからざるは邪なり。在在處處、發見する處に非ざる無く、只だ常に存し得、常に養い得ることを要《よう》するのみ」と。［僩］

＊

※この一段については、朱子学大系第六巻『朱子語類』(p.379~382)、中嶋隆藏『静坐―実践・思想・歴史』(研文出版・二〇一二）所収の「朱子の『静坐』観とその周辺」(p.129~131)に口語訳が載せられており、それらを参考にした。

(1) 作用是性＝朱熹による禅仏教の定義。馬祖系統の禅（洪州宗）の特色の一つ。【52】の注(13)、【53】の注(4)、【54】の注(1)、【58】の注(2)、【60】の注(4)も併せて参照。

(2) 真箇＝まことに、まことの。「箇」は意味のない接尾語。『禅語』(p.228)参照。また『漢語』に「亦作『真個』。真的、確実」(第二冊・p.151、縮印本㊤p.802)とある。

(3) 雖云釋氏之學是如此…真箇養得＝すでに【52】や【53】で見た通り、朱熹は禅者の「作用是性」という考え方に対して批判的であるが、ここでは禅者の理解を肯定していて矛盾が生じている。この点について、『「朱子語類」抄』に、朝鮮の朱子学者韓元震（一六八二～一七五〇）が、『朱子言論同異攷』巻六「異端」条で弁明を行なっているとの指摘がある(p.454)。なお、これ以後頻出する「養」という語は、「涵養」(次第に染み込むように養成する。学問・見識等を養成、含蓄すること。修養。／『大漢和』巻七・p.4)、又は「存養」(本心を失わず生まれながらの善性を養う。一説、己の心を省察して善性を養う。精神を修養する。／『大漢和』巻三・p.823)の義である。

（4）説話底＝「説話」は『漢語』の①に「用語言表達意思。発表見解（言葉を用いて意思を表現し伝える）」（第一冊・p.248、縮印本㊦p.6611）とあり、『禅語』に「ものを言う、しゃべる。また、言説、言葉」（p.253）とある。「…底」は、『禅語』に「②代名詞・形容詞・動詞の後に用いて、それを名詞化する。やはり現代語の『的』の用法と同じ」（p.318）とある。

（5）一語黙一動息＝あるいは語黙し、あるいは動静する。「一…、一…」は、『漢辞海』に「副詞『一』を二つ組み合わせて『一A一B』として用いる。それぞれの述語A・Bには、対立するか対になるものを置き、A・Bの動作や状況が連続していることを表す」（p.1）とある。「動息」は『漢語』の②に「活動と休息（活動与休息）」（第二冊・p.802、縮印本㊤p.1078）とある。

（6）走作＝【47】の注（3）参照。

（7）見得後…便是養＝朱熹による静坐の主張。『語類』の別の個所に「静坐は是れ坐禅入定の如く、思慮を断絶せんと要《ほっ》するには非ず。只だ此の心を収斂し、走作して閑なる思慮莫からしむれば、則ち此の心、湛然と無事にして、自然と専一ならん（静坐非是要如坐禅入定、断絶思慮。只収斂此心、莫令走作閑思慮、則此心湛然無事、自然専一）」（巻一二・p.217、汲古本・p.146）とある。後注（24）参照。

（8）今儒者…不止於作用＝程子の『河南程氏遺書』巻一にも「若し存養すること能わざれば、只是《ただ》説話なるのみ（若不能存養、只是説話）」（『二程集』p.5）とある。なお、朱熹につながる程子の「養」の理解については、垣内景子『「心」と「理」をめぐる朱熹思想構造の研究』（p.39〜50）に詳しい。

（9）心與身元不相管攝＝「管摂」は、『漢語』に「管轄統摂」（第八冊・p.1206、縮印本㊥p.5236）とある。ここで朱熹は、禅僧と比較して、当時の儒者たちが口先で仏教を批判するだけで自らは修養せず、心と身体が別々になってしまっていると嘆いている。実際に、例えば雲門文偃の『雲門広録』巻中に「身心一如、身外無余」（T47-555b）とあり、また禅僧の日常を規程した『禅苑清規』巻八に「爾《しか》して乃ち諸縁を放捨し、万事を休息し、身心一如にして動静無間なれ（爾乃放捨諸縁、休息万事、身心一如、動静無間）」（Z111-460c）とある通り、仏教では心と身体が一如となることを重視している。また『語類』巻一〇〇にも「如此、則性与心身、都不相管摂」（巻一〇〇・p.2544）とある。

（10）照管＝【7】の注（26）参照。

（11）甚麼次第＝「甚麼」は、『禅語』「什麼」条に「②なんという。なんとりっぱな。なんとくだらぬ」（p.198）とある。「次第」は「立派な」という意味。【47】の注（7）参照。『語類』の用例に「覩它有扈游山詩、是甚麼次第」（巻三一・p.795）とある。

（12）佛氏所以行六七百年＝仏教が中国に入った時期は明確ではないが、おそらくは紀元前後のことであるから、朱熹が活躍した時期は既に千百年以上後のことであって、「六七百年」ではない。ここは、菩提達磨の中国への渡来した普通八年（五二七／『宝林伝』に拠る）のことを指しているのであろう。

（13）依傍＝『漢語』の①に「依靠（寄りかかる、頼りにする）」（第一冊・p.1352、縮印本㊤ p.573）とある。『語類』には他に一〇個所、用例が見えるが、どれも辞書的な意味に沿ったものである。しかし、ここでは文脈上、「大切にする」という訳を試みた。

（14）些子＝『漢語』に「少許、一点児（少しばかり、少し）」（第五冊・p.351、縮印本㊥ p.2883）とある。しかし、ここは単に量が少ないという意味だけではなく、そこに真理や道理が存在するという意味が内含される。例えば『禅語』に「較些子」という表現があるが、これは『禅学』に「少しは本分の事にかなっている。少しは値うちがある意」（p.472）とあって、そこに「本分事」の存在が含まれる。ここも同じ。『語類』での用例に「若理会得這些子、便有這些子工夫」（巻一一三・p.2748）とある。

（15）秀才＝優れた人物という意味の他に、中国の科挙の科目の一つという意味もある。漢代に初めて科目の名となり、東漢の時代には、光武帝の諱を避けて茂才といった。唐代には明経・進士などと並んで秀才科があり、宋代には科挙に応募する者、皆を秀才と呼んだ。また明・清の時代には、府・州・県学の学生を秀才と称した。『漢語』（第八冊・p.6、縮印本㊥p.4727）などを参照。

（16）四端＝惻隠（同情）・羞悪（不善を憎む）・辞譲（謙譲）・是非（善悪の判断）の四つの心のこと。孟子は、これら四つの心が、それぞれ仁・義・礼・智の端緒で、人にこれら四つの心の萌芽が必ずあるのは、ちょうど人に両手両足の四体があるのと同じであり、これを拡充発達させれば、仁義礼智はあまねく行われて、天下国家を安んずることができると説いた（「公孫丑上篇」『四書章句集注』p.237~238、岩波文庫本㊤p.139~142）。

（17）孟子説存心養性＝『孟子』「尽心上篇」に「其の心を尽くす者《ひと》は、其の性を知るべし。其の性を知らば、則ち天を知らん。其の心を存し、其の性を養うは、天に事《つか》うる所以《ゆえん》なり（尽其心者、知其性也。知其性、則知天也。存其心、養其性、所以事天也）」（『四書章句集注』p.349、岩波文庫本㊦p.318）とある。

（18）凡有四端於我者…泉之始達＝『孟子』「公孫丑上篇」（『四書章句集注』p.238、岩波文庫本㊤p.139）に見える。

（19）合當＝『中日』「合当」条の①に「合該」（p.746）とあり、「合該」条には「当然…しなければならない。当然…のはずである。運命が…ということに決まっている」（同上）とある。「合当」の語が「当然・義務」の意味で使用されるようになったのは、六朝以降のことだとされる。野間文史『十三経注疏の研究―その語法と伝承の形』（p.149~150）参照。

（20）辞遜＝「辞遜」は、朝鮮整版が「辞譲」に作っていることからも明らかなように、『漢語』の②にある「辞謝推譲（丁寧に辞退する、遠慮する）」（第一一冊・p.506、縮印本㊦p.6720）の意である。

（21）人能充無欲害人之心…無所往而不爲義也＝『孟子』「尽心下篇」に「人能く人を害するを欲すること無きの心を充《おお》いにせば、而《すなわ》ち仁用うるに勝《た》う可からざるなり。人能く穿踰《せんゆ》すること無きの心を充《おお》いにせば、義用うるに勝《た》う可からざるなり。人能く爾汝《じじょ》を受くること無きの実《おこない》を充《おお》いにせば、往くとして義たらざる所無きなり（人能充無欲害人之心、而仁不可勝用也。人能充無穿踰之心、而義不可勝用也。人能充無受爾汝之実、無所往而不為義也）」（『四書章句集注』p.372、岩波文庫本㊦p.423）とある。

（22）利與善之間＝『孟子』「尽心上篇」に「雞鳴にして起き、孳孳《しし》として善を為す者は舜の徒なり。雞鳴にして起き、孳孳《しし》として利を為す者は蹠の徒なり。舜と蹠との分を知らんと欲せば、他無し、利と善との間なり（雞鳴而起、孳孳為善者、舜之徒也。雞鳴而起、孳孳為利者、蹠之徒也。欲知舜与蹠之分、無他、利与善之間也）」（『四書章句集注』p.356、岩波文庫本㊦p.350）とある。

（23）如人靜坐…理也＝「静坐」は、朱熹にとって修養の方法として重要なものの一つ。そもそも、朱熹は、「静坐」を有意義な修養法だと考えていたようであり（【3】【114】など参照）、ここでもそのことは窺われる。しかし、朱熹のいう「静坐」とは、坐によって自覚を求める「坐禅」とは相違し、単に精神の安定を得るための手段に過ぎない。朱熹は、静坐によって精神を安定させることで、道理が分かると考えている。しかし一方で、朱熹は、例えば、「問う、『初学の精神散じ易し。静坐は如何』と。曰く、『此れも亦た好《よ》し。但《た》だ専ら静処にのみ在りて工夫を做さず、動作も亦た当に体験すべし。聖賢は人をして、豈に専ら打坐上に在らしめんや』と（問、「初学精神易散、静坐如何」。曰、「此亦好。但不専在静処做工夫、動作亦当体験。聖賢教人、豈専在打坐上）」

（『語類』巻一一五・p.2778、汲古本・p.251）とあるように、「静」にのみ偏することも戒めている。朱熹の静坐観については、吾妻重二『朱子学の新研究—近世士大夫の思想史的地平』所収の「静坐とは何か」（p.416~443）、中嶋隆藏『静坐—実践・思想・歴史』所収の「朱子の『静坐』観とその周辺」などに詳しい。

（24）只要＝…でさえあれば、…しさえすれば。条件さえあれば、ある結果が必ず生じることを表す。『中日』（p.2407~2408）参照。

（25）僩＝【5】の注（22）参照。

（廣田宗玄）

【62】

仏教の作用〔即性の説〕について、罽賓王《けいひんおう》の問答を引用して、私（＝可学）が質問した、「彼（＝仏教）はもともとは〔本性にも実体がないという〕空を説いていたのに、今〔どうして〕このよう〔に仏性や精魂など実体的な存在があるかように説いているの〕ですか」と。〔先生は答えて〕言った、「〔仏教の言うことには〕もともと〔きちんとした〕道理はなく、〔本性については〕ただ無〔だと説く〕だけである。〔波羅提は、〕聞くのもこいつ（仏性）、聞かないのもこいつ（仏性）〔だと言っているわけ〕だが、ただ〔空とは〕別に設けたものを〔仏性や精魂として〕認知しているだけである。しかし、彼らは、後にはそのようには説いていない〔こともある〕。傅大士も、云々《あれこれ》〔と言っている〕」と。〔私は〕言った、「彼ら（＝傅大士など）は、そのように〔説いて〕はいないとは言っても、結局そこ（＝作用即性）から逃れられないのですね」と。〔先生は〕言われた、「その通りだ」と。〔鄭可学〔が記録した。〕〕

＊

佛家作用、引罽賓王問[1]、某問[2]、「他初説空、今却如此」[3]。曰、「既無理、亦只是無[4]。聽亦此、不聽亦此。然只是認得第二箇[5]。然他後來又不如此説[6]。傅大士[7]、云云」。曰、「他雖不如此、然卒走此不得」。曰、「然」。〔可學[8]〕

〔校注〕※本条は楠本本巻一二六には無し。

＊

佛家の作用、罽賓王《けいひんおう》の問を引き、某《それがし》問う、「他は初め空を説くも、今ま却って此《か》くの如きか」と。曰く、「既に理無く、亦た只《ただ》是無なるのみ。聴くも亦た此れ、聴かざるも亦た此れにして、然も只《ただ》是第二箇を認得するのみ。然れども他は後《のち》來又た此《か》くの如く説かず。傅大士、云云」と。曰く、「他は此《か》くの如からずと雖も、然も卒《つい》に此れより走り得ず」と。曰く、「然り」と。〔可學〕

＊

（1）罽賓王問＝罽賓《けいひん》は、インドの国名。地域は時代により違っている。この語が初めて中国に出てくる漢代には、インダスの支流カーブル河の流域地方で、ガンダーラを中心としたシャカ族の国を指し、都は今のペシャワールの北方プシュカラヴァティーであったらしい。東晋から南北朝にかけては、ガンダーラの東方の盆地、カシミールのことを指した。隋唐以後になると、迦畢試国と同視するようになった。これはガンダーラの北方を指し、漢代の罽賓にやや近い。『禅学』（p.263）参照。「罽賓王問」は、恐らく、達磨の弟子である波羅提《はらだい》が異見王に説いた「性は作用に在り（性在作用）」の説を踏まえたものであろう。【52】の注（13）、【53】の注（4）、【54】の注（1）、【58】の注（2）、【60】の注（4）なども併せて参照。

（2）某問＝「某」は筆録者である「可学」を指すものであろう。例えば、『語類』巻四に「某有疑問呈先生曰…」

（p.59）とある。

（3）他初説空、今却如此＝「自性空」は『大般若経』などに繰り返し出てくる仏教の基本的な考えであり、『伝燈録』でも、達磨以前の過去七仏・拘留孫仏の偈に、「身心の本性は空なりと了得せば、斯の人、仏と何の殊別かあらん（了得身心本性空、斯人与仏何殊別）」（巻一・T51-205a）とある。ところが、波羅提は「識《し》る者は是れ仏性なりと知るも、識《し》らざるものは喚んで精魂と作す（識者知是仏性、不識喚作精魂）」と述べ、あたかも見聞覚知の主体が仏性として実在するかのように説いている。その矛盾を質問したもの。

（4）亦只是無＝仏教の基本的な考えである、「因縁によって生じたものに、すべて自性は無い（因縁所生、皆無自性）」（『禅宗永嘉集』「毘婆舎那頌」T48-391a）といった考えを踏まえたものであろう。

（5）第二箇＝別のもの、二番目のもの、の意。たとえば『語類』巻五六に「若し正当の道理を論ぜば、只だ一箇有りて、更に第二箇無し（若論正当道理、只有一箇、更無第二箇）」（p.1326）とあり、禅録では、大慧宗杲『正法眼蔵』巻六に「離却す可からずして、即今祇対せば、別に第二箇の主人公有るなり（不可離却、即今祇対、別有第二箇主人公也）」（Z118-72a）とある。

（6）然他後來又不如此説＝禅門でも見聞覚知の主体をあくまで空だとし、その実体化を否定している場合があるということであろう。具体的には、次注の「心王銘」を念頭に置いたものと考えられるが、その他、たとえば、南泉普願の弟子である長沙景岑に「学道の人、真を識《し》らざるは、只だ従来、識神を認むるが為《ため》なり、無始劫来の生死の本、痴人喚んで本来の身と作す（学道之人不識真、只為従来認識神、無始劫来生死本、痴人喚作本来身）」（『伝燈録』巻一〇・T51-274b、禅研本④ p.12）という、行動主体を生死の根源となる識神として否定した有名な偈がある。

（7）傅大士＝【43】の注（1）参照。傅大士の発言内容は省略されているが、恐らくは「心王銘」に見える「〔心の〕体性は空なりと雖も、能く法則を施す（体性雖空、能施法則）」（『伝燈録』巻三〇・T51-456c）や「心性は空なりと雖も、貪瞋の体は実なり（心性雖空、貪瞋体実）」（同・457a）といった表現を念頭に置いた発言であろう。

（8）可學＝【18】の注（2）参照。

（森　宏之）

【63】

儒教と仏教〔の違い〕について質問した。〔先生は〕言われた、「彼（＝仏教）は、心を明らかにしたと言いながら、心の〔きちんとしたその〕用《はたらき》を全く発揮させることができず、〔また〕彼（＝仏教）は、性を明らかにしたと言いながら、性の〔きちんとしたその〕用《はたらき》をまったく発揮させることができないでいるが、〔これは〕いったいどうしてなのだろうか」と。また質問した、「ひとまず彼（＝仏教）の〔示した〕径処《みちすじ》から入ってから、その後、これ（＝儒教）に帰りつくでしょうか」と。〔先生は〕言われた、「もし〔仏教の示した〕径《みちすじ》から入〔って儒教に帰〕り〔つき〕たいと思うのならば、それはあたかも〔君主におべっかばかり使う〕佞臣に〔君主に諫言を呈することを職務とする〕諫臣の〔の役割〕を求めるようなものだ。彼（＝仏教）は全く役に立たないと考えなければならない」と。

［湯泳〔が記録した。〕］

＊

問儒釋。曰[校1]、「據他説道明得心、又不曾得心爲之用、他説道明得性、又不曾得性爲之用。不知是如何」。又問「不知先從他徑處入、然後却歸此」。曰[校1]、「若要從徑入[1]、是猶從近習求言職。[2]須是見他都無所用」。［泳[3]］

〔校注〕（校1）曰＝楠本本は「答曰」に作る。

＊

儒・釋を問う。曰く、「他、心を明らかにし得と説道《い》うも、又た曾《かつ》て心之《これ》が用を爲すを得ず、他、性を明らかにし得と説道《い》うも、又た曾《かつ》て性之《これ》が用を爲すを得ざるに據るに、知らず、是れ如何」と。又た問う、「知らず、先ず他の徑處從《よ》り入りて、然る後、却って此れに歸するや」と。曰く、「若し徑に從《よ》りて入らんと要《ほっ》せば、是れ猶お近習に從《よ》りて言職を求むるがごとし。須是《すべから》く他都《かれすべ》て用うる所無しと見るべし」と。〔泳〕

＊

（1）若要從徑入＝『論語』「雍也篇」の「行くに径《こみち》に由らず（行不由径）」（『四書章句集注』p.88、岩波文庫本・p.82）を念頭に置いたものであろう。立派な人物は大道を行き小径には通らないということ。

（2）猶從近習求言職＝表現としては、『孟子』「梁恵王上篇」の「若《かくのごと》き為す所を以て、若《かくのごと》き欲する所を求むるは、猶お木に縁《よ》りて魚を求むるがごとし（以若所為、求若所欲、猶縁木而求魚也）」（『四書章句集注』p.210、岩波文庫本㊤ p.59）を踏まえる。まったくの見当外れの意。「近習」は「君主に寵愛されて慣れ親しんだ人（指君主寵愛親信的人）」（『漢語』第一〇冊・p.736、縮印本㊦ p.6228）、「言職」は「言官（諫官）の職務（言官的職務）」（『漢語』第一一冊・p.11、縮印本㊦ p.6511）、佞臣と諫臣との対比になっている。

（3）泳＝『語類』の巻頭に付録されている「朱子語録姓氏」に拠れば、「湯泳、字《あざな》は叔永、丹陽（江蘇省鎮江府）の人。乙卯（慶元元年・一一九五）に聞く所なり。（湯泳、字叔永、丹陽人。乙卯所聞）」（p.15）とある。『宋元学案』巻六九に略伝がある。「朱門弟子師事年攷」（p.44）参照。

（野口善敬）

【64】

仏教は、「万物を自分と一つにする」と言う。〔だが〕もしこの道理（儒教が説く本当の道理）が理解できたならば、もともと万物〔と自分と〕は一つなのである。その上、どうして〔万物と自分とを〕一つにする必要があろうか。もし〔この道理（儒教が説く本当の道理）が〕理解できなければ、〔自分と〕一つにしたくても、どうして一つにすることができようか。〔林恪〔が記録した。〕〕

＊

佛家説[校1]、「會萬物於一己[校2]」[1]。若曉得這道理、自是萬物一體。更何須會[2]。若是曉不得、雖欲會、如何會得。〔恪〕[3]

〔校注〕（校1）佛家説＝楠本本は「佛家説」の前に「先生論」の三字が入る。（校2）一己＝正中書局本・和刻本は「已」に作る。

＊

佛家、「萬物を一己に會す」と説《い》う。若し這の道理を曉《さと》り得れば、自《もと》是より萬物一體なり。更に何ぞ會することを須《もち》いん。若《も》是《し》曉《さと》り得ざれば、會せんと欲すと雖も、如何が會し得ん。〔恪〕

＊

（1）佛家説、會萬物於一己＝仏教関係の典籍に、全く同じ語句は見えない。似た語はいくつかあるが、おそらくは『肇論』「涅槃無名論」の「通古 第十七」に見える、「夫れ至人は空洞として象《かたち》無く、而して万物は我が造るに非ざる無し。万物を会して以て己と成す者は、其れ唯だ聖人のみなるか（夫至人空洞無象、而万物無非我造、会万物以成己者、其唯聖人乎）」（T45-161a）を踏まえたものであろう。

（2）何須＝「なんぞ…をもちいん」と訓《よ》み、「どうして…する必要があろうか」という意味に解す。『漢辞海』(p.1556) 参照。

（3）恪＝【10】の注（10）参照。

（廣田宗玄）

【65】

仏教は〔実体のない〕影〔だけ〕を見て、朝にも暮れにもこれ（＝影）について説いている。あらゆる道理がこのように錯綜している〔現実世界の〕ことに至っては、何も分かっていない。〔楊方〔が記録した。〕〕

＊

佛氏見影[1]、朝説這箇、暮説這箇。至於萬理錯綜如此、却都不知。〔方[2]〕

〔校注〕※本条は楠本本巻一二六には無し。

＊

佛氏は影を見て、朝にも這箇《これ》を説き、暮にも這箇《これ》を説く。萬理の錯綜すること此《か》くの如くなるに至っては、却って都《すべ》て知らず。〔方〕

＊

（1）見影＝この語は、『語類』には、本条の他にもう一個所、見ることができる。「性は語ることができない。だから性善を言うのは、ただ惻隠・辞遜〔等〕の四端が善であることを見るだけでその性が善であるが分かることができるのである。〔つまり〕水の流れが清らかであることを見れば、水源が必ず清らかであることがわかるようなものだ。四端は情であり、性は理である。発動したものは情であり、その本は性である。影を見て形を知る意味のようなものなのだ（性不可言。所以言性善者、只看他惻隠・辞遜四端之善則可以見其性之善。如見水流之清、則知源頭必清矣。四端、情也、性則理也。発者、情也、其本則性也。如見影知形之意）」（巻五・p.89）。ここでは、「影」は性によって発せられた情を指すが、本条の「影」は、現象一般を指す。

（2）方＝【36】の注（7）参照。

（森　宏之）

【66】

仏教は、まず死〔というものの存在〕を知り、〔それを恐れて〕ただ不動心というものを学ぶだけだ。告子の学がこのようなものである。〔程端蒙〔が記録した。〕〕

釋氏先知死、只是學一箇不動心。(1)告子之學則是如此。(2)〔端蒙(3)〕

〔校注〕※本条は楠本本巻一二六には無し。

＊

釋氏は先ず死を知り、只《ただ》是一箇の不動心を學ぶのみ。告子の學は則是《すなわ》ち此《か》くの如し。〔端蒙〕

＊

（1）不動心＝経典類には『華厳経』の「十種不動心」（六十巻本・巻三八・T9-640c、八十巻本・巻五四・T10-287b）など、しばしば見受けられる言葉であるが、禅語録では『伝法正宗記』巻三に「汝得不動心乎」（T51-731b）とある程度で、あまり見られない。朱熹の念頭にあるのは、禅における「人を殺しても瞬きもしない手脚があってこそ、たちどころに仏となれる（有殺人不眨眼底手脚、方可立地成仏）」（『碧巌録』第五則・垂示・T48-144c、岩波文庫本㊤**p.93**、末木訳㊤**p.100**）といった表現であろう。ただ、中国の儒教において「不動心」と言って先ず想起されるのは、やはり次注にある告子のそれである。

（2）告子之學則是如此＝『孟子』「公孫丑上篇」に、孟子が「不動心」という言葉を取り上げ、義を理解していない告子と自分自身の「不動心」の違いについて述べた一段がある。孟子に拠れば、告子の「不動心」の要点は、心を動揺させないために「他人の言葉が分からなくても〔そのまま捨て置いて〕、心の中で無理に〔その道理を〕理解しない（不得於言、勿求於心）」ことと、「心の中で納得できなくても、気力に助けを求め〔て無理やり分かろうとあせら〕ない（不得於心、勿求於気）」という二点である。これに対して孟子は、後者には問題ないが、前者が問題だとし、自分の立場について、「私は他人の言葉を良く理解するし、また浩然の気を良く養っている（我知言、我善養浩然之気）」とする。告子との違いである「言葉を理解する（知言）」というのは、人の言葉はみな心から出るものであって、言葉によって他人の心の正否を知ることができるからであり（朱熹注『四書章句集注』**p.231**）、「悪い言葉が人の心に起こると、必ず政治にも弊害があらわれる（生於其心、害於其政）」からだと言う。道義を損ない、政治に害悪があるという意味で、仏教も告子も自己保身に走る似た存在だということになる。

（3）端蒙＝【15】の注（8）参照。

（野口善敬）

【67】

〔先生は言われた、〕「そもそも事《こと》に当たる際、必ず邪正是非を判断し、悉く私見を払拭すれば、至公の理が自然に〔そこに〕存在する」と。大雅《わたし》は言った、「仏教は物に煩わされないようにしようと思い、全く善悪を分別することなく、〔善悪共に〕すべて払拭してしまうことになりました。〔また、仏教は〕『凡人も聖人も情が尽きれば、直ちに如如仏《ほとけ》〔となれるの〕であり、その後行き来《生き死に》が自由である』と言っています。わが道（儒教）では、〔仏教とは異なり〕邪見を払拭することを求めるだけです。〔払拭して〕邪見が去ってしまえば、すべて正しいことになります。だから生においては物に煩わされることなく、死においても同様です」と。〔先生は〕言われた、「聖人は死を説いてはいない。すでに死んでしまってから、さらに何を説こうというのか。聖人はただ生まれてしまってから後、まだ死ぬ前のことを説くだけであり、必ず人が精細に道理を理解するために正しいことを教えるのだ。胡明仲（胡寅）侍郎が、まさに上手《うま》く説明している。『人は生きものである。〔それにもかかわらず〕仏〔教で〕は、生を言うことなく死を言う。人事は見ることができるものである。〔それにもかかわらず〕仏教では、顕（この世の事柄）について言うことはなく、幽（あの世の事柄）だけを言う』と。〔さらに〕仏教は全く善悪を分けることなく、彼（＝仏教）を尊ぶものだけを善人とし、彼（＝仏教）に背くものは、地獄に堕ちるとする。もし〔そうであれば〕人殺しの賊は、彼（＝仏教）を尊びさえすれば、〔死刑になっても〕直ちに天に生じることになる」と。大雅《わたし》は言った、「〔そのことは〕于《う》頔《てき》が、『伝燈録』において、〔禅宗の〕嗣法の弟子となっている〔こと〕から〔も〕分かります」と。〔先生は〕言われた、「その通りだ」と。〔余大雅〔が記録した。〕〕

＊

「凡遇事、先須識得箇(校1)邪正是非、盡埽私見、則至公之理自存」。大雅云(1)「釋氏欲驅除物累、至不分善惡、皆欲埽盡。

云、『凡聖情盡、即如知佛、[校2]然後來往自由』。[2]吾道却只要埽去邪見。邪見既去、無非是處。故生不爲物累、而死亦然」。曰、[校3]「聖人不説死。[3]已死了、更説甚事。聖人只説既生之後、未死之前、須是與他精細理會道理教是。胡明仲[4]侍郎[5]自説得好。『人、生物也。佛不言生而言死。人事可見。佛[校4]不言顯而言幽』。[6]釋氏更不分善惡、只尊向他底便是好人、背他底便入地獄。若是箇[校1]殺人賊、一尊了他、便可生天」。大雅云、「于頔在『傳燈録』爲法嗣、可見」。[7]曰、[校3]「然」。〔大雅〕

〔校注〕（校1）箇＝楠本本は「个」に作る。（校2）知＝正中書局本・朝鮮整版・楠本本は「如」に作る。今回の訳は、典拠の『伝燈録』に従って「如」を採った。（校3）曰＝楠本本は「曰」の前に「答」の一字が入る。（校4）佛＝楠本本は「佛」の前に「也」の一字が入る。

＊

「凡そ事に遇わば、先ず須く箇の邪正是非を識《し》り得《え》、盡く私見を埽《はら》えば、則ち至公の理自《おのずか》ら存すべし」と。大雅云う、「釋氏は物累を驅除せんと欲し、善惡を分かたず、皆な埽《はら》い盡くさんと欲するに至る。云う、『凡聖の情盡くれば、即ち如知佛《ママ》、然る後、來往自由なり』と。吾が道は却って只だ邪見を埽《はら》い去らんと要《ほっ》するのみ。邪見既に去れば、是處《ぜしょ》に非ざる無し。故に生、物に累《わずら》わされず、而して死も亦た然り」と。曰く、「聖人、死を説かず。已《すで》に死し了《お》わって、更に甚《なに》事をか説かん。聖人は只だ既に生まるるの後、未だ死せざるの前を説くのみにして、須《すべか》是く他の精細に道理を理會する與《ため》に是《ぜ》を教う。胡明仲侍郎自《おのずか》ら説き得て好《よ》し。『人は生物なり。佛は生を言わずして死を言う。人事見る可し。佛は顯を言わずして幽を言うのみ』と。釋氏は更《まった》く善惡を分かたず、只だ他を尊向する底《もの》は便是《すなわ》ち好人にして、他に背く底《もの》は便ち地獄に入るとす。若是《もし》箇の人を殺すの賊も、一たび他を尊し了《お》われば、便ち天に生ず可

し」と。大雅云う、「于頔《うてき》は『傳燈録』に在りて法嗣爲《た》ること、見るべし」と。曰く、「然り」と。〔大雅〕

＊

（1）大雅＝【1】の注（15）参照。

（2）云、凡聖情盡、即如知佛、然後來往自由＝「凡聖情尽、即如知仏」は、『伝燈録』巻一一「仰山慧寂」条に「潙山和尚云う、『凡聖の情尽き、体露真常にして、事理不二なるは即ち如如仏なり』」と（潙山和尚云、『凡聖情尽、体露真常、事理不二、即如如仏』）」（T51-283a、禅研本④ p.181）とあるのを踏まえたものであろう。「如如仏」は、『中村』に「法身仏をいう。自性身・法性身に同じ」（p.1063）とある。ちなみに、「法身」は、法仏・法身仏・自性身・法性身・宝仏ともいい、真理を身体としているもの、真理そのもの、永遠の理法の意（『中村』p.1253）。「然後来往自由」は、「来往」と「去住」の違いはあるが、『臨済録』「示衆」に「今時、仏法を学ぶ者は、且《しばら》く真正の見解を求めんことを要《ほっ》す。若し真正の見解を得れば、生死に染まず、去住自由なり（今時学仏法者、且要求真正見解。若得真正見解、生死不染、去住自由）」（T47-497a、岩波文庫本・p.32~33）とあるのを踏まえたものであろう。「来往」は、「往来」に同じ。『中村』に「生まれかわり、輪廻すること。過去と未来。ゆきき。実際のありさま」（p.128）とある。

（3）聖人不説死＝『論語』「先進篇」に「季路、鬼神に事《つか》えんことを問う。子曰く、『未だ人に事《つか》うること能わず、焉《いずく》んぞ能く鬼に事《つか》えん』と。曰く、『敢えて死を問う』と。曰く、『未だ生を知らず、焉《いずく》んぞ死を知らん』と（季路問事鬼神。子曰、『未能事人、焉能事鬼』。曰、『敢問死』。曰、『未知生、焉知死』）」（『四書章句集注』p.125、岩波文庫本・p.146）とあるのを踏まえる。

（4）胡明仲＝胡寅（一〇九八～一一五七）のこと。字《あざな》は明仲。号は致堂。崇安（福建省）の人。胡安国（一〇七四～一一三八）の長子（もとは安国の兄の子）で、胡宏（五峯、?～一一四六）の兄。楊時（一〇五三～一一三五）に従学する。著書に、『論語詳説』『裴然集』、排仏の書である『崇正弁』や歴史評論集である『読史管見』などがある。『宋史』巻四三五（p.12908）、『学案』巻四一（p.1341）に伝がある。

（5）侍郎＝胡寅は、紹興五年（一一三五）礼部侍郎に叙せられるが、その時の官位。

（6）胡明仲侍郎自説得好。人、生物也…顯而言幽＝引用された胡明仲の言葉は、『崇正弁』「致堂先生崇正弁序」に「人、生物也。仏不言生而言死。人事皆可見也。仏不言顯而言幽」（中華書局校点本・p.1）とそのまま見える。なお、「自説得好」の「自」は、ここでは『近代漢語』の⑩の「確。正」（p.2461）の意であろう。

（7）于頔在傳燈録爲法嗣、可見＝『伝燈録』については、【1】の注（5）参照。『伝燈録』巻一〇に存名のみであるが、「紫玉山道通禅師法嗣一人。唐襄州節度使于頔［一人。無機縁語句。不録］」（T51-274a、禅研本④p.3）とある。于頔（?～八一八）は、唐、河南の人。字《あざな》は允元。貞元十五年（七九九）、呉少誠の反乱を平定した功績により、重く用いられるようになったが、権勢に恃んで不遜な所行がおおく、白居易や韓愈たち正義派の官僚からしばしば弾劾された。『祖堂集』巻一四によれば、于頔は襄陽を治めていた時、紫玉（七三一～八一三）に会ったことを契機に回心した。のち、龐居士（【59】の注（3）参照）とも交流があり、龐居士の死後、彼の語録を編んだという（入矢義高『増補 求道と悦楽―中国の禅と詩』岩波現代文庫・二〇一二・p.45～46）。『旧唐書』巻一五六（p.4129）、『唐書』巻一七二（p.5199）に伝がある。

（森　宏之）

仏書には後世の人の挿入〔した文章〕がたくさんある。最初、中国に〔仏教が〕入ってきた時には、〔仏教の経典としては〕ただ『四十二章経』があるだけであった。ただこの経典さえも〔後世の人が〕挿入したものがあるのだ。〔その他〕たとえば西天《インド》の二十八祖が作った偈は、皆な韻を踏んでいる。〔これは〕明らかに後世の人が付け加えたものである。楊文公や蘇子由のような人物が、だれもこのことに気付かなかったのは、不思議なことだ。また、その〔増加された〕文章の中には、ひどく拙いものさえある、云々。『楞厳経』などは、〔もともとは〕始めから終わりまでただ呪文を述べているだけだったのであり、〔高尚な論理を並べた〕中間《なかみ》〔の部分〕はすべて〔後世の〕挿入なのである。思うに、中国の仏教を好む者がその（＝『楞厳経』）お粗末さに気付き、〔呪以外の部分を〕付け加えただけなのであろう。〔鄭可学〔が記録した〕。以下、仏〔教の〕経〔典〕について論じる。〕

＊

佛書多有後人添入。初入中國、只有『四十二章經』[1]。但此經都[校1]有添入者。且如西天二十八祖所作偈、皆有韻。[2]分明[校2]是後人增加。如楊文公[3]・蘇子由[4]、皆不悟此、可怪。又其文字中、至有甚拙者、云云。如『楞嚴經』、前後只是説呪、中間皆是增入。[5]蓋中國好佛者覺其陋而加之耳。〔可學。[6]以下[校3]論佛經。〕

〔校注〕（校1）都＝正中書局本・朝鮮整版・楠本本・和刻本は「亦」に作る。（校2）分＝楠本本は、「分」の前に「不知他當初如何有此」の九字が入る。（校3）以下＝正中書局本・朝鮮整版・楠本本・和刻本は「以下」の上に「〇」が入る。

＊

佛書には多く後人の添入有り。初め中國に入りしとき、只だ『四十二章經』有るのみ。但《た》だ此の經も都《すべ》て添入する者有り。且《た》如《と》えば西天二十八祖の作る所の偈は、皆な韻有り。分明に是れ後人の增加なり。楊文公・蘇子由の如き、皆な此れを悟らざるは、怪しむ可し。又た其の文字中に、甚だ拙なる者有るに至る、云云。『楞嚴經』の如きは、前後只《ただ》是呪を説くのみにして、中間は皆な是れ增入なり。蓋し中國の佛を好む者、其の陋を覺《さと》りて之を加うるのみ。

[可學。以下、佛經を論ず。]

*

（1）四十二章經＝【1】の注（3）、【6】の注（1）、【69】の注（3）参照。

（2）且如西天二十八祖所作偈、皆有韻＝西天二十八祖は、【1】の注（6）に既出。『伝燈録』などの燈史に拠れば、二十八祖は代々弟子に付法する際に「付法の偈」と呼ばれる偈を説いている。その偈は、例えば、第八祖仏陀難提の偈の「虚空無内外、心法亦如此、若了虚空故、是達真如理」（『伝燈録』巻一・T51-208c）の「此」と「理」、第十一祖の偈の「迷悟如隠顕、明闇不相離、今付隠顕法、非一亦非二」（208b）の「離」と「二」のように、脚韻を踏んでいる。

（3）楊文公＝楊億（九七四～一〇二〇）のこと。【1】の注（4）参照。

（4）蘇子由＝蘇轍（一〇三九～一一一二）のこと。【7】の注（8）参照。

（5）如楞嚴經、前後只是説呪、中間皆是增入＝【77】も併せて参照。『楞厳経』十巻については、【1】の注（11）に既出。朱熹の『楞厳経』に関する意見は、より具体的に【77】に述べられている。ここで「前後」「中間」の二語が対比されており、普通に読めば、経典の「前後」の部分が呪で、「中間」の部分が増入された後世の文章という意味に取れる。似た用例として『語類』巻八一の「時挙」筆録の一節に「問、東山詩序、前後都是。只中間挿大夫美之一句、便知不是周公作矣。曰、小序非出一手。是後人旋旋添續、往往失了前人本意。如此類者多矣」(p.2114) とあり、この場合、序文の中に入れられた一句以外、前後の文章は良いという意味に取れる。ただ、『楞厳経』十巻の構成は、「楞厳呪」と呼ばれる長文の呪文が巻七に収載されており、それを挟んだ前後の経文で哲学的な論義が展開されている。よって、経典に挿入された増加分の「前後」の部分が呪文という言い方は事実に相違する。「前後」について、『漢語』の③に「表示時間的先後。即従開始到結束的一段時間」(第二冊・p.128、縮印本㊤ p.793) とあり、『中国語』の②に「(時間的な) 始めから終わりまで」(p.2414) とあって、「前後三度」とか「前後十七年」といった用例が引かれている。ここでは「前後十巻」の意味に取った。

(6) 可學＝【18】の注(2)参照。

(野口善敬)

【69】

仏教にはもともと『四十二章経』が有っただけで、その教説はとても平易なものであった。たとえば〔『四十二章経』の中に〕言っている、「琴を弾く時に、弦を張りすぎると〔弦が〕切れてしまうし、緩ければ音が出ない。張りすぎず緩すぎないのが良いのだ」と。〔一方、『四十二章経』以外の仏教の経典は、〕たいていが老子や荘子の考えを剽窃したものである。〔しかし〕後に達磨が出現して、〔あらゆる経典を〕一掃してしまった。『楞厳経』となると、極めてよくできている。〔柳宗元の「六祖〔慧能〕の塔銘」には「〔心の〕中と外とが融けて〔一つとなり〕、〔その〕純粋さははなはだ明らかだ」とある。李方子〔が記録した。〕〕

*

釋氏

佛初止有『四十二章經』[1]、其說甚平。[2] 如言、彈琴、弦急則絕、慢則不響、不急不慢乃是。[3] 大抵是偸得老莊之意。[4] 後來達磨[校1]出來、一齊埽盡。[校2][5] 至『楞嚴經』、做得極好。[6]〔柳宗元「六祖塔銘」有[校3]「中[校4]外融[校5]粹孔[校6]昭」。[7] 方[8]子[校7]〕

〔校注〕(校1) 達磨＝楠本本は「達麼」に作る。(校2) 埽＝正中書局本・朝鮮整版・楠本本・和刻本は「掃」に作る。(校3) 有＝和刻本は「有」の字を欠く。(校4) 中＝和刻本は「中一」に作る。(校5) 融粹＝正中書局本・朝鮮整版・楠本本・和刻本は「融有粹」の三字に作る。(校6) 昭＝底本・正中書局本・朝鮮整版・楠本本は「習」に作るが、柳宗元の「六祖塔銘」と和刻本は「昭」に作ることから改めた。(校7) 方子＝正中書局本・朝鮮整版・楠本本・和刻本は「○方子」に作る。

＊

佛、初め止《た》だ『四十二章經』のみ有り、其の説甚だ平なり。如《たと》えば言う、「琴を彈くに、弦急なれば則ち絶え、慢なれば則ち響かず、急ならず慢ならざれば乃ち是《ぜ》なり」と。大抵は是れ老荘の意を偸み得たり。後《のち》來、達磨出で來たりて、一齊に埽盡す。『楞嚴經』に至りては、做り得て極めて好《よ》し。〔柳宗元の「六祖の塔銘」に「中外融け、粹にして孔《はなは》だ昭《あき》らかなり」と。方子〕

＊

※この一段については、朱子学大系第六巻『朱子語類』(p.382) に口語訳が載せられており、それを参考にした。

(1) 四十二章經＝【1】の注 (3)、【6】の注 (1)、本条の注 (3) 参照。

(2) 其説甚平＝【7】に「『四十二章経』の如き、最も先に中国に伝来するの文字なり。然れども其の説は却《かえ》って平実なり (如『四十二章経』、最先伝来中国底文字。然其説却自平実)」とあることから、ここの「平」は「平実」の意味。「平実」については、同条の注 (17) 参照。また、『「朱子語類」抄』に「朱子学では『平』は常にプラスの価値を持つ」（p.444）とある。

（3）如言、彈琴…不急不慢乃是＝『四十二章経』で、「中道」について説いた個所。「沙門有り、夜に経を誦む。甚だ悲しく、意に悔疑有り、帰る思いを生ぜんと欲す。仏、沙門を呼んで之に問う、『汝、家に処りて阿の修為を将《もっ》てす』と。対えて曰く、『恒に琴を弾く』と。仏言わく、『絃緩ければ何如《いかん》』と。曰く、『鳴らず』と。『絃急ならば何如《いかん》』と。曰く、『声絶ゆ』と。『急緩、中を得れば何如《いかん》』と。『諸音普く悲し』と。仏、沙門に告ぐ、『学道も猶お然り。心を執して調適せば、道は得可《う》し』と（有沙門夜誦経。甚悲、意有悔疑、欲生思帰。仏呼沙門問之、『汝処于家将阿修為』。対曰、『恒弾琴』。仏言、『絃緩何如』。曰、『不鳴矣』。『絃急何如』。曰、『声絶矣』。『急緩得中何如』。『諸音普悲』。仏告沙門、『学道猶然。執心調適、道可得矣』）」（T17-723c、T39-521c、Z59-76a~b）とある。ところで、『四十二章経』には異本が多い。例えば、その原型を留めると考えられる高麗本（T17・No.784）と、『宝林伝』に掲載された宝林伝本とでは、相違が顕著である。諸本のうち、禅宗的改変が加わった宝林伝本系統が、宋代以降、高麗本系統を圧倒して広く流通する。これは、北宋末の禅僧・守遂（一〇七二～一一四七）が、宝林伝本に基づいて『仏説四十二章経註』（Z59）を撰述し、宝林伝本『四十二章経』を「仏祖三経」の一つとして確定したことによる影響が大きい。しかし、真宗（九九八～一〇二二在位）が『註四十二章経』（T39・No.1794）を撰述するにあたって依用したものが、宝林伝本の影響を受けた高麗本の一変種であったとされることを踏まえると（後出の岡部和雄論文を参照）、守遂以前に、宝林伝本は既に相当程度の影響力を持っていたことが予想される。したがって、『四十二章経』の異本は、高麗本と宝林伝本の二系統が存在していたということになる。『四十二章経』を取りあげる朱熹の一連の発言が、このうち、いずれの版本に拠ったものかが判然としないため、出典表記に際しては、高麗本『四十二章経』、真宗本『註四十二章経』、守遂本『仏説四十二章経註』を併記する。また、宋代以降の流通状況などから朱熹が宝林伝本系統の本経を見ていた可能性も十分に考えられるが、真宗の注釈本の依用状況などから判断し、引用にあたっての本文は、高麗本に基づくこととする。『四十二章経』の詳細については、得能文『仏説四十二章経』、岡部和雄「『四十二章経』の成立と展開」(『駒澤大学仏教学部研究紀要』第二五号・一九六七)のほか、柳田聖山「仏伝と『四十二章経』」(柳田聖山集⑥『初期禅宗史書の研究』法蔵館・二〇〇〇所収)などを参照。

(4) 大抵是偸得老荘之意=先の琴の弦の喩えは、確かに『四十二章経』の中に見えるが、老荘から剽窃したものではない。また、そもそも『四十二章経』自体が、老荘からの剽窃によって成立したものだと解するならば、【6】に「仏教の書は当初ただ『四十二章経』があったにすぎず、〔その『四十二章経』が〕述べる内容は全く洗練されていなかった。のちに月日が経つにつれ、〔『四十二章経』以外の他の〕全て〔の仏典〕は中国の文人が助けあって執筆編集した。たとえば〔六朝期の〕晋・宋の時代には、〔教えを講説する〕講師をみずから立てて、誰それを釈迦とし、誰それを阿難とし、誰それを迦葉として〔配役し〕、それぞれ討論しあい、これを書物に記して、ますます欺き騙しあっていった。だいたい多くは老子と列子の考えを盗用し、〔両者の考えに〕変更を加えて押し広め、その説を取り繕った(釈氏書其初只有『四十二章経』、所言甚鄙俚。後来日添月益、皆是中華文士相助撰集。如晋宋間、自立講師、孰為釈迦、孰為阿難、孰為迦葉、各相問難、筆之於書、転相欺誑。大抵多是剽窃老子列子意思、変換推衍以文其説)」とあり、また、【21】に「仏教〔の書〕は、『四十二章経』だけが昔からある書であり、その他〔の経典〕は全部中国の文士が潤色して作ったものである(釈氏只『四十二章経』是古書、余皆中国文士潤色成之)」とあることと矛盾が生じる。従って、ここでは『四十二章経』以外の「大抵」と解する。

（5）後來達磨出來、一齊埽盡＝禅の「不立文字、教外別伝」の宗旨のことを指す。

（6）至楞嚴經、做得極好＝【7】に「その〔蘇子由が誉めた〕説は、『楞厳経』に見えている。この経は唐の房融が〔経典の翻訳を手伝って上手く〕解釈したから、あんなに巧みに説かれているのだ。仏教の書籍の中で、ただこの経だけが最高に巧みなのである〔彼説出『楞厳経』。此経是唐房融訓釈。故説得如此巧。仏書中唯此経最巧〕」とあるように、朱熹は、経典の中では『楞厳経』のことを比較的高く評価していた。

（7）柳宗元…粹孔昭＝柳宗元（七七三〜八一九）は唐代の文学者。字《あざな》は「子厚」、長安の西郊で生まれる。祖先が山西省河東の出身であるため「柳河東」とも、また役人としての最後の任地に因んで「柳柳州」と称されることもある。詩文に優れ、王維や孟浩然・韋応物らと共に「王孟韋柳」と称され、また散文では古文運動の提唱者として、韓愈と共に「韓柳」と並称された。その柳宗元による「六祖塔銘」は、『増広註釈音辯唐柳先生集』巻六に「曹渓第六祖賜謚大鑑禅師碑」（四部叢刊本・2a）として見え、『大正蔵』巻四八（363b〜c、『全唐文』巻五八七には「塔銘」のみ収められる）の『六祖壇経』の末尾にも「賜謚大鑑禅師碑」（『全唐文』は「曹渓第六祖賜謚大鑑禅師碑〔并序〕」）として収載されている。これは、元和十年（八一五）十月十三日に、南海経略使の馬総の上奏により、時の憲宗が慧能に、「大鑑」という禅師号と「霊照之塔」という塔号を送った際に、柳宗元が請われて撰述したものである。ちなみに、四部叢刊本や大正蔵本は、「中外融、粋孔習」ではなく「中一外融、有粋孔昭」に作る。ここで、柳宗元が「中」を重視していることは事実であるが、記録者である李方子が柳宗元の「六祖塔銘」からこの句を引用した理由については不詳。柳宗元の「中」の思想については、下定雅弘『柳宗元―逆境を生き抜いた美しき魂』（勉誠出版・二〇〇九・p.34〜36）参照。

（8）方子＝【9】の注（1）参照。

（廣田宗玄）

【70】

達磨がまだ中国に渡来していない時、慧遠や僧肇といった僧侶たちは、ただ老・荘〔を借りて仏教〕を語るのみであったし、後世の人も多くは老・荘〔の学説〕でもって禅〔の学説〕を補った。古《いにしえ》〔は中国に〕は、あまり〔仏教の〕経典は無かった。西域〔の文章〕にどうして〔漢字の脚〕韻があるだろうか。諸祖が受け伝えた偈文で、平仄〔を整えたり〕押韻してある語は、すべて後世の人が〔漢訳するに当たって〕こじつけたのである。

＊

達磨未來中國時[1]、如遠肇法師[2]之徒、只是談莊老、後來人亦多以莊老助禪。古亦無許多經。西域豈有韻。諸祖相傳偈[3]、平仄押韻語、皆是後來人假合[4]。

〔校注〕※本条は楠本本巻一二六には無し。

＊

達磨未だ中國に來たらざる時、遠・肇法師の徒の如き、只是《ただ》莊・老を談ずるのみにして、後來《のち》の人も亦た多く莊・老を以て禅を助く。古には亦た許多《おおく》の經無し。西域に豈に韻有らんや。諸祖の相傳の偈、平仄押韻するの語は、皆是《みな》後來《のち》の人假合す。

＊

※この一段については、朱子学大系第六巻『朱子語類』(p.376~377)に口語訳が載せられており、それを参考にした。

(1)達磨未來中國時＝達磨の中国への渡来に関しては、【2】の注(9)、【7】の注(37)参照。

（2）遠肇法師＝慧遠・僧肇のこと。慧遠については、【5】の注（3）参照。僧肇については、同条の注（6）参照。

（3）諸祖相傳偈＝西天二十八祖の伝法の偈のこと。西天二十八祖については、【1】の注（6）参照。なお、祖師の偈の押韻については、【1】【68】でも言及されている。

（4）假合＝ここは「間に合わせ（聊為湊合）」（『漢語』第一冊・p.1575、縮印本㊤p.667）、「こじつけ」（『大漢和』巻一・p.853）の意。この語は、『語類』中、本条の他に三個所、見ることができ、二つの用法がある。

①問、「『家人』『彖辞』、不尽取『象』」。曰、「注中所以但取二、五、不及他象者、但只因『彖伝』而言耳。大抵『彖伝』取義最精。『象』中所取、却恐有仮合処」。（巻七二・p.1828）

②「人生而静以上不容説」、此只是理、「才説性時便已不是性」、此是気質。要之、仮合而後成。（巻九五・p.2431）

③問、「釈氏之無、与老氏之無何以異」。曰、「老氏依旧有、如所謂『無欲観其妙、有欲観其徼』是也。若釈氏則以天地為幻妄、以四大為仮合、則是全無也」。（【12】参照）

このうち①は本条同様「こじつける」の意味で、②③は仏教語の「仮和合《けわごう》」（『仏教語』p.298）に相当し、「仮に和合する」の意味である。

（森　宏之）

訳注者紹介

野口　善敬（のぐち ぜんけい）

1954年生まれ。九州大学大学院博士課程中退。花園大学教授。臨済宗妙心寺派長性寺住職。博士（文学・東洋大学）。

廣田　宗玄（ひろた そうげん）

1967年生まれ。花園大学大学院博士課程修了。花園大学非常勤講師。臨済宗妙心寺派順心寺住職。博士（文学・花園大学）。

本多　道隆（ほんだ どうりゅう）

1976年生まれ。広島大学大学院博士課程修了。花園大学非常勤講師。臨済宗妙心寺派梅松院副住職。博士（文学・広島大学）。

森　　宏之（もり　ひろゆき）

1974年生まれ。九州大学大学院博士課程単位取得退学。花園大学国際禅学研究所客員研究員。臨済宗妙心寺派長性寺副住職。

『朱子語類』訳注　巻百二十六（上）

平成二十五年七月十日　発行

訳注者　野口善敬・廣田宗玄
　　　　本多道隆・森　宏之

発行者　石坂叡志

整版印刷　富士リプロ㈱

発行所　汲古書院

〒102-0072 東京都千代田区飯田橋二-五-四
電話 〇三（三二六五）九七六四
FAX 〇三（三二二二）一八四五

（第六回配本）

ISBN978-4-7629-1305-1　C3315

『朱子語類』訳注　内容目次

監修　『朱子語類』訳注刊行会

既刊

巻一～三　理気・鬼神	溝口雄三・小島　毅　監修 垣内景子・恩田裕正　編	平成19年7月刊	定価5250円　第一回配本
巻十～十一　読書法	興膳　宏・木津祐子・齋藤希史　訳注	平成21年6月刊	定価5250円　第二回配本
巻七・十二・十三　小学・持守・力行	垣内景子　訳注	平成22年10月刊	定価5250円　第三回配本
巻百十三～百十六　訓門人（一）	垣内景子　編 訓門人研究会　訳注	平成24年7月刊	定価5250円　第四回配本
巻百二十五　老氏	山田　俊　訳注	平成25年1月刊	定価5250円　第五回配本
巻百二十六（上）　釈氏（上）	野口善敬・廣田宗玄・本多道隆・ 森　宏之　訳注	平成25年7月刊	定価5250円　第六回配本
巻百二十六（下）　釈氏（下）	野口善敬・廣田宗玄・本多道隆・ 森　宏之　訳注	平成25年7月刊	定価5250円　第七回配本